일본 육사 출신의 역사학자가 전쟁을 되돌아보다

중국전선종군기

CHUGOKU SENSEN JUGUNKI: REKISHIKA NO TAIKENSHITA SENJO
by Akira Fujiwara with commentary by Yutaka Yoshida
© 2019 by Sono Anzo
Commentary © 2019 by Yutaka Yoshida
Originally published in 2019 by Iwanami Shoten, Publishers, Tokyo.
This Korean edition published 2023
by Marco Polo Press, Sejong City
by arrangement with Iwanami Shoten, Publishers, Tokyo

*본문 안의 인명은 대부분 실명이다.
*원서에서는 중국의 지명과 인명을 당시 일본군이 읽은 방식으로 표기했다.
 한국어판에서는 한국식 발음으로 표기했다.

中国戰線從軍記

중국전선종군기

일본 육사 출신의 역사학자가 전쟁을 되돌아보다

후지와라 아키라 지음 — 이재우 옮김

마르코폴로

Contents

Contents

1941년 10월 육군 소위에 임관한 당시의 후지와라 아키라

머리말

지난 2001년 5월, 나는 『아사한 영령들: 飢死した英靈たち』이라는 제목의 책을 썼다. 나는 이 책에서 제2차 세계대전에서 일본군의 전사자 230만 명의 과반수가 전사가 아니라 병사(病死)였음을—그것도 대부분이 보급 문제로 발생한 영양실조로 굶어 죽었다고 볼 수 있다—각 전선의 사례를 통해 검증했다. 그리고 보급을 경시하고 작전을 우선한 일본군의 특성과 식량이 없어도 정신력으로 싸우라는 알량한 명령이 대량 아사를 초래한 원인이라는 주장이 이 책의 주된 요지였다.

이 책은 생각 외로 반향이 커서 단기간에 몇 번 중판되었고 많은 독자 엽서를 받았다. 대부분 75세 이상의 전쟁 체험자들이 보냈고 "말씀대로입니다. 잘 쓰셨어요"라고 적혀 있었다. 그리고 저자 자신의 '전쟁 체험기'도 반드시 써달라는 바람을 덧붙인 엽서도 많았다.

한편 나는 전쟁과 군대를 전문으로 하는 역사연구자로 과거 50년 동안 책과 논문을 많이 발표했다. 그 점에 관련해서 동료 연구자들로부터 여러 차례 저자 자신의 전쟁 체험도 정리해야 한다는 희망사항을 듣기도 했다. 그래서 지난번에 발표한 책에 대한 독자들의 바람을 기회로 삼아 나의 전쟁 체험을 이 책에 정리했다.

육군사관학교를 졸업하고 중국 전선에 부임해서 4년 동안의 일에 대해서는 간단한 메모를 남겼다. 전술 답안용지 뒷면에 쓴 메모는 내가 소속했던 연대의 전사 편찬 사료로 제공한 뒤 소재를 알 수 없었다. 1975년 『지나주둔보병제3연대전지: 支那駐屯步兵第三聯隊戰誌』라는 제목으로 간행된 그 책에 메모를 활용한 듯한데, 원본을 분실하고 말았으니 그 책을 참고할 수밖에 없었다. 이 회상기를 정리할 때 참고한 유일한 사료는 그 메모의 부분적 기록이며, 나머지는 기억에 의존할 수밖에 없었다. 다만 나는 군사사를 계속 연구했기 때문에 비교적 내가 당시 처한 상황을 이해할 수 있었으므로 기억을 일정 수준까지 되살릴 수 있었다. 하지만 나는 전쟁 중 일기를 쓰지 않았기 때문에, 메모를 분실한 일은 매우 안타깝다. 따라서 얼기설기한 4년 동안의 전쟁 체험기가 되었다. 그리고 독자의 이해를 돕기 위해 사관학교에 들어갈 때까지의 성장 과정과 전후 역사가를 지향한 경위를 간략히 덧붙이기로 했다. 그 작업의 결과가 이 책이다.

나의 체험은 하나의 단면일 뿐이지만, 그럼에도 일본 군대의 특징인 전투 중심, 후방보급 무시, 병사의 인권을 경시하고 불필요한 사망자를 낸 일 등이 내가 체험한 현실로서 떠오른다. 또한 일본군은 중국 민중에 대한 가혹한 가해자였으며, 전쟁은 일본의 침략일 뿐이었다는 사실도 보여준다고 생각한다. 역사가로서 위와 같은 사실의 사료를 남기고 싶다는 생각 때문에 대장으로서 많은 부하를 잃었으면서 살아 돌아왔다는 부채를 참고 견디며 일부러 이 책을 간행했다. 전쟁의 역사는 전체에 대한 검토는 물론 필요하지만, 부분적 체험기도 많을수록 좋다. 이 책이 조금이라도 도움이 된다면 좋겠다.

2002년 5월
후지와라 아키라(藤原彰)

서막

사관학교에 들어갈 때까지

나는 일본 근대사에서 '평화와 군축의 해'로 알려진 1922년에 태어났다. 그해 2월 6일 워싱턴에서 해군군축조약을 조인했고, 3월 25일 중의원에서 각파가 공동으로 제출한 육군군비축소건의안이 가결되었다. 육군도 이 정세에 순응하여 8월 11일 7만 명의 병력 삭감을 포함한 제1차 군축안(통칭 야마나시 군축안, 山梨軍縮)을 발표했다. 반전과 평화가 시대의 풍조가 되었고 군부의 평판이 제일 나빴던 시기였다.

나의 아버지 후지와라 도지로(藤原藤治郎)는 육군 경리부 장교였다. 그 시절에는 일등 주계(主計) 대위 상당관(相當官)[1]으로 아오야마(青山)에 있었던 제1사단 사령부에 근무했다. 자택은 도쿄부 도시마군 니시스가모정에서 정원사집 별채를 빌렸다. 부모님에게 이 집은 신혼집으로, 나도 이 집에서 태어났다. 이듬해 발생한 간토(關東)대지진도 이 집에서 겪었다고 들었다.

아버지는 나라현 이코마군 호류지촌 출신으로 형제 중 막내였고, 친가는 호류지 산내에서 잡일을 하는 가난한 집안이었다. 형 한 명이 가와치(河內)의 정토진종(淨土眞宗) 절에 양

---

1) 원래 일본 육군에서는 경리, 기술 같은 후방근무직별을 '부(部)'라고 불렀고, 전투병과를 '병과(兵科)'라고 불렀다. 1937년에 개정될 때까지 후방근무직별은 전투병과와 동등한 취급을 받지 못했다. 그렇기 때문에 계급도 병과 장교와 다른 호칭을 썼다.

자로 가서 훗날 그 절의 주지가 되었다. 그 형이 러일전쟁에 소집되어 출정할 때, 절의 후계자를 생각해서 막냇동생인 아버지를 양자로 삼았다. 양아버지-내게는 양할아버지이며, 큰 삼촌이기도 하다-후지와라 순도(藤原順道)는 여순(旅順) 203 고지에서 전사했다. 아버지는 후지와라 성을 쓰게 되었지만, 아직 소학생이었기 때문에 호류지에서 살았다. 양아버지가 긴시훈장(金鵄勳章)[2]을 받았으므로 그 연금을 학자금 삼아 아버지는 나라현의 유일한 공립 중학교인 고오리야마(郡山) 중학교에 진학할 수 있었다. 아버지는 절을 이을 생각이 없었기 때문에 중학교를 졸업한 후 학자금이 필요 없는 육군경리학교[3]와 상해의 동아동문서원(東亞同文書院)[4]에 시험을 봐서 모두 합격했다. 동문서원은 현마다 한 명씩 장학생을 뽑는다는 규정이 있어서 예비후보 자리를 사이좋은 동급생에게 넘기고 경리학교에 진학했다고 들었다.

아버지는 육군경리학교 제10기 주계후보생이었다. 일본 육군의 경리부 장교는 당초 다른 병과에서 전과시키거나 일반 대학교 출신자를 채용하였지만, 러일전쟁 직후부터는 일반 병과의 사관후보생과 마찬가지로 중학교 출신자를 주계후보생으로 채용하여 경리학교에서 교육했다. 아버지는 주

2) 제2차 세계대전에서 일본이 패배하여 군이 해체될 때까지 수여한 무공훈장.
3) 일본 육군의 경리부 장교를 양성하던 학교.
4) 1901년 상해에 설립된 학교로 일본의 중국 전문가를 양성했다.

계후보생으로서 중학교에서 경리학교에 들어가 경리부 장교가 되었는데, 상식이 풍부하고 유연한 사고의 소유자였다고 기억한다.

　졸업 성적이 우수했던 아버지는 천황에게 '은사의 시계 (恩賜の時計)'를 상으로 받았지만, 부대 근무가 바빠서 경리부 장교의 출세코스인 고등과 입학 시험을 볼 기회를 놓쳤다고 한다. 어머니는 항상 그 사실을 안타깝게 여기셨다. 아버지와 어머니는 그 시절 보기 드문 연애결혼을 하셨던 듯하다. 아버지는 후보생 과정 도중에 폐가 좋지 않아 경리학교를 1년 휴학하고 그동안 고향에 돌아와서 호류지 옆에 있는 다쓰타(龍田)에서 소학교 임시교사가 되었는데, 그때 어머니를 제자로 맞이했다고 한다. 아버지와 어머니는 금실이 좋았다. 1928년 제남사건(齊南事件)[5]이 발생하자 아버지는 제1사단에서 임시로 제6사단에 배속되어 출정하셨는데, 어머니께서 걱정하신 모습을 지금도 기억한다. 나는 그때 겨우 5세하고도 10개월이었다. 니시스가모(西巣鴨)에서 태어났지만, 그 후 히로시마(廣島)에 이사를 갔다가 다시 도쿄에 돌아와서 그 시절에는 나카노(中野)에 살았다.

　나는 4남매의 장남으로 태어나 아래로 여동생이 셋이 있었다. 아이가 많은 데다가 군축 후의 긴축 시대라서 아버지의

....

5) 장개석의 국민혁명군이 북벌 도중 일본군과 무력 충돌한 사건.

14

진급이 늦었기 때문에 집안 형편이 어려웠다. 소학교는 막 세워진 나카노 혼고 심상소학교로, 나는 이 학교 첫 졸업생이었다. 소학교에 들어갔을 즈음 일본은 대불황시대였다. 1929년 7월 다나카 내각을 대신하여 성립한 하마구치 오사치(浜口雄幸) 내각은 재정정리와 군축, 금해금(金解禁) 단행 등을 정책으로 내세웠으나 그해 10월 세계대공황에 직면하여 전에 겪어보지 못한 심각한 공황을 맞이했다. 도시에 있던 내가 다닌 소학교도 그 영향을 면할 수 없었다. 불경기는 상급생으로 올라가도 계속되었다. 도시락을 갖고 올 수 없었기 때문에 점심에는 밖에 놀러가는 아이가 있기도 했고, 학교를 그만두고 일하는 동급생이 있기도 했던 기억이 난다. 학부모회가 결식아동을 위해 급식을 실시하거나, 수학여행에 참가할 수 없는 아이에게 시에서 비용을 대줬다. 나와 사이가 좋았던 이시야마(石山)는 문구점에서 일하는 근로소년이었다.

소학교 3학년 2학기 초에 유조호 사건(柳條湖事件)[6]이 발생하여 일본은 긴 전쟁의 시대에 돌입했다. 교장 선생님이 매일 조례 때 항상 만주의 전황을 들려주었다. 학교 교정에 나무 기둥을 세우고 흰 천을 펼쳤다. 그 천을 스크린 삼아 만주의 전투 상황을 알리는 뉴스 영화를 상영했다. 어두컴컴해지기를 기다렸다가 학교에 또 가서 영화를 보는 것이 어린이

....

6) 1931년 만주사변의 발단이 된 사건. 관동군은 일부러 철도를 폭파하고 중국군의 소행이라 주장했다.

들의 즐거움이었다. 뉴스 말고 오락 작품도 상영되어 지금도 '전우(戰友)', '노기 대장과 낫토팔이 소년(乃木大勝と納豆売りの 少年)'이라든지 '순양함 엠덴(巡洋艦エムデン)' 같은 영화를 기억한다. 이러한 영화들이 군국주의 기풍을 키우는 데에 크게 도움이 되었다고 생각한다.

우리가 쓴 교과서는 "꽃(ハナ), 비둘기(ハト), 콩(マメ), 송어(マス)"로 시작하는 국어독본(國語讀本)이 상징하는 제3기 국정 교과서로 다이쇼데모크라시의 영향을 받아 훗날 제4기의 "피었다, 피었다(サイタ、サイタ)" 교과서나 제5기의 "붉은 아침햇살" 교과서에 비하면 군국주의 색채가 심하지 않았다고 한다. 하지만, 내가 기억하는 교재 내용은 국어, 수신(修身) 등의 천황 찬미, 군국주의 찬양물뿐이었다. 노파가 출정하는 병사를 격려하는 「이치타로야(一太郎ヤーイ)」, 어머니가 자식에게 전사하라고 권유하는 「수병의 어머니(水兵の母)」, 죽어서도 입에서 나팔을 떼지 않은 「기구치 고헤이(木口小平)」[7] 따위의 에피소드에 강한 인상을 받아 지금도 잊을 수 없다. 5학년 겨울(1933년 12월) 황태자가 탄생하여 크게 시끄러웠던 사실도 「황태자님 태어나셨다(皇太子さま、お生まれなさった)」 라는 노래와 함께 기억에 남아있다.

이리하여 당시의 보통 소년들과 마찬가지로 군국주의의

7) 기구치 고헤이는 청일전쟁 당시 성환 전투에서 전사하면서도 나팔을 입에서 떼지 않은 일화로 유명하다.

분위기 속에서 자랐지만, 일찍부터 어른들이 읽는 소설을 읽었던 점에서 살짝은 달랐다. 소학교 4학년 때 어머니와 나라현의 친척집에서 온 돌보미 여성이 작은 목소리로 대화하기에 방금 한 말이 무슨 뜻이냐고 내가 묻자, 어머니는 어린애는 알 필요가 없다며 화제를 바꿨다. 그래서 어느 날 소학교 선생님이 무엇이든 질문해도 좋다고 하셨을 때, 그때 들었던 말의 의미를 물었다. 히로시마현 출신의 기쓰와 세이이치(橘和清一) 선생님은 잠시 침묵하셨다가, 너라면 읽을지 모르겠다며 시마사키 도손(島崎藤村)이라는 유명한 작가가 쓴 『파계』라는 소설을 읽어보라고 하셨다. 그래서 나는 아버지의 책장에서 그 책을 찾아 힘들게 읽고 세상에 불합리한 차별이 존재한다는 사실을 막연하게나마 알았다. 그리고 그 이상으로 소설의 재미에 마음이 움직였다.

그 시절에는 토요일 밤마다 근처 나베야 요코초(鍋屋横丁)에서 열린 야시장에 아버지와 함께 가는 것이 즐거웠다. 야시장에서 아버지가 10전, 20전을 주고 산 이른바 엔폰(円本)을 전부 읽기 시작했다. 단 소학생의 독해 능력에는 한계가 있어서 아주 단순한 연애소설류만 이해했다. 하지만 어른을 대상으로 한 소설을 읽은 점만 빼면, 황국사관과 군사교육을 받은 보통의 군국소년으로 성장했다.

중학교 시험에 볼 때 체육을 중시한다는 부립(府立) 6중

(지금의 신주쿠 고등학교)을 골랐다. 중학교 입학은 1935년 4월이었다. 이 6중은 군인 자제가 많이 다녔으며 군국주의 성향의 교육을 하기로 유명한 학교였다. 교장은 훗날 부립 고교 교장이나 만주국의 길림사범대학 학장이 된 정신주의자 아베 무네타카(阿部宗孝) 선생님이었다. 신입생은 교과서 외에도 천황이 지은 단가(短歌)를 모은 책인 『메이지 천황 어제집(明治天皇御製集)』을 사야 했다. 그리고 천황의 시 중에서 매주 한 수를 골라서 매일 조례 때 전교생이 제창하게 했다. 이어서 "묵상!"이라는 호령 소리를 듣고 눈을 감고 묵상하는 가운데 '황국의 종(皇国の鐘)'이 울렸다. 황국의 종은 러일전쟁의 쓰시마 해전 때 연합함대의 기함인 '미카사(三笠)'에서 시간을 알릴 때 쓴 종으로, 교장이 특별히 양도받아 학교의 보물로 삼아 종탑을 만들었다. 단 진짜 종은 의식 때만 두들겼을 뿐, 보통은 모조품을 썼다.

중학교 시험이 끝난 1935년 3월, 육군 정기이동으로 아버지는 조선군 사령부로 전출되어 우리 가족은 경성(京城, 현재의 서울)의 육군 관사로 이사했다. 중학교에 막 합격한 나는 도쿄에 남아 아버지의 동기생인 다나카 사타로(田中佐太郎) 씨 댁에 하숙하게 되었다. 다나카 씨 부부가 고마바(駒場)에 있는 가이코샤(偕行社, 육군 장교의 친목, 공제단체) 주택에 살았기 때문에 나의 중학교 생활은 고마바에서 시부야(渋谷)로 나와

신주쿠에 있는 학교에 가는 형태로 시작했다.

　그해 봄에 도쿄대 국사학과를 막 졸업한 가자마 야스오(風間泰男)라는 젊은 선생님이 담임이셨는데, 그가 과학적 역사학을 지향하는 역사학연구회의 창립 멤버였다는 사실을 나중에 알았다. 가자마 선생님은 아직 교직 생활에 익숙하지 않아서 학생을 똑바로 보지 못하고 칠판을 향해 몸을 비비꼬면서 말했기 때문에 금세 '해파리'라는 별명이 생겼다. 선생님은 수업 시간에 합리적으로 설명하셔서 다른 신입 윤리 교사인 야스베(安部) 선생님과 함께 매우 참신하고 합리적인 사고를 가르쳐 주시는 분이었다고 생각하지만, 그 진의가 군국주의에 물든 많은 학생에게 전해졌을까?

　7월에 중학교 1학기가 끝날 즈음 나는 부모님의 강한 권유로 조선에 있는 중학교에 전학했다. 그리하여 가방을 메고 도쿄에서 경성까지 2박 3일 여행을 떠났다. 중학생이 나 홀로 있어서 그런지 차장이나 승객들이 친절하게 대해줬다. 하지만 파도에 크게 흔들리는 관부연락선(關釜連絡船) 안에서는 멀미 때문에 고생했다. 어머니와 누이들이 경성역으로 마중 나왔는데 어머니는 나를 보고 눈물을 흘리셨다.

　관사가 있던 용산은 총독 관저를 비롯해 군, 사단, 여단 사령부, 보병, 기병, 공병, 연대의 병영, 거기에 군이나 철도 관사 등이 있는 일대 군사도시였다. 용산 중학교에도 군인

자제가 많았는데 경성 시내에 있는 경성 중학교와 무엇이든 우열을 다퉜다. 도쿄에서 온 나는 군국주의 분위기의 반카라(蠻カラ)[8] 방식에 놀랐다. 보통 쉬는 시간에 교정에 전교생을 집합시키고 하급생의 결례를 구실로 상급생이 제재를 가해서 도쿄에서 온 나에게는 무서운 경험이었다. 학교 측은 이러한 사적 제재를 묵인한 듯했다.

용산중학교에서는 클럽 활동이 활발했다. 나는 검도부에 들어갔다. 검도부 훈련 또한 맹렬해서 활동 시간은 전부 자유롭게 대련했다. 이시카와(石川)라는 동급생과 대련했는데, 이시카와가 갑자기 죽도를 내던지고 달려들어 호면을 쓴 목을 힘껏 젖히기에 고통을 견디지 못하고 "졌다"고 말했다.[9] 처음에는 내가 항상 졌으나 그러던 와중에 세 번 중 한 번은 상대를 항복시켰고 검도 실력 자체도 좋아져서 2학년 1학기말에는 경성의 중학교 학년별 대회에 나가 3위로 입상했다. 또 다른 클럽 활동으로 지리작업부가 있었다. 이 클럽은 겨우 몇 명으로 이루어진 작은 클럽으로, 5만분의 1의 지도를 두툼한 종이에 대고 칼로 잘라내서 입체 지형모형을 만들었다. 지리 선생님이 학년별로 한 명씩 특별지명해서 뽑았는데 모두들 사이좋게 작업해서 모형을 몇 개 완성했다. 이렇게

....

8) 전쟁 전 일본의 학교에서 일부러 조야하게 행동하는 행동양식을 말한다.
9) 현대의 검도와 달리 이 당시의 검도에서는 상대방을 넘어뜨리거나 목을 조르는 등의 유술을 사용할 수 있었다.

클럽 활동을 하는 동안 나는 점차 학교에 익숙해졌다. 학업은 전학을 온 탓도 있었기에 주위에서 기대한 수준의 점수는 받지 못했다. 6중도, 용산 중학교도 학기마다 시험 성적을 학년별 서열로 게시했다. 6중의 1학년 1학기는 270명 중 3등이었으나 용산 중학교에서는 10등 내외를 차지했다.

조선으로 이사한 지 1년이 지나 새로운 환경에 익숙해진 1936년 8월, 아버지가 육군성 경리국으로 전출되었다. 나는 모처럼 친숙해진 용산 중학교를 떠나기 싫어서 기숙사에 들어가겠다고 고집을 피웠지만, 결국 부모님에게 떠밀려 1년 만에 다시 도쿄에 돌아왔다. 나는 전학 절차 때문에 아버지와 함께 먼저 돌아와 구단(九段)에 있는 군인회관에 머무르며 학교나 선생님의 집을 방문했다. 아마 여름방학 중이었기 때문일 것이다. 그리고 9월의 2학기부터 6중을 다녔다. 6중에는 2학년 2학기부터 4학년 2학기 중간까지 2년 남짓 재학했는데, 그동안 나는 일반교양을 배웠다. 두 번 전학한 영향도 있어서 1학년 때 학년에서 3등이었던 성적은 2학년 끝에는 270명 중 150등까지 떨어졌다. 좀처럼 화를 내지 않던 아버지가 자신의 가난한 중학교 시절의 추억을 들려주며 훈계하셨다. 성적이 떨어진 이유는 학교 공부를 제쳐두고 숙제도 내팽개치고 오로지 도서관에만 다니며 문학 작품을 읽는 데 푹 빠졌기 때문이었다. 아버지의 장서 중 메이지다이쇼문학전집(明治大正文學全集), 현대일본문학전집(現代日本文學全集) 등을 다 읽자, 학교 가는 길 중간에 있는 요도바시(淀橋) 도서관에 드나들며 세계문학전집, 모리 오가이(森鷗外) 전집, 나쓰메 소세키(夏目漱石) 전집 등을 읽었다. 그리고 동급생인 이마이 후미오(今井文雄) 등과 손으로 쓴 동인지를 만들기도 했다. 이 동인지에 나는 춘천 출신의 조선인 독립운동가를 주인공으로 하는 소설을 썼다. 이때 나는 오가이를 존경해서 소세키 팬인 이마이와 함께 종종 오가이와 소세키 중 누가 더 대단한지를 두고 논쟁했다.

3학년 즈음에 영화를 보는 취향이 생겨서 신주쿠 산초메의 메이가좌(名畫座) 같이 오래된 명화 상영관에 다녔다. '모로코(Morocco)', '미완성교향곡(Leise flehen meine Lieder)', '무도회의 수첩(Un carnet de bal)', '제복의 처녀(Mädchen in Uniform)', '여자만의 도시(La Kermesse héroïque)', '회의는 춤춘다(Der Kongreß tanzt)' 같은 외국 영화를 여러 번 다시 봤다. 당시는 보도협회(補導協會)라는 조직이 교복을 입은 중학생이 영화관이나 카페에 들어가면 단속했기 때문에 사복으로 갈아입고 나갔다.

4학년이 되자, 슬슬 진학을 생각해야 했다. 친구들은 성적이 좋았던 시절의 나를 기억하였기에 당연히 4학년을 수료하고 제일고등학교(一高) 입학시험을 볼 것이라고 생각했지만 나는 특별히 시험공부를 하지 않았기 때문에 자신이 없었다. 그러한 시기에 육군사관학교가 시기를 앞당겨 4학년 2학기 초에 시험을 실시하겠다고 발표했다. 모집인원도 대폭 늘었기 때문에 어떻게든 되겠다고 생각하여 원서를 낸 결과 합격해서 바로 육사에 들어갔다.

나는 아버지가 군인이었고 군의관이었던 오가이를 존경했으며 군국주의적인 학교에 다닌 사실 때문인지 육사 시험을 볼 때 특별히 위화감은 없었다. 하지만 소설을 읽고 영화를 즐겨 보았기 때문에 군국주의에 물들지는 않았다고 생각했다. 내가 육사 시험을 보겠다고 말했을 때 어머니는 외아들인 나를 의사로 만들고 싶었던지 반대하셨지만 아버지는 말없이 내 선택에 따르셨다. 도쿄 부립 6중은 육군유년학교와 해군병학교(海軍兵學校)[10]입학자가 전국에서 가장 많았고, 육사 합격자도 전국에서 1, 2위를 다투는 가고시마(鹿兒島) 1중이나 야마구치중(山口中)에 필적했다. 그래서 나도 눈에 띄지 않게 육사에 진학했다.

1938년 12월 1일 우리는 육군예과사관학교에 제55기생으로 입교했다. 육사 본과는 작년에 가나가와현(神奈川縣)의 자마(座間)로 이전하였기 때문에 이치가야(市ヶ谷)의 학교 건물은 예과만 쓰게 되어 상급생이 없었다. 그런데도 첫날부터 호

....

10) 일본 제국의 해군사관학교.

령하는 상급생 같은 사내가 있었다. 그는 며칠 전에 입교한 유년학교 출신으로 생활지도를 맡고 있었다. 당초 유년학교 출신들은 무엇이든 척척 해내서 주도권을 쥐었다. 3년 동안 군복을 입은 그들과 중학교를 나와 처음으로 군대 생활을 하는 우리 사이에는 당연히 차이가 있었다. 그 외에도 나는 재수를 해서 육사에 합격한 가고시마나 야마구치 출신의 나이 든 동기생들을 보고 주눅 들었다. 군국주의 자체인 그들은 체력도 왕성했고 강직하고 외골수였다. 자칫 연약한 태도를 보이면 동기생인 그들에게 절차탁마(切磋琢磨)란 말을 들으며 맞을까 봐 두려웠다. 도쿄에서 태어나 이제 막 4학년을 수료하여 나이도 어렸던 나는 분위기에 쉽게 적응하지 못했고, 체력적으로도 시골 출신 동갑내기 동기생들을 따라잡느라 고생했다. 이렇게 시작한 예과사관학교 생활은 무척이나 힘들었다. 그러한 경험 때문에 군국주의에 완전히 물들지 않았던 것일지도 모른다.

I. 화북경비 소·중대장

육사를 나와 중국으로

1941년 7월 18일 우리 제55기생은 육군사관학교를 졸업했다. 나는 1922년 7월 2일생으로 그때 막 19세가 되었으니까 부하들보다도 나이 어린 장교가 된 셈이다. 사관학교 역대 기수 중에서 우리 55기생이 시국의 영향을 받아 제일 짧은 기간 동안 교육을 받고 졸업했기 때문이었다.

1937년 발발한 중일전쟁으로 인해 현역 간부가 심각하게 부족해졌기 때문에, 육군 당국은 1937년 봄에 입교한 사관학교 53기생을 그해 가을에도 추가 모집했고, 다시 1938년 봄에 입교한 54기생의 채용인원도 늘렸다. 본래 1939년 봄에 입교해야 할 55기생은 시기를 앞당겨 1938년 12월에 입교시켰다. 그래서 1939년에 우리 중학교 4학년생은 5년제 중학교의 4학년 1학기를 수료하고, 9월에 시험을 치러 2학기 중간에 입교했다. 이렇게 해서 55기생은 최단기 교육을 받았다. 예과 과정은 보통 2년인데 1938년 12월부터 1939년 11월까지 1년 만에 많은 과목을 생략한 채로 수료했다. 보통 예과 졸업 후 반년 동안 경험해야 하는 부대 실습도 4개월로 단축되어 세부 과정을 각각 1개월만에 속성으로 마쳤다. 1940년 4월 1일 사관학교 본과에 입교하고 받은 교육도 원래는 2년 과정이었지만 55기는 1년 3개월 만에 끝내고 1941

년 7월에 졸업했다. 독소전쟁 발발에 따른 관동군특종연습(關東軍特種演習)의 영향 때문이었는지도 모른다. 어쨌든 예과, 부대 근무, 본과를 통틀어 2년 8개월 남짓한 속도로 사관학교를 졸업한 55기생은 가장 짧은 교육을 받고 장교가 된 셈이었다.

이렇게 속성 교육을 받은 탓인지 학교에서 받은 교육이 실전에서 도움이 안 되는 경우가 많았다. 우리는 오로지 소련군을 대상으로 한 전술 교육과 훈련을 받았다. 그렇기 때문에 내가 실제로 상대한 중국군에 대한 전투 교육, 하물며 팔로군(八路軍)의 게릴라전에 대한 전투 방법은 배우지 못했다. 또한 실제로 태평양에서 맞붙은 미군과의 전투법도 역시 전혀 배우지 못했다.

천황이 졸업식에 참석한 1941년 7월 18일부로 나는 조장 계급으로 진급하여 견습사관(見習士官)에 임명되었다. 그때까지 하사관·병용 단검인 우엉검(牛蒡劍)[11] 대신 장검을 찼다. 나는 예과를 마치고 사관후보생이 되었을 때, 도쿄 아오야마에 주둔한 근위보병 제4연대(약칭 근보4)에 소속되었지만 부대 실습이 단축된 탓에 장교단 선배들한테서 귀여움만 받았다. 하지만 본과를 졸업하기 1개월 전, 나는 화북(華北)

....

11) 1897년 일본 육군이 정식 채택한 총검으로 칼날의 길이와 검은 색상 때문에 우엉검이라는 별명이 붙었다.

에 주둔한 제27사단 예하 지나주둔(支那駐屯) 보병 제3연대에 전속을 명받았다. 제27사단은 의화단(義和團)사건을 진압하고 화북에 군사주둔권을 획득한 후부터 주둔한 지나주둔군의 후신으로 노구교(蘆溝橋)사건을 일으킨 부대이기도 했는데, 1937년 사단으로 개편되었으나 예하 보병 연대라는 전통을 존중해서 '지나주둔'이라는 고유명이 붙여졌다. 졸업식이 끝나자 졸업생들은 각자 임지로 흩어졌다. "다음에는 야스쿠니 신사(靖國神社)에서 만나자"라는 말이 구호였다. 그런데 졸업했어도 중국 전선으로 향하는 졸업생들은 바로 부임하지 못하고 각자의 보충대에서 대기해야 했다. 아마도 대소전(對蘇戰)을 위한 수송이 매우 혼잡했기 때문이었던 듯하다. 내가 전속할 지나주둔보병 제3연대의 보충대는 아오야마의 근위보병 제4연대였기 때문에 나는 일단 자택으로 돌아간 후 신궁구장(神宮球場) 맞은편에 있는 근위보병 제4연대에 부임했다.

원래 예과 졸업 후 반년 동안 하는 부대 실습은 장교단의 후계자로서 각각의 연대에 익숙해지라는 성격도 있었다. 그런데 1938년에 들어서면서 많은 부대가 중국 전선에 있었기 때문에 사관후보생을 받지 못했다. 따라서 일본 본국이나 만주의 부대에는 필요 이상의 후보생이 배속되어서, 본과 졸업을 앞두고 전장으로 향하는 자를 포함해서 다시 인원을 편성했다. 나는 이 과정에서 지나주둔보병 제3연대로 전속되었는데, 보충대에서 대기하라는 이유로 다시 근위보병 제4연대에서 지냈다. 그런데 이때 근위보병 제4연대의 상급 부대인 근위혼성여단은 남녕(南寧) 작전을 수행하기 위하여 중국 전선에 투입되었던 까닭에 보충대는 그저 건물을 지키고 있을 뿐이었다. 우리는 1개월 가까이 이 보충대에서 출발 명령을 기다리며 손님으로 한가롭게 보냈다.

그동안 나는 군도, 권총, 쌍안경, 군복, 군화, 지도 가방, 배낭 등 장교로서 갖춰야 할 군장(軍裝)을 자비로 마련했다.[12] 물론 60엔 정도의 복장수당을 지급받았지만 턱도 없이 부족했기 때문에 집안의 도움을 받았다. 아버지가 쌍안경은 좋은 것을 사라고 말씀해 주셨으므로 독일제 차이스사의 고급품을 샀다. 군도는 나라의 다와라모토(田原本)에 사는 외삼촌이 물려준 비젠오사후네(備前長船)[13]가 만든 일본도를 군도로 개조했다. 대부분 군장은 신임 장교나 소집 장교들로 북적이는 구단의 가이코샤에서 샀다. 또한 그동안에 구단의 사진관에 가서 기념촬영을 하거나, 때마침 여름방학에 들어간 소학교(나카노 혼고소학교)나 중학교(부립 6중)의 사이좋았던 동급생과 만났다. 아니면 동기생 이토 도시카즈(伊藤俊和)와 핑계를

....

12) 일본 육군의 장교는 군장을 자비로 갖추는 것이 원칙이었다.
13) 지금의 오카야마 지방을 중심으로 한 명도공(刀工) 집단을 말한다.

대고 외출해서 술을 마시거나 열심히 프랑스 영화를 봤다.

보충대에서 그렇게 1개월 남짓한 기간을 보냈는데 무슨 일이 있었는지는 거의 기억나지 않는다. 단지 국제정세를 보면 7월 말에 일본군이 남부 프랑스령 인도차이나에 진주하자, 미국이 일본의 자산을 동결하고 석유 수출을 금지하는 등 긴박한 시기였다. 이러한 상황 속에서 마침내 중국으로 이동하라는 명령이 떨어졌다. 8월 22일 나는 배웅하는 이 하나 없이 도쿄를 떠났다. 모든 행동은 비밀에 부치라는 명령을 받았다. 히로시마에 도착하여 8월 24일 북지나방면군에 부임하는 동기생들과 함께 빈 병원선을 타고 우지나항(宇品港)을 떠났다. 동승자 중에 전선에 위문 공연을 가는 다카다 세이코(高田せい子) 무용단 일행이 있어서 배 안에서도 공연을 볼 수 있었다.

나는 현해탄을 세 번째로 건넜다(중학생 때 조선을 왕복하면서 관부해협을 두 번 건너갔다). 4일 걸려 배는 노란색으로 탁해진 대고(大沽) 앞바다에 닻을 내렸다. 발동기선을 타고 백하(白河)를 거슬러 올라가 당고(塘沽)에 상륙했다. 때는 1941년 8월 28일 비로소 전장에 첫걸음을 내디뎠다.

제27사단에 부임하는 견습사관 스물 몇 명은 마중 나온 트럭을 타고 천진의 제27사단 사령부에 도착했다. 그날 밤, 사단장 도미나가 노부마사(富永信政) 중장이 신임 견습사관들을 위해 연회를 열었다. 나는 사단장 정면 자리를 지정받았다. 내 졸업성적이 사단에서 1등이었기 때문이라고 자리를 배정하던 참모가 말했다. 그때까지 스물 몇 명의 동기생을 인솔하거나, 대표해서 신고하거나 하는 역할은 근위보병 제1연대에서 지나주둔보병 제1연대로 전속된 야스미쓰 겐이치(安滿謙一)가 했다. 그 자리에서 도미나가 사단장이 야스미쓰에게 "각하께서는 건강하신가?"라고 묻는 모습이 기억난다. 야스미쓰의 아버지(혹은 할아버지)가 육사 6기생인 야스미쓰 긴이치(安滿欽一) 중장임을 나중에 알았다. 나는 아무 말도 듣지 못했다. 호화로운 서양 요리를 묵묵히 먹을 뿐이었다. 그리고 일주일 동안 천진의 가이코샤에 머무르며 사단 사령부가 주최한 신임 견습사관 집합교육을 받았는데, 화북의 치안 정세나 팔로군의 동향을 설명받은 기억은 없었다. 오히려 거의 매일 밤마다 천진에 근무하거나 출장 나온 연대 선배가 나타나서 우리를 환락가로 데리고 갔다. 태어나 처음으로 많은 경험을 했다.

9월 5일 하북성(河北省) 하간(河間)에 있는 연대본부에서 온 연대기수 이케다 소하치(池田壯八, 54기) 소위와 함께 진포선(津浦線) 기차를 타고 천진을 떠나 창현(滄縣)까지 갔다. 보병 1개 분대 규모의 호위병이 트럭 1대를 타고 마중 나왔다. 이케다 소위는 이곳 기중(冀中) 지구의 치안은 나빠서 며칠 전에도 앞으로 우리가 갈 하간까지의 도로 도중에서 연락 트럭 2대가 습격당했다고 말했다. 과연 가는 도중에 검게 그을린 트럭 두 대를 보고 긴장했다. 저녁 전에 연대본부의 주둔지인 하간에 도착했다. 하간은 진포선과 경한선(京漢線) 중간에 있는 기중평원의 오래된 성벽도시이다. 마르코 폴로의 여행기에도 나오는 유서 있는 도시라고 하는데, 첫인상은 오래된 도시라는 느낌이었다.

연대장은 야마모토 쓰노루(山本募) 대좌였다. 이번에는 내가 다섯 명의 동기생을 대표해서 신고했다. 동기생인 미야마 겐스케(三山健助), 가요 에이오(加養榮男), 이시다 히사유키(石田久之), 아사다 마사아키(淺田政明) 등 네 명이 같이 부임했는데, 나를 제외하고 모두 근위보병 제3연대에서 왔기에 면식은 없었다. 이중 미야마와 이시다는 도중에 전사했으며, 이시다는 항공으로 전과했고, 가요 한 사람만 전후까지 살아남았다.

신임 견습사관은 연대본부에서 일주일 동안 교육을 받았는데 교육도 형식적인 수준이라서 연대 부관인 야마다 다케시(山田武) 대위 등 본부 소속 장교에게서 이야기를 들었을 뿐이었다. 밤에는 오로지 술을 마셨다. 하지만 천진처럼 고급 요릿집이나 레스토랑이 없었다. 오로지 요릿집 겸 삐야(ピ

一屋)[14] 한 채에서 연 연회였다.

하간에 있는 연대본부에서 일주일을 보내는 동안에 처음으로 화북 방면 일본군의 주적이 중국 공산당의 군대인 팔로군임을 알았다. 이때 처음으로 팔로군 기중군구(軍區) 사령 여정조(呂正操), 제8군분구 사령 상덕전(常德全) 등 나중에 귀에 익숙해질 이름을 들었다. 하간 지방 일대는 1938년의 무한작전(武漢作戰) 쯤 완전히 팔로군의 지배하에 있었는데, 제27사단이 무한작전을 마치고 천진에 귀환하여 우리 지나 주둔보병 제3연대가 대성(大城), 임구(任邱), 하간 지방에 진주했기 때문에 1939년에야 일본군이 지배했다. 그러니까 치안을 완전히 회복했다고 볼 수 없었으며 도로나 전선이 파괴되고, 주둔지나 트럭이 빈번히 습격당했다. 사관학교에서 배운 것과 전혀 다른 게릴라를 상대로 하는 최전선에 와있다는 것을 실감했다. 전투 양상뿐 아니라 군대의 상태도 완전히 달랐다. 본국에서는 연대가 병영 한 곳에 모여 있으며 하사관 이하는 영내에 거주하여 기상부터 소등까지 엄격히 규정된 생활과 훈련을 했다. 그런데 여기서는 고도로 분산된 배치였기 때문에 중대가 다섯, 여섯 군데에 분산되어 주둔했다. 가장 작은 규모는 하사관이 담당하는 10명 전후의 분대였다. 당연히 일상생활도, 군기도 본국과 달랐을 것이다.

....

14) '삐'는 위안부에 대한 멸칭으로, 출신별로 니혼삐, 조센삐, 챵삐 같은 식으로 불렀다. 삐야란 이런 삐들이 모인 곳, 즉 위안소를 가리킨다.

주둔지인 경화진

연대본부에서 일주일 동안의 교육을 마치고 5명의 견습사관은 각자의 중대에 부임했다. 나는 창현과 하간 중간에 있는 경화진(景和鎭)이라는 곳에 주둔한 제3중대에 배속되었는데 중대장은 야마자키 류이치로(山崎龍一郎) 중위였다. 9월 11일 창현에 가는 차편을 이용하여 경화진에 부임했다. 경화진은 일주일 전에 연대에 부임할 때 지나간 곳이었다. 이때 제3중대는 본부를 경화진, 두생진(杜生鎭), 왕회두(王會頭), 사하교(沙河橋) 세 곳에 분견대를 배치했다. 경화진에는 약 70명이 있었던가?

중대장 야마자키 류이치로 중위는 고치현(高知縣) 출신의 온화해 보이는 예비역 장교로 무한전투 이래의 참전자였다. 그는 1년 전에 중대에 갓 배속된 육사 출신의 오가와(小川, 53기) 소위가 숙녕(肅寧) 부근의 토벌전에서 혼자 뛰쳐나가 전사한 사실을 언급하며 나에게 "사관학교에서 배운 전법과 여기에서 수행하는 토벌 작전은 다르다. 대장 혼자 뛰쳐나가봤자 아무도 따라오지 않는다"고 웃으면서 말해줬다. 며칠 뒤에는 실전 교육을 받았다. 중대장 밑에는 매일 아침 치안유지회나 특별공작대(후술)로부터 적정에 대한 보고가 들어와서 매일 그 정보들을 검토했는데, 9월 20일 전후의 어느 날, 경화진

경화진 병영 안 연병장

북서쪽으로 3리 떨어진 마을에 팔로군 2백 명이 있다는 정보가 있었다. 중대장은 후지와라의 첫 전투에 걸맞은 적이라며 출동을 명령했다. 제1소대장은 나였는데, 중대장은 특별히 나를 보좌하는 역할로 역전의 하사관인 노무라 시카조(野村鹿藏) 조장을 지명했다. 노무라 조장의 임무는 내가 뛰쳐나가면 말리는 역할이었다고 한다.

하루는 정보망에 적이 걸려들어 마을을 향해 중대가 급파되었다. 중대 병력은 50명 정도였고, 나는 제1소대장으로서 20명 정도를 이끌고 선두에 섰다. 그 앞에 특별공작대 약 30명이 총알받이와 같은 모습으로 앞장섰다. 정보는 확실하여 목적지인 마을에 가까워지자 카키색 군복을 입은 적병 수십 명이 마을 앞으로 뿔뿔이 뛰쳐나왔다. 전진하던 공작대는 어느새 모습을 감췄다. 나는 바로 소대에 "산개"시키고, 이어서 "목표! 마을 앞의 적, 쏴!"라고 명령했다. 여기까지는 배운 그대로였다. 노무라 조장은 "나가시면 안 됩니다"라고 즉시 나를 눌렀다. 쌍안경을 꺼내서 보니 마을 앞에 산개한 적병이 잘 보였는데, 아군이 쏜 소총이나 경기관총 탄환은 전혀 명중한 기색이 없었다. 그래서 노무라 조장과 "척탄통(擲彈筒)[15]을 쏘자"고 논의하여 소대 후미에 있던 척탄통 분대에 "거리 300, 쏴!"라고 명령했다. 거리 측정은 정확했던 듯 척

---

15) 일본 육군에서 쓰던 소형 박격포.

탄통은 처음부터 마을 전면의 적들에게 명중했다. 적은 바로 도망쳤다. 그 모습을 보고 나는 "돌격"을 호령하며 달려갔다. 노무라 조장도 막지 않았다. 부하 소대도 뒤이어 돌진했다. 마을에 도착하니 바깥쪽 가옥에는 총안이 뚫려 있었으나 적의 모습은 이미 완전히 사라졌고 참호 옆에 2, 3구의 시체가 있을 뿐이었다. 이것이 나의 첫 전투였다. 참고로 경화진의 특별공작대는 고(高)라는 대장의 사병집단이라고 할 수 있는 부대였다. 지주 출신인 고 대장은 팔로군에 아버지를 잃었기 때문인지 팔로군에 강한 적개심을 품었으며 전투에서도 용감했다. 이 공작대는 경화진의 행정이나 치안권을 쥐고 멋대로 세금을 징수하는 등 상당히 나쁜 짓을 한 것 같지만, 일본군의 입장에서 보면 편리한 협력 부대였다.

중대에 소속되고 조금 시간이 지난 10월 1일 나는 드디어 육군 소위로 임관했다. 만 19세 하고 3개월이었다. 연상인 부하들의 입장에서는 몹시 어린애 같은 장교로 보였을 것이다. 완전 신품 군복을 걸친, 동안의 신임 소위의 사진이 아직도 남아 있다.

이 경화진에도 요릿집 겸 삐야 한 채가 있었으며 그 가게는 과자가게와 사진관까지 했다. 나중에 생각해 보니까 얼마 안 되는 일본군을 상대로 장사가 될 리가 없기에 아편을 팔려고 사진관으로 위장했을 것이다.

무엇이든 하는 이 가게의 경영자는 조선인이고, 여성 종업원도 조선인이었다. 이 가게는 주둔대에 기생하는 관계였지만 중대가 특별히 관리하는 느낌은 없었다. 일종의 어용상인이었지만 특별공작대와 깊은 관계가 있었던 듯했다. 연대본부에 있었던 요릿집은 연대 부관이 관리했으나 중대 이하의 단위에서는 이러한 군대와 떨어질 수 없는 관계에 있는 어용상인이 경영하는 만물상이 많았을 것이다. 어쨌든 경화진 거리에서 일본군을 상대로 하는 가게는 여기뿐이었다. 일요일이 되면 외출하는 병사들은 정렬해서 복장 검사를 받았는데, 외출이라고 해봤자 이곳밖에 갈 데가 없어서 휴일에는 크게 혼잡했다. 복장 검사를 할 때 주번하사관이 외출자에게 일종의 콘돔인 '도쓰게키이치반'(突擊一番)을 분배했다. 맨 처음에 나는 그것이 무엇인지 몰라서 중대 사무실의 하사관들에게 비웃음을 샀다. 장교는 외출이 자유로웠지만 하사관 이하의 경우 외출은 내지와 마찬가지로 엄중히 제한되었다. 이것은 제27사단이 현역 부대라서 군기가 비교적 엄정했기 때문으로 경비 전문 독혼(獨混) 부대 따위는 느슨한 듯했다. 독혼이란 독립혼성여단의 줄임말로 전쟁이 확대된 1938년 이래 차례차례 편성된 후방경비용 부대이다. 예비역 소집병이 주체라서 편성과 장비도 현역 사단보다 뒤떨어졌고 군기 문제도 많다는 평가를 받았다.

경화진에서의 제3중대의 일상은 나팔 소리로 기상, 점호, 식사, 소등 시간을 알렸다. 일과 시간에는 총검술을 연습했고, 실탄 사격도 많이 했다. 다만 설비를 갖춘 사격장이 없어서 도시 밖의 밭에 표적을 세우고 쐈다.

처음에 나는 병영 바로 밖에 있는 밭에서 갑자기 실탄을 발사하는 모습을 보고 놀랐다. 이러한 민중에 대한 차별은 이후에도 반복되어 점차 경각심이 마비되었다.

부임한 지 3개월, 1941년 내내 중대는 토벌을 위해 자주 출동했다. 토벌이란 팔로군 출현 정보에 근거해서 이를 공격하기 위해 출동하는 것을 말한다. 중대 단독으로 토벌하는 경우도 있지만, 연대 규모의 토벌도, 대대 규모의 토벌도 몇 번 있었다. 이 토벌 출동에서 두 번에 한 번은 적과 전투를 벌였다. 나는 이렇게 해서 어느새 소대장으로서 전투 체험을 쌓았다. 전장이 된 곳은 대부분의 경우 하간의 동북쪽, 또는 동남쪽으로 여정조의 기중군구의 제8, 제10분구 등이 주된 적이었고, 때로는 회교도 부대와 싸운 적도 있었다. 대체로 일본군이 산개해서 사격하면 적은 도망쳤다. 매복에 걸려 기습을 당하지 않는 한, 전투 자체는 무섭지 않았다.

1941년 후반은 화북 전체의 상황에서 보면 중국 측의 자료도 인정하듯 일본군의 치안안정작전이 일정한 성과를 거두어 팔로군이 곤경에 처한 시기였다. 특히 기중지구에서 자전거를 이용한 일본군의 기동작전이 효과를 거두었는데, 이 가운데서도 이웃 제4중대인 무라타부대는 은륜부대(銀輪部隊)로 명성을 떨쳤다. 우리 제3중대도 자전거 편성을 시도하다가 결국 기마대를 만들기로 했다.

팔로군은 자전거 대책을 위해 마을 주변에 호를 파고, 마을 사이는 갱도로 연결하고 연락호에 턱을 만드는 등 다양한 대항책을 강구했다. 일본군이 지배하는 치안지구와 팔로군이 지배하는 해방구의 경계선 주변에 사는 마을 주민은 팔로군이 오면 호를 팠고, 일본군이 오면 호를 다시 메웠다.

어느 날 야마자키 중대장은 새롭게 호가 파여 있던 마을에서 주민을 모아 호 안에 대표자 남성을 무릎 꿇리고 통역에게 호를 판 죄로 사살하겠다고 말하게 했다. 그 말이 진심임을 알자, 모여 있던 노인, 어린이, 여자들이 일제히 통곡하며 살려달라고 빌었다. 호를 파는 것도 메우는 것도 모두 강요받았기 때문에 마을 사람들에게는 재난이었을 것이다.

중대의 주둔지인 경화진 그 자체는 풍요로운 도시로 치안도 유지되었으며 상공업도 번창한 듯했다. 나도 아마추어이지만 카메라를 처음으로 들고 주민의 생활 등을 촬영하기도 했다. 단, 그것은 표면상의 일이고, 일본군이 떠나면 어떻게 될지 몰랐다. 팔로군은 지하공작을 벌이는 듯했다. 창현, 경화진, 하간의 간선도로에서도 팔로군의 습격을 받는 경우가 있었고, 전화선이나 도로가 파괴되는 경우가 종종 있었다. 그곳은 아마 치안지구와 일본군의 지배가 미치지 않는 비치안지구의 경계선이었을 것이다.

토벌전과 민중

중국에 부임하여 팔로군과 싸울 때까지도 중국 공산당이나 농민이 처한 상황을 알지 못했다. 처음에는 학교에서 가르치는 대로 황위(皇威)에 복종하지 않는 포악한 지나(支那)를 응징하기 위해 전쟁을 한다는 말을 그대로 믿었다. 그리고 중국 민중이 천황의 은총을 받아야 한다고 생각했다. 하지만 전장에 도착하자마자 천황의 인자함 같은 미사여구와 거리가 먼 일만 겪게 되면서 점점 이상하다고 느끼기 시작했다. 그러한 의문은 용감한 지휘관이라 칭송받는 상관을 직접 접하면서 더 커졌다. 분견대에 부임한 후 연대장이나 대대장과는 토벌 도중에 만날 뿐이었다. 그때 간부들이 주는 인상은 강렬했다. 연대장 야마모토 쓰노루 대좌는 훗날 버마 전선의 보병단장[16)]으로서 용맹을 떨친 사람으로 신속하게 일을 처리한다는 평가를 받았다. 어떤 마을에서 주민이 팔로군과 내통한 혐의가 있다는 이유로 연대장이 직접 큰 목소리로 "진

....
16) 1937년 일본 육군의 편제가 개편되어 보병여단장을 보병단장이라고 불렀다.

멸(盡滅)!"을 명하는 소리를 들었는데 그 명령이 "다 태워버려라"라는 의미임을 알고 놀랐다. 연대장이 직접 내린 명령이라서 병사들은 긴장된 모습으로 집집마다 불을 지르기 시작했다. 마을에 남은 한 노파가 병사의 다리를 붙들고 그만하라고 애원했지만, 병사는 노파를 걷어차고 계속 불을 질렀다. 그 모습을 보고 이렇게 해도 좋은지 의문을 품었다.

제1대대장 야마다 히데오 소좌는 부임한 지 2년이 되는 토벌전의 베테랑으로 때때로 큰 전과를 거두어 방면군이나 사단의 칭찬을 받았으며, 이듬해인 1942년 일본 육군의 첫 낙하산 부대의 연대장으로 전출될 정도로 용맹했다. 다만 그때는 저렇게 뚱뚱하고 배 나온 사람이 낙하산을 메고 뛰어내릴 수 있겠냐고 생각했다. 대대장이 직접 지휘한 토벌전을 수행하다가 마을에서 대대본부와 마주치면 팔로군의 소재를 캐내기 위해 반드시 농민을 나무에 거꾸로 매달아 고문했다. 어느 날 농민 같아 보이는 사람이 매달렸는데 바지가 내려가 하반신이 노출되자, 대대장이 큰 목소리로 "보기 흉하다"고 명령하여 바지를 올려주는 모습을 본 기억이 생생하다. 대대장이 직접 고문을 지시하는 모습도 이상했다.

전임 제3중대장이었다가 대대본부에 소속된 우에다 쇼지(植田正爾) 중위나 제1기관총 중대장 후쿠다 노리스케(福田紀典) 중위 같은 고참 장교들은 술자리 같은 자리에서 종종 고문 이야기를 했다. 그것도 여성을 상대로 한 성고문 이야기를 아무것도 모르는 내게 일부러 들리게 말하는 듯했다. 하지만 실제로 나는 본 일이 없었다.

하루 혹은 며칠 동안의 토벌을 마치면 주둔지인 경화진에 돌아왔다. 그때 병사들은 꼭 비치안지구에서 가져온 전리품(약탈품)을 들고 있었다. 대부분 음식이었다. 물론 경화진이나 주변에서는 약탈을 금지했다. 경화진 거리는 그다지 크지는 않았지만 앞서 말했듯 경제적으로 번창했던 듯하다. 중대 간부가 모인 사무실에 때때로 공작대가 먹을 것을 보냈다. 예를 들면 물만두 200개라든지, 중국 배 50개 따위였다. 이것은 공작대가 주민으로부터 거두는 세금의 할당분인 듯했다.

거리 서남쪽 구석에 토벽을 둘러치고 망루를 세운 병영이 위치했다. 중앙을 연병장으로 삼아 점호나 검술 연습장으로 썼다. 망루 바로 아래 위병소가 유일한 출입구였다. 일본군은 이 병영 안에서 칩거하는 형태였다. 그러니까 병사들은 토벌을 바깥바람을 쐴 수 있는 기회로 생각하는 듯했다. 치안지구 밖에 나오면 자유롭게 약탈을 일삼았는데 주로 먹을 것을 찾았다.

앞서 말했듯 경화진에서 보낸 1941년 후반은 거의 사나흘에 한 번 토벌에 나섰다. 팔로군에 관한 정보는 밀정, 특별공작대, 그리고 치안유지회를 통해서 매일 같이 들어왔다. 그러한 정보를 바탕으로 중대장이 출동 여부를 결정했다. 그럴 때 인사 담당 준위가 편성표를 작성하여 출동 인원을 결정했다. 경화진에 주둔한 제3중대의 경우 대체로 40~60명 정도의 병력이 출동했다. 중대는 그때마다 중대장 이하 2 내지 3개 소대를 편성했고 내가 제1소대장을 맡았다. 소대는 20~30명의 병력으로 구성되었으며 2개 내지 3개의 기관총 분대와 척탄통 분대로 구성되었다. 한밤중에 출동하여 어둠을 틈타 목적지인 마을에 접근하여 팔로군을 급습하려고 했지만 대체로 들통이 나서 적은 사라지고 없었다. 경화진에도 팔로군과 내통하는 자가 있었을지도 모른다. 게다가 야간에 행동하니 여기저기 마을에서 개가 짖기 때문에 들키고 말았다. 덧붙이자면 팔로군은 지배하는 지역에서는 개 사육을 금지하고 살견대를 파견하여 개를 박멸하기 위해 노력했다고 한다. 개는 식량을 축낼 뿐 아니라 짖으면 팔로군의 행동을 폭로할 우려가 있었기 때문이었다. 하지만 내 경험으로는 경계지역에서는 개가 멀리서 짖는 소리를 충분히 들었다. 이래서야 일본군의 행동을 숨길 수 없다고 생각한 날이 많았다.

팔로군은 민중을 장악했기 때문에 정보공작 능력이 대단했다. 해방구는 물론, 일본군이 장악한 치안구에서도 모든 읍내나 마을에 자위단(自衛團)을 조직했고 나아가 지역 단위별로 구국회(救國會)를 조직했다. 그리고 마을의 담벼락에 항일운동 구호를 크게 적었다. 그중에서도 일본군을 대상으로 한 낙서가 인상적이었다. "적은 일본 군벌이다", "일중 양국 인민은 함께 군벌을 타도하자", "중국 인민의 집을 태우지 마라" 같은 내용이 많았다. 특히 집을 불태우지 말라는 선전이 많은 사실은 불타는 집을 보는 민중의 심정이 얼마나 고통스러웠는지를 보여준다. 내가 연대장의 소멸명령에 충격을 받은 이유도 이러한 사실이 인상에 남아있기 때문이었다. 또한 주민 가운데 단발한 여성을 발견하면 항일부녀회(抗日婦女會) 회원이니까 체포하여 헌병대에 넘기라는 지시를 받아서 주민을 심문할 때마다 "부녀회는 있는가?"고 물었다. 단 나는 단발한 여성을 한 명도 보지 못했다.

또한 징발에 대해 설명하고 싶다. 나중에 연대본부에 근무하게 되었을 때 관계자 이외에 열람이 금지된 「전시복무제요」라는 소책자를 봤다. 남경대학살 후 1938년 7월 교육총감부[17]가 초급 장교용으로 배포한 책자로 징발과 약탈의 차이 따위에 대해 간단하게 설명했다. 징발은 고급 지휘관(사단장 이상의 지휘관을 말한다)이 경리부장 등에게 실시하게 하는 경우와 각 부대가 직접 하는 경우로 나뉘며, 고급 지휘관이 지역을 지정한 다음, 장교의 지휘 아래 징

....

17) 일본 육군의 상급 부서로 군교육을 관장했다.

발을 하면서 배상을 하거나 후일 배상하기 위한 증표를 줬다. 그 이외의 행동은 약탈이다. 물론 중대 이하 규모로 출동하면 하사관이나 병사들은 징발이 아닌 약탈을 저지른다. 중대에서 이 소책자를 거의 보지 못했고 실물로 된 증표가 있다는 사실을 전혀 몰랐다. 약탈은 일상사로 묵인되고 있었다.

1941년 가을 내가 경화진에 있던 동안 빈번히 토벌전에 출동하여 전투 횟수도 많았는데 그동안 중대의 전사자는 이시이 군조 한 명뿐이었다. 이시이는 자전거를 타고 선두를 달리다가 마을 바로 앞에서 저격당했다. 노무라 조장이 노천에 땔감을 산더미처럼 쌓고 이시이 군조의 화장을 지휘했다. 처음으로 보는 '전사'라는 현실에 엄숙해졌다. 하사관이 전사했기 때문에 전투상보 속의 전과가 실제보다 과장되었다는 사실을 알았다. 이때 중대장과 노무라가 소총을 7, 8정 제출하기로 이야기했다. 실제로 이런 경우를 대비하여 중대에 적의 소총을 상당수 비축했다. 이렇게 해서 1941년 내내 주둔과 토벌전을 치렀으나 경화진의 주민만 만났을 뿐이었다. 그들은 일본군을 상대로 사근사근했고 공작대와도 사이좋게 지냈다. 나는 심심할 때 거리에서 대장간이나 두부가게에서 작업하는 모습을 구경하기도 했다. 하지만 치안지구의 거리니까 이렇게 할 수 있으며 토벌대상인 비치안지구에서 민중은 전부 도망치고 집에는 노인만 남아있었고 특히 젊은 여성을 본 기억은 없다. 확실히 대조적인 모습이었다.

이리하여 화북에 도착하고 4개월이 지났고 나는 준(准)치안지구에서 팔로군과 일상적으로 싸우는 생활에 점차 익숙해졌다. 하지만 그것은 '성전'의 모습과 너무 동떨어진 현실이었다. 내가 소학교 3학년 때 만주사변이 발발했고, 중학교 3학년 때 중일전쟁이 발발했다. 소학교든 중학교든 군국주의 교육을 받아 이 전쟁은 정의로운 일본군이 나쁜 지나군을 응징하는 전쟁이라는 단순한 교육을 받았다. 중학교 4학년 때 진학한 사관학교에서는 조금 더 이론적으로 일본의 사명은 '팔굉일우(八紘一宇)', 즉 천황의 위광을 세계에 떨치는 것으로, 이번 전쟁은 그 사명을 달성하기 위한 첫걸음이며 서구 열강의 착취로부터 중국 민중을 해방하기 위한 '성전'이라고 했다. 그런데 아무래도 성전의 현실은 조금 수상쩍은 느낌이었다. 마을을 불태우고 주민을 잡아 고문하는 등 일본군은 민중을 보호하는 것과 동떨어진 짓만 하고 있다고 느낄 뿐이었다.

다른 사관학교 동기생들과 비교하면 나의 사고방식은 조금 달랐는지도 모른다. 예과에 들어갔을 때 재수, 삼수를 해서 간신히 초지(初志)를 관철한 느낌을 주는 나이 많은 야마구치나 가고시마 출신자들에게 나는 압도되었다. 그들은 소박하고 강직하며 천황을 향한 충성을 믿어 의심치 않았기 때문에 순식간에 목숨을 가벼운 기러기 털에 비유하는 사관학교의 가르침에 동조했다. 스기모토 중좌가 쓴 『대의』를 필독서로 돌려 읽고, 졸업기념문집에 진심으로 "다음번에는 야스쿠니 신사에서 만나자"라고 쓰는 기풍이 대세였다. 『대의』는 1938년 중일전쟁 중 전사한 스기모토 고로(杉山五郎) 중좌가 남긴 저서로 하가쿠레(葉隱)[18] 무사도에 빠진 저자가 천황을 위해 죽는 것이야말로 최고의 미덕이라 설교하는 군인의 사생관 규범으로 평가받았다.

나는 그 정도로 동조하지 못한 듯하다. 대도시 도쿄에서 태어나 소학교, 중학교를 졸업하고 아버지의 서고에 있던 세계문학전집, 메이지다이쇼문학전집, 현대일본문학전집 등을 읽는 문학 소년이었다. 그만큼 휴머니즘이니 인류애니 하는 것에 마음이 끌렸기에 동기생들의 외골수적인 군국주의 분위기에 융합되지 못했을 것이다. 그러한 감정이 남아 있었기 때문에 일본군이 민중을 접하는 방식에 의문을 느꼈을지도 모른다. 하지만 그런 의문은 제국군인이자 천황의 장교로서 부끄러워해야 한다는 생각도 존재했다. 그러한 이도 저도 아닌 입장에서 괴로워했을지도 모른다.

....

18) 에도 시대에 야마모토 쓰네토모(山本常朝)가 구술하고, 다시로 쓰라모토(田代陳基)가 받아 적은 책으로 무사의 마음가짐을 설교했다. "무사도란 죽음이다"라는 구절로 유명하다.

티푸스에 걸려 죽을 뻔하다

12월 초, 1941년도에 징집된 신병을 교육하기 위해 제3중대의 교관으로 지명되었다. 그리고 조교, 조수 예정자들과 함께 신병 교육요원 집합교육을 받기 위해 하간의 연대본부에 소집되었다. 하간성 동남쪽에 있는 병영에서 집합교육을 받은 지 며칠째인 12월 8일 아침, 이날 교육 책임자였던 신임 연대부관 마치다 가즈오(町田一男) 대위가 모든 교육생을 집합시키고 일본이 미국과 영국을 상대로 전쟁을 시작했다고 말했다. 이 중대한 정보도 중국의 전장에 있던 우리에게 남의 일같았다. 눈앞에서 펼쳐지는 중국과의 전쟁도 당초 예상과 달리 언제 끝날지 모르는 장기전이 되었다. 신참인 나도 일본군이 민심을 장악하지 못한 사실은 알았다. 팔로군이 민중을 장악하고, 일본군이 정보전에서 열세에 처한 상황에서 전쟁의 조기 해결은 무리였다. 그리고 일본군은 소련을 첫 번째 가상적이라 생각했기 때문에 소련과의 전쟁을 준비했다. 그런데 갑자기 미국, 영국과 전쟁을 시작하다니 어찌된 일이냐는 것이 솔직한 감상이었다. 하지만 대미영전의 시작은 우리와 직접적으로는 관계가 없었다. 굳이 찾아보면 우리 사단에 속한 지나주둔보병 제2연대가 천진에 있는 미국, 영국 조계를 무혈 접수한 것이 전부였다.

그 말을 들은 후부터 매일 머리가 무겁고 몸이 나른했다. 연대본부의 의무실에서 베테랑 군의관인 나가야 대위는 40도 가까운 고열에 시달린 나를 보고서 티푸스로 진단했고 바로 입원시켰다. 이 시기 전장에서 장티푸스와 파라티푸스가 많이 발생했다. 모두 세균성 감염증이며 물이나 음식물을 통해 전염된다고 했다. 증상이 무겁고 고열이 지속되며 특히 장티푸스의 경우엔 사망률이 높았다. 내 경우에는 장티푸스였고 상당히 증상이 진행되었다. 입원이라 해봤자 하간에는 야전병원이 아니라 출장소인 붕대소(繃帶所)라는 시설이 있었는데, 야전병원에서 몇 명의 군의관이 출장을 나왔으며 연대본부 의무실보다 약간 나은 수준이었다. 입원 후 고열 때문에 일주일 가까이 혼수상태에 빠졌다. 나중에 군의관이 "위독한 상황이 이어졌는데도 용케도 버텼다. 과연 젊다"고 말했다. 위생병이 말하길 기록적인 양으로 점액과 주사를 놨다고 한다. 그래서인지 바늘을 찌른 양팔과 넓적다리가 딱딱하게 부풀어 올랐다. 아직 그렇게 크게 치료할 수 있었던 상황이었기 때문에 살아날 수 있었을 것이다. 붕대소는 평범한 중국 가옥을 그대로 사용했다. 병실이라 해봤자 평범한 방에 침대 하나뿐인 장교용 병실이었다. 그런데 내가 회복기에 들어섰을 때 이 방에 성홍열에 걸린 장교가 입원했다. 체력이 약해진 나는 순식간에 감염되었다. 고열이 지속되고 온몸에 발진

하북성 창현에서 아버지와 찍은 사진. 1942년 6월쯤.

이 발생하여 또 중태에 빠졌다. 병원의 책임이었기 때문에 군의관도 열심히 치료했다. 다시 점액과 주사를 맞고 간신히 목숨을 건졌다. 결국 여기서 새해를 맞이했다. 나중에는 긴 요양 생활이 이어졌다. 두 개의 큰 병에 연속으로 걸려서 나는 완전히 쇠약해졌다. 그럼에도 회복기에 들어서자 빨리 퇴원하고 싶어 애가 탔지만 군의관은 좀처럼 허락하지 않았다. 결국 2월 초까지 하간의 요양소에서 지루한 입원 생활을 보냈다.

1942년 2월 중순 드디어 퇴원하여 경화진의 중대로 돌아왔다. 당연히 신병 교관 업무는 다른 사람과 교대했다. 이미 연대의 1941년도 소집병은 지난해 12월 초 근위보병 제4연대에 입대하여 우지나를 출발하여 부산을 거쳐 1942년 1월 1일 창현에 도착했다. 그리고 제1대대의 신병은 대대본부가 있는 헌현(獻縣)에서 교육을 받았다. 이 시점에서 나는 훗날 대륙타통작전의 주력으로 성장할 그들과 대면하지 못했다.

입원하고 있는 동안 화북과 태평양의 정세도 바뀌었다. 기동지구의 치안이 악화되어 지나주둔보병 제1연대 소속 소부대가 계속 전멸했다. 그래서 창현에 있던 보병단 사령부가 당산(唐山)으로 이동하여 기동의 병력을 강화했고, 뒤이어 연대본부는 하간에서 창현으로 이동하여 경비지구도 진포선

동쪽의 염산, 석덕선 남쪽의 무강 방면으로 확대되었다. 병력이 줄었는데도 반대로 경비구역이 확대되었다. 나는 퇴원하고 나서 중대 사무실에서 개전 이래 발행된 신문을 통해 하와이의 전과, 홍콩 점령, 말레이 진격, 필리핀 상륙 등에 관한 기사를 흥분하며 읽었다. 싱가포르 함락도 눈앞에 다가왔다. 중국 전선은 정체 중인데도 남방의 전황은 크게 발전하고 있기에 부러웠다. 화북에서 주둔하는 동안 중대 사무실에는 라디오도 있었고 신문도 며칠분이 함께 들어왔지만 읽을 수 있었다. 중대 사무실에는 신문을 한번에 읽을 수 있도록 제본해서 비치했다. 덕분에 정보는 어느 정도 알 수 있었다.

유와분견대장

기동을 중시하는 사단 배치전환에 따라 제3중대에서 사하교와 하간 중간에 있는 유와(劉窩)에 분견대를 파견하게 되어 2월 하순에 내가 대장에 임명되었다. 20명을 약간 넘는 1개 소대였다. 야마자키 중대장은 이제 막 병원에서 돌아온 내가 중대에 있으면 매일 토벌에 나서야 할 테니까, 분견대장으로 조금 느긋하게 지내도록 배려해 준 듯했다. 이 시기 기중지구의 팔로군은 일본군이 병력을 축소한 틈을 타고 적극적으로 행동하여 제1대대는 토벌전을 활발히 전개했다. 유와는 하간과 사하교 사이에 있으며 하간과 창현 도로에서 대성 방면으로 자동차길이 갈라지는 교통의 요충지였다. 현지에 있는 치안유지회 회장과 괴뢰정권의 경비대장이 매일 아침 분견대장인 나에게 인사하러 와서 치안 상황, 특히 팔로군의 정보를 보고했다.

팔로군은 무기나 장비에서 압도적으로 우세한 일본군을 대상으로 사상공작도 중시했다. 특히 일본군 병사에게 "적은 일본 군벌", "일본과 중국 인민은 함께 전쟁을 꾀하는 일본의 군벌과 재벌을 타도하자"고 호소하는 선전이 많았다. 지나가는 마을마다 이런 취지의 구호가 벽에 적혀 있었다. 일본군을 대상으로 하는 공작도 경험했다. 전부 유와 분견대장 시절 때의 일이다.

팔로군의 통신선이나 교통로 파괴를 경계하여 밤새 불침번이 한 시간마다 이웃 지역 주둔대에 전화를 걸어 점검했다. 한번은 팔로군이 전화를 이용해서 일본어로 말을 걸었다. 팔로군은 휴대용 전화기를 주둔대 사이의 전화선에 연결해서 불침번에게 반전평화를 호소하는 경우가 많았다. 대장된 입장으로서 그럴 땐 대화를 하지 말고 "비국민, 매국노!"라 외치고 전화를 끊으라고 명령했다. 덧붙이자면 전화는 일본인 반전동맹원이 건 듯 유창한 일본어로 말했다고 한다. 또한 경화진에는 농민이 위문주머니라며 대추를 넣은 포대

하사관후보대의 조교, 조수들과 함께

를 들고 왔다고 한다. 포대 안에는 일본의 농업 상황이 흉작이라는 등의 소식이 적힌 편지가 들어 있었다고 한다. 그 외에 일본에서 보낸 편지에 글을 쓰는 사례가 있었다. 가족이 올해는 쌀 작황이 나쁘다고 쓴 편지에 팔로군이 농민은 이렇게 흉작에 시달리고 있으니 빨리 전쟁을 멈추고 고국으로 돌아가라고 덧붙였다. 우체국에서 일하는 자가 저지른 내부 범행이거나 혹은 팔로군이 일단 우편물을 탈취하여 손을 댄 다음 돌려줬을 것이다. 어쨌든 우리도 팔로군의 공적에 협력하는 일본인이 있다는 사실은 알았다. 아울러 팔로군은 포로를 소중히 대한다는 사실도 말이다.

주둔부대는 동네 한쪽 구석에 토치카를 만들어 그 안에서 버텼다. 어느 날 치안유지회장이 젊은 아가씨를 데리고 와서 "대장님, 아내로 맞이하면 어떻습니까?"라고 권유했다. 나는 물론 말도 안 되는 소리를 한다고 화를 내며 거절했지만, 전례가 있었던 듯했다. 고참 소집 장교 중에는 영내에 첩을 들인 자도 있어서 병사들의 빈축을 샀다는 소문을 들었다.

이곳에서 입대 후 3년차인데도 아직 일등병인 I가 나를 괴롭혔다. 취사계인 I 일등병을 하사관이나 상등병도 열외로 취급했고, 그도 무단으로 외출해서 유지회와 경비대와 어울리는 등 제멋대로 행동했다. 나는 군기를 유지하기 위해 무슨 조치를 취해야겠다고 생각했는데 그는 성병이 악화되어 하간에 있는 붕대소에 입원하고 말았다.

유와 주둔대장 자리를 1개월도 채우지 못하고 3월 하순에 중대에 복귀했다. 3월부터 4월까지 대대의 유관장(劉官庄) 토벌전, 소대장으로서 동남촌(東南村), 전가장(田家庄) 전투에 참가했다. 모두 팔로군의 주력이 도망쳐서 큰 전과를 거두지 못했지만 기중지구에서 겪은 토벌전은 이것이 마지막이었다.

5월 초에 연대본부 근무를 명받아 제3중대와 헤어지고 창현으로 이동한 연대본부에 부임했다. 연대기수인 특별지원병 출신 장교인 기노시타 고로(木下五郎) 소위가 곧 전출을 가기 때문에 후임으로 삼을 겸, 연대의 하사관 후보자들이 보정(保定)의 교도학교에 가기 전에 실시할 준비교육 교관이 되기 위해서였다. 연대가 새로 담당한 지역인 발해도(渤海道)의 염산(鹽山)이나 경운(慶雲)에 본부와 함께 행동했다. 소금을 뿜어내는 황무지로 비옥한 기중평원과 달랐고 팔로군도 활발하게 활동하지 않았다.

내가 입원 중에 야마모토 대좌에서 오노 오사무(小野修) 대좌로 연대장이 바뀌었다. 오노 대좌는 육군성 은상과장을 지내다 온 사람으로 공적만 신경쓴다는 이유로 평판이 좋지 않았다. 6월 상순에 정식으로 연대기수에 임명되었다. 군기 자체는 본부에 두고 출동하니까 연대기수의 실제 업무는 기밀서류 취급, '진중일지', '전투상보' 따위를 작성하는 연대부관의 조수 역할이었다. 이 시기에 건강이 빠르게 회복되면서 전투, 행군이라는 격렬한 행동에서 멀어지고 책상 업무가 많아졌기 때문에 살이 찌기 시작했다. 당시 아버지와 함께 찍은 사진을 보더라도 전선의 장교답지 않게 피부가 하얗고 복스러운 얼굴이었다.

경리장교였던 아버지는 내가 육사를 졸업했을 즈음 육군항공학교 제10과장(건축)을 지냈다. 당시 전국에서 비행장을 한참 건설해서 아버지는 종종 일본의 국가예산 중에서 최고액을 쓰는 과장이라고 말했다. 그런 아버지는 내가 화북에 출정한 직후 인사이동으로 제41사단의 경리부장으로 전출되어 하북의 산서성(山西省)에 왔다. 1942년 봄 북지나방면군이 계획한 기중작전의 주력 부대가 된 제41사단은 산서성에서 와서 작전을 마치고 덕현(德縣)에 사령부를 배치했다. 6월 상순에 사단 경리부장으로서 아버지가 인접 지구인 창현을 방문했기 때문에 부자가 오랜만에 대면했다. 아버지는 내가 살찐 모습을 보고 놀란 듯했지만, 나는 일선에 돌아가면 금방 빠진다고 말했다. 그때 연대본부의 어떤 사람이 사진을 찍어 줬다.

6월 중순 즈음에 갑자기 연대본부가 토벌전을 지휘하기 위해 하간으로 이동했을 때였다. 임구에 주둔한 제11중대에 소속된 동기생 이시다 히사유키가 주둔지 근처 마을을 침입한 적을 공격하기 위해 출동했는데 혼자 칼을 빼들고 돌격하다 배에 적탄을 맞았다. 중태에 빠진 이시다는 하간으로 후송되어 나가야 군의관의 수술을 받았다. 배에 총탄을 맞아도 나가야 군의관이 손대면 살 수 있다고 정평이 나 있었지만 이미 복막염이 발생하여 손쓸 수 없었다. 이시다는 몹시 고통스러워한 끝에 죽었다. 나는 대답도 못 하고 신음만 내는 이시다를 격려하며 바라볼 뿐이었다. 처음으로 사람이 죽는 순간을 지켜봤다. 나가야 군의관은 산부인과 의사였다는데 무한작전 이래 개복수술을 많이 하여 연대 내에서 신뢰를 받았다. 그런 나가야 군의관도 이미 늦었다며 포기했다.

연대에 부임한 다섯 명의 동기생 중 4명은 근위보병 제3연대 출신이고 나만 근위보병 제4연대 출신이라서 천진에 도착할 때까지 면식이 없었으나 그 중 아사다는 바로 항공통신병과로 전과했고 미야마는 도야마 학교의 학생이 되어 잠시 귀국했기에 이시다가 전사한 후 연대에는 가요와 나만 남게 되었다. 그 후 미야마가 복귀하여 나중에 대륙타통작전에 가요, 미야마, 나 셋이 중대장으로서 참가했다. 미야마는 차릉(茶陵)에서 전사했고 나도 본토로 전출되었기 때문에 가요만 남아 마지막 연대부관으로서 패전을 처리했다. 덧붙이자면 가요는 전후 자위대에 들어갔다. 1960년대에 자위대가 연구자나 평론가를 지토세(千歲)에 초대하여 공개 연습을 했을 때 나도 초대받아 연습 연대장인 가요와 다시 만났다.

우리 육사 55기생은 신임 소위 시절 태평양전쟁이 발발했기 때문에 하급 지휘관으로서 소모율이 높았다. 예과에 입교한 약 2,400명의 동기생은 지상과 항공으로 나뉘었는데 양쪽 다 합쳐 전체 4할이 넘는 973명이 전사했다.

기동으로 이동

기동 지구의 치안은 더욱 악화되었다. 이운창(李運昌)[19]이 지휘하는 기찰열정진군(冀察熱挺進軍)이 활발히 활동했기 때문에 일본군의 피해는 커져만 갔다. 방면군은 기동1호작전을 실시하여 팔로군을 격멸하려고 했지만 쉽게 성과를 거두지 못했다. 이렇게 된 원인으로 이 지역이 만리장성이 이어지는 산악지대로 팔로군은 일본군의 경비담당 경계인 만주국의 열하성과 기동 사이를 자유롭게 오간 점도 있다고 생각한 북지나방면군은 장성 근방 지역에 무인지역을 만든다는 방침을 취했다. 하지만 이 작전은 민중의 마음을 결정적으로 일본군으로부터 떠나게 만들었고 치안은 최악의 상태가 되었다.

....

19) 이운창(1908~2008)은 중화인민공화국의 군인이자 정치가이다. 1924년 황포군관학교에 입교함과 동시에 중국 공산당에 가입했고, 중일전쟁과 국공내전을 치렀다. 중화인민공화국 성립 후 정치가로 활동하다가 문화대혁명 때 실각하여 투옥되었지만 복권되었다.

1942년 9월 기동1호 후기작전을 수행하기 위해 지나주 둔보병 제3연대는 기중 경비 업무를 제110사단에 넘기고 전면적으로 기동으로 이동했다. 9월 15일 연대본부는 처음엔 난현(灤縣), 이어서 사하역(沙河驛)으로 이동했다. 9월 중순부터 나는 본래 직책인 연대기수 자리를 유지한 상태로 연대 전체의 하사관 후보자가 모인 교육대 교관에 임명되었다. 1941년도 징집병의 1기 신병 교육을 마친 후 각 중대에서 후보자를 선발하여 11월부터 보정의 하사관후보자학교(통칭 교도학교)에 파견하기로 되었다. 파견하기 전에 연대에서 1개월 반 동안 사전교육을 하게 되어 내가 교관이 되었다. 연대의 각 중에서 모은 60명 정도의 후보자와 각 중대에서 뽑은 조교 하사관 몇 명, 10명이 약간 안 되는 조수 상등병으로 교육대를 만들었다. 교육대가 발족한 후 10월 1일부로 나는 아직 20세라는 어린 나이에 중위로 진급했다. 제자인 신병 출신 후보자는 대부분이 21세, 조교와 조수는 나이가 훨씬 많았다.

교육대는 경비도 할 겸 개란(開灤)탄광의 중심인 개평(開平)에 배치되었다. 즉 나는 후보자대의 교관이자 개평시의 경비대장이 되었다. 실상은 신병이 주체인 교육대지만 겉모습은 100명에 가까운 무장 병력인 데다가 연일 맹훈련을 하고 있는 정예부대로 보였을 것이다. 개평에 있는 동안 팔로군의

연대기수 시절 군기를 든 저자. 1942년 11월 사하역에서 열린 군기제 때 찍은 사진

공격을 전혀 받지 않아서 치안문제는 없었다.

하사관후보자 교육에는 열의를 갖고 몰두했다. 보정에 갔을 때 다른 부대에 뒤지지 않도록 면밀한 계획을 세우고 격렬하게 훈련했다. 이때의 하사관 후보자들이 훗날 대륙타통작전 때 연대 내 각 중대 전력의 중심이 되었다. 이 하사관 후보자들은 각 중대의 신병 중에서 선발했기 때문에 지식과 체력이 일정 수준에 도달했다. 이전의 하사관 후보자는 만18세의 나이로 현역을 지원해서 들어온 가난한 농민의 아들이 많았고 중대의 고참 준사관과 하사관도 그랬다. 하지만 전쟁 장기화의 영향으로 평범한 수준의 삶을 살던 징병 대상자가 지원하는 사례가 증가했다. 전쟁이 길어지고 현역병도 2년 만에 돌아갈 수 없었고 예비, 후비역도 다시 소집되는 상황에서 어차피 군대 생활이 길어진다면 계급을 높게 달자는 의도를 갖고 하사관을 지원하는 사람이 증가했다. 따라서 후보자의 질도 높아서 교육한 보람이 있었다고 할 수 있다. 군부도 하사관 교육을 중시했다. 북지나방면군은 내지의 교도학교(하사관을 교육하는 학교)에 해당하는 방면군하사관후보자대를 보정에 개설했다. 연대도 보정에 후보자를 파견하기 전에 연대 독자로 하사관후보자를 교육하기 위해 교육대를 만들었다. 시험을 봐서 채용했고 교육에 시간을 들였기 때문에 상당한 성과를 거두었을 것이다.

나는 병에 걸려 신병을 교육할 수 없었기 때문에 이 하사관후보자 교육이 본격적인 기회였다. 그만큼 열의와 노력도 상당해서 조교와 조수, 후보자들도 고생했을 것이다. 성과도 올려서 나중에 보정의 교육대 교관으로부터 칭찬을 들었다. 개평에 있었을 때는 교육에 열중하여 외출도 하지 않았기 때문에 추억은 거의 없다. 하지만 나는 교육이라는 얻기 힘든 경험을 한 셈이었다.

집합교육을 마친 후 10월 초순에 후보자들을 이끌고 보정에 있는 교도학교(하사관교육대)에 갔다가 돌아오는 길에 북경에서 놀았다. 같은 임무를 맡은 동기생의 전임 연대장이 방면군 고급부관이라서 가이드 겸 운전수가 모는 자동차를 제공받아 북경의 명소를 편하게 구경했고, 밤에는 고급요정에서 접대를 받았다. 이렇게 느긋하게 관광을 하는 동안, 10월 7일 개란탄광 지구는 미 공군[20]의 B-25 폭격기 공습을 받았다. 탄광은 큰 피해를 입지 않았고 당산이나 개평의 민가가 약간의 피해를 입은 수준이었지만, 중국에 주둔한 미 공군이 전략폭격을 시작한 사실은 일본 측에 상당한 충격을 줬다. 돌아와서 개평의 교육대를 해산하고 연대본부에 복귀했다. 본부는 처음 주둔했던 난현에서 사하역으로 이동했다. 오노 연대장은 이곳에서 계절에 맞지 않는 군기제를 치렀다.

....

20) 정확히 표현하자면 이 당시 미군에는 공군이 없었기에 육군항공대라고 봐야 한다.

실제 군기 수여 기념일은 가을이 아니라 4월 7일이지만 연대장은 연대가 고도로 분산 배치되었기 때문에 연대의 단결을 굳건히 할 필요성을 느끼고, 연대의 역사와 전통을 떠올리게 하면서 병사들에게 즐거운 시간을 주려는 의도가 있었을 것이다. 하지만 내 입장에서는 부동자세로 군기를 들고 있어야 하니 별로 즐겁지 않았다.

나는 창현 시절이든 사하역 시절이든 기수 본래의 업무인 기밀서류를 수령하기 위해 천진의 사단 사령부에 몇 번 출장을 갔다. 서류 수령은 책임은 져야 하지만 형식적이었기 때문에 숨 돌릴 겸 쇼핑을 하려는 것이 진짜 목적이었다. 나는 책방에서 철학이나 역사책 따위를 샀다. 내 장서를 보고 책을 잘 읽는다는 평판이 들릴 정도였다. 단 이동할 때 책은 방해되니까 불필요한 것은 버리고 갖고 싶은 것은 집에 보냈다. 되는대로 책을 샀기 때문에 다카야마 이와오(高山岩男), 호소카와 가로쿠(細川嘉六) 등의 저서가 지금 내 서재에 있다.

사하역에 주둔한 시절에 아사바 소대가 전멸한 심각한 상황이 발생했다. 1942년 12월 18일 천안(遷安) 동쪽에 팔로군이 나타났다는 정보를 받고 제2대대 주력은 나가둔(羅家屯)에서, 제2대대 소속 제8중대의 아사바 시게루(浅葉滋) 소위의 소대는 건창영(建昌營)에서 출발했다. 제2대대로부터 북쪽에 심한 총포성이 들렸지만 곧 들리지 않았고 아사바 소대의 상황은 불명이라는 보고가 들어와서 본부에서도 임시로 구원대를 편성하여 나도 소대장으로 참가했다. 건창영 서남쪽의 의신장(義新庄) 부근에 도착하니 아사바 소대 36명, 소대에 배속된 사에구사(三枝) 기관총 소대 소속 12명의 시체가 마을 앞 개울가 모래밭에 쓰러져 있었다. 추운 한겨울이라서 시체들은 처참하게도 거무칙칙하게 변색해 부풀어 있었고 무기나 장구류는 모조리 빼앗겼다. 마을 일대는 조용했고 적의 모습은 보이지 않았다. 팔로군은 아사바 소대를 전멸시키고 구원대가 도착하기 전에 장성을 넘어서 열하성으로 퇴각했을 것이다. 아사바 소대는 팔로군의 특기인 매복 공격에 감쪽같이 걸려 한 명도 살아남지 못했다. 이것은 팔로군의 전술의 성공과 일본군의 방심을 드러낸 사건이었는데 기동지구에서는 특히 지나주둔보병 제1연대의 소부대가 전멸한 사례가 많았다. 팔로군이 민중을 장악하여 정보전에서 압도적으로 유리했던 결과였다. 일본군이 민중의 마음을 잡지 못한 사실을 통감한 사건이었다.

아사바 소대가 전멸한 후, 연대본부는 잠시 건창궁에 머무르며 장성선 근처의 작전을 지휘했다. 방면군이 지시한 무인지대 설정 작전이었을 것이다. 즉 장선선을 따라 무인구를 만들어 팔로군이 만주에서 넘어와 공격하는 것을 막는다는 작전이다. 기동지구의 방위대장인 보병단장 스즈키 히라쿠

토벌 출동 중 기동 도락정道樂亭부근에서 찍은 사진

(鈴木啓久) 소장(최종 계급 중장)은『전사총서』에 따르면 이렇게 회고했다.

> (1924년) 8월 하순 방면군은 팔로군을 현 정권의 지배구역에서 철저하게 격리하려고 현지의 실정을 무시하고 지도에 차단선을 그었다. 지구대는 지시에 따라 일련의 호와 사격통제를 위한 망루를 구축하여 팔로군의 이동과 물자 유통을 저지하기 위해 노력했다. 대략 60만 명이 넘는 민중이 이 공사에 동원되자, 농작물 수확에 적지 않은 손해를 입은 민중은 중국 공산당의 선전에 넘어갔고 도망치는 청년이 속출했다.

또한 방면군은 팔로군의 근거지인 장성선 주변 지역을 무인지구로 만들도록 명령했다. 민중은 특히 이렇게 주민을 강제로 쫓아낸 조치를 원망했고 팔로군은 '삼광작전(다 태우고 다 빼앗고 다 죽인다)'이라 선전했다(防衛庁 『戦史叢書·北支の治安戦②』 234쪽)

나는 삼광작전에 직접 관여한 경험은 없다. 아사바 소대 전멸 이래 주민은 일절 눈에 띄지 않았다. 무인지구는 이미 완성되었을지도 모른다. 이곳에서 1943년 새해를 맞이하고 1월 하순 본부는 하간으로 이동했다. 사하역으로 이동한 시점에서 오노 연대장은 또 군기제를 열었다. 지난 군기제에서 반년도 지나지 않았는데 또 한다고 생각했는데, 연대장이 축제를 좋아했기 때문일 것이다. 결국 나는 짧은 연대기수 재직기간 중 두 번이나 군기제를 경험한 셈이다. 부동자세로 군기를 받들고 장시간 서 있기는 힘들었다. 그것 말고는 그다지 기억이 없다.

연대본부의 총괄 책임자는 연대부관이다. 내가 기수로 지낸 동안 처음에는 이노우에 대위, 그리고 1942년 말부터는 이치가와 사다이치(市川定一) 대위가 부관이었다. 이치가와 대위는 하사관에서 지원자를 사관학교에서 1년간 교육시켜 현역 장교로 임관시키는 제도인 소위후보자 출신이었다. 무한작전에도 연대 기관총 중대장으로 참가한 베테랑이었는데 온후한 인품의 소유자였다. 연대본부의 실무는 전부 서기인 하사관이 맡았다. 그 외에 각 중대에서 차출한 근무병이 위병이나 당번으로 일했다. 중대는 연대본부나 대대본부, 거기에 다양한 이유로 근무병을 빼앗기는 상황 때문에 힘들었다. 명부에는 중대 인원이 200명 정도 되는데도 50명 이상이나 근무병으로 차출되어 실제 병력은 줄었다. 중대에 있는 동안 근무병으로 인원을 빼앗기는 사실에 불만을 품었지만, 연대본부에 와 보니 그렇게 하는 이유도 납득할 수 있었다.

연대기수로 보낸 나날

사하역의 연대본부에 있는 동안 연대장을 수행하여 몇 번이나 천진의 사단 사령부, 난현의 보병단 사령부에 갔다. 연대장의 지시로 내지에 사는 가족에게 보낼 물건을 사는 것이 제일 싫었다. 군인답게 깔끔하지 않다는 생각이 들었기 때문이다. 나는 본부에 소속되어 있는 동안 난현이나 사하역의 요릿집에도 자주 다녔다. 요릿집이라고 해도 일하는 여성은 밤일이 본직이었을 것이다. 몇 번이나 머물고 가라는 권유를 받았지만 모두 거절했다. 그녀들을 경멸하거나 불결하다고 생각하지 않았으나 그만큼 금욕하려고 노력한 기억도 없다. 결국 나는 전쟁이 끝날 때까지 여성과 만나지 않았기에 동정이었다. 이를 전후에서 이런 가게에서 나는 몇 명의 장교와 같이 술을 마시며 전쟁의 장래나 일본군이 중국인을 접하는 방식 등 심각한 화제에 관해 이야기한 기억이 있다. 특별지원장교(간부후보생 출신 예비역 장교로 특별히 지원해서 현역에 편입된 장교. 현역이니까 소집해제는 없다)인 오자와 세이이치(小沢清一) 소위(훗날 대륙타통작전에서 우리 중대의 이웃인 제4중대장이 되었다), 다카스기 요시오(高杉良雄) 소위(제7중대장으로서 대륙타통작전 중 전사했다) 거기에 군의관인 오자키(尾崎) 씨(도쿄대 의학부 교직원 출신으로 전후 대학교에서 교수와 학생 관계로 다시 만났다) 등과 이야기했다. 대화를 통해 나 말고도 전쟁에 의문을 가진 장교가 존재하는 사실을 알았다. 그것도 언제 귀국할지 모르는 현역을 일부러 지원한 간부 출신의 장교인데도 이 전쟁에 불만이나 불안감을 느끼고 있었는데, 이 시기 중국전장에 있던 일본군의 실제 모습을 반영했을 것이다.

내가 연대기수의 업무로서 상당한 시간을 들인 것은 진중일지와 전투상보 기록이었다. 연대부관이 책임자였지만 대부분의 부대에서는 기수나 본부 소속 서기(하사관)가 쓰는 듯했다. 무엇을 어떻게 써야 하는지 규칙으로 정해져 있었다. 진중일지는 중대 이상의 부대에서 작성하여 전사 자료 또는 장래 군을 개선하기 위한 자료로 삼는 것으로 각 중대 혹은 각 개인의 경력, 적과 조우한 실제 상황 및 소견을 기재한다. 전투상보는 한 방면의 전투가 종료된 후 각급 지휘관이 문서로 보고하는 것으로, 전투 전의 적과 아군이 처한 대략적인 상황, 시간별 전투 경과, 관계 부대의 움직임, 피아 교전병력, 적 단대호, 장교의 성명, 편제·장비·전법, 전투 후 대략적인 적과 아군의 형세 등을 기재해야 했다. 또한 전투상보와 별개로 전투요보(戰鬪要報)라는 것도 있었다. 만약 그날 전투가 끝나지 않으면 해가 진 후 신속히 각 부대장이 보고하는 것으로 내용은 당면한 전투경과의 개요, 적과 아군의 형세, 적정 판단 및 이에 대한 지휘관의 계획, 적과 아군의 손해, 잔여 탄약, 연료 및 소비량 등이었다. 중대에서는 주둔기간에 토벌전이 있었을 때는 전투요보 혹은 전투상보를 제출했지만, 장기간 대작전을 치르게 되자 그렇게 할 여유가 사라지고 말았다. 진중일지도 거의 쓰지 못했다. 하지만 연대본부에서는 확실히 서술하였으며 나도 열심히 일했다. 다만 중대나 대대가 보고하는 전투요보와 전투상보 중에는 지어낸 경우도 있었다. 특히 우리 쪽의 손해가 크면 전과를 과장하는 경향이 있었다. 전사자를 많이 냈을 때는 적의 유기 사체나 노획한 병기를 과장했다. 이때를 위해 각 중대는 적의 무기를 비축한 듯했다. 오노 연대장은 육군성에 있다 와서 그런지, 공적 자료라며 진중일지나 전투상보 기록을 부풀렸다. 이러한 연대장의 태도에 반발하여 나는 꾸며낸 전과나 무용담을 배제하고 정직하게 서술하려고 노력했다.

나는 2월 초 연대기수를 56기 무라카미 이사오(村上勳) 소위에게 넘기고 제3중대장에 임명되었다. 야마자키 제3중대장이 곧 소집해제되므로 후임으로 예정한 인사조치였다. 제3중대는 난현으로 이동한 연대본부를 따라 그곳의 병영에 이동했다. 2월 중에는 소대장으로서 난현 하류의 낙정(樂亭) 방면으로 행군했다. 배를 많이 이용했는데 적과 마주치지 않았다.

1943년 2월 19일부터 23일까지 장신점(長辛店)에서 방면

제27사단 조직도(1944년 3월 현재)

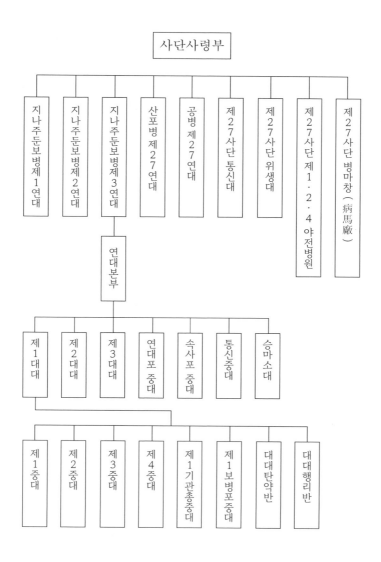

군의 중대장 요원 교육을 받았다. 그곳에서 팔로군을 상대로 하는 정보전에 대한 참모의 강의와 군기 진작을 위한 중대장의 마음가짐에 대한 고급부관의 훈시 따위를 들었다고 기억한다. 팔로군이 쉽게 상대할 수 없는 주적임을 방면군이 겨우 인식했고, 나아가 문란해진 군기를 도덕적으로 반성할 필요를 느끼고 있는 의미에서 이러한 회합을 열었을 것이다. 방면군의 공산당 인식의 변화와 함께 공산군을 상대로 한 전투에서는 무력뿐 아니라 도의적으로도 이길 필요가 있음을 깨달았을 것이다.

이 자리에 방면군에 있던 동기생이 비교적 많이 참석했다. 동기들에 대한 소문을 들었는데 의외로 전사자가 많았다. 그러고 보니 우리 부대에서도 동기생 이시다가 임구 부근의 토벌전에서 전사했다. 소규모 전투라도 소대장이 선두에 나가니 전사하는 비율이 높다는 의미일 것이다.

1943년 3월 하순, 이웃 지나주둔보병 제2연대의 경비지역인 진해도(津海道) 영청현(永淸縣)에서 일본군에 협력하던 홍창회(紅槍會)가 반란을 일으켜 제2연대의 병력이 죽거나 다치는 사건이 발생했다. 홍창회는 종교비밀결사로 민중의 자위조직이라는 측면이 강했는데 괴뢰정권 쪽 무장조직의 탄압에 저항하여 일본군과 충돌한 것이다. 사단은 홍창회가 팔로군과 접촉하고 있음을 눈치채고 단호하게 토벌하기로 결정하고, 제3연대에도 증원부대 파견을 명령했다. 나는 이 증원부대의 혼성 중대장으로 파견되었다. 하지만 우리 파견대가 3월 25일 현지에 도착하자 홍창회의 주력은 이미 항복하였기에 전투를 치르지 않았다.

영청현 일대는 화북대수해 때문에 피폐한 상황이었다. 홍창회를 무장해제하는 도중 강둑 위로 피난한 일부 마을 주민과 마주쳤는데, 나는 비쩍 마른 어머니가 역시 뼈와 가죽만 남은 아이에게 모유 대신 풀을 빨게 하는 광경을 보고 큰 충격을 받았다. 일본군은 아시아 해방을 위해, 중국 민중을 지키기 위해 싸운다고 배웠지만 가난한 농민들은 굶주리고 있지 않은가? 그런 민중을 토벌하는 것이 황군의 자세냐는 의문을 가졌다. 예전부터 성전의 미명과 민중 탄압이라는 실상의 큰 차이를 느꼈지만, 내 눈으로 굶주린 모자를 보고 심한 충격을 받았다. 일본군이 마을을 불태우고 농민을 고통스럽게 하는 모순을 저지르고 있음을 실감했다. 내가 중국과의 전쟁에 의문을 갖게 된 결정적인 전환점이 홍창회 진압작전이었다. 기동에서 치른 삼광작전에 이어서 굶주린 농민의 모습을 직접 봄으로써 큰 충격을 받았다.

중대장이 되다

3월 말에 영정현의 홍창회 토벌을 마치고 중대에 복귀했다. 연대본부가 난현으로 이동한 후 제3중대는 같은 난현에 주둔하여 연대 직속 부대가 되어 어디든 출동할 수 있는 예비대 역할을 맡게 되었다. 그곳에서 1943년 4월 27일 제3중대에 임명되었다. 연대장은 나를 위해 명과포달식(命課布達式)을 열어줬다. 이 행사는 부대장 취임을 엄숙하게 하려는 의식으로 예장(禮裝) 차림으로 도열한 중대원들 앞에서 연대장이 천황 폐하의 명령으로 중대장에 임명했으므로 부하는 중대장에게 복종해야 한다고 선고하고, 중대는 신임 중대장 앞에서 분열식을 거행한다. 이렇게 해서 나는 공식 부대 지휘관인 중대장이 되었다. 중대장 이상은 공식으로 임명되는 자리니까 관보에도 기재한다. 연대의 나머지 장교는 모두 중대별로 소속되어 출동할 때 중대장이 소대장 이하의 편성을 명령한다. 따라서 중대장이 된다는 것은 특별한 의미를 갖는다.

이때 우리 중대에는 200명 가까운 병력이 있었다. 1939년 징집병이 최고 고참병이고 1940년도 징집병, 1941년도 징집병이 있는 상황에 1942년도 징집병이 2월 1일 도착하여 교육을 받고 신병 1기 교육을 마치면 곧 중대별로 배속될 예정이었다. 즉 4년분의 현역병을 갖게 되었다.

이 병사들의 출신지는 사이타마, 야마나시, 도쿄, 지바 등의 제1사관(師管)[21]으로 특히 1940년 징집병부터는 대부분 지바현 출신의 장정이었다. 어부나 깡패가 많아 기질은 거칠지만 전투에도 강했다는 평가를 받았다. 하사관은 오카야마, 도토리, 히로시마 등 주고쿠 지방 출신자들이 남아 있었다. 이것은 연대를 편성할 때의 흔적일 것이다. 우리 연대는 1938년 3월에 편성되었다. 1901년 창설된 지나주둔군(처음에는 청국주둔군)은 천진에 사령부를 두고 내지의 부대를 교대로 파견하는 북경보병대와 천진보병대를 휘하에 뒀다. 1936년 4월 주둔군은 단번에 증강된 지나주둔보병여단으로, 포병 1개 연대, 기병, 공병 각 1대대, 전차대를 갖춘 영구 주둔 병력이 되었다. 1938년 3월 여단은 지나주둔보병단으로 개편되어 지나주둔보병 제1연대, 제2연대에서 추출한 병력으로 지나주둔보병 제3연대를 편성했다. 즉 지나주둔보병 제1연대의 제2대대를 지나주둔보병 제3연대의 제1대대, 지나주둔보병 제2연대의 제2대대를 지나주둔보병 제3연대의 제2대대로 하고, 두 연대에서 전출 온 나머지 인원을 지나주둔보병 제3연대의 제3대대와 연대 직속부대를 편성했다. 따라서 우리 제3중대에는 지나주둔보병 제1연대 시절의 징집구인 주고쿠 지방 출신 하사관이 많았다.

....

21) 일본 육군이 군정과 경비를 실시하기 위해 설정한 지역 구분을 말한다.

1938년 7월 지나주둔병단을 기간으로 하여 3단위 사단으로서 제27사단을 편성했다. 3단위 사단이란 지금까지의 보병 2개 여단, 4개 연대로 구성된 4단위 사단과 대비되는 호칭으로 보병연대를 3개로 하고 여단을 폐지하여 1개 보병단을 설치했다. 제27사단은 보병단 외에 산포병, 공병, 치중병 연대, 수색대, 통신대, 위생대, 야전병원 등이 있었으며 수색대는 1943년 1월의 개편 과정에서 해체되어 각 보병연대의 승마소대가 되었다.

제1대대장은 1942년 야마다 소좌의 후임으로 온 야마시타 기스케(山下犠祐) 소좌 그대로였지만, 야마다 대대장만큼의 강렬한 개성이 없어서 눈에 잘 띄지 않는 존재였다. 중대 간부는 노무라, 미야마 두 준위 이하 모두 친숙한 사람들이라 안심할 수 있었다. 중대장 취임 직후인 5월 1일 사단은 곧 만주에 이동하여 훈련을 실시한다는 비밀명령을 받았다. 게릴라를 상대로 하는 전투에서 본격적인 대소련 전쟁 준비로 이행한다는 것이다. 또한 이동할 때까지 계속 기동의 치안을 안정시키라고 지시받았다.

하루는 만주 이동 직전에 기노시타 중대가 전멸하는 사건이 발생했다. 나의 전임 연대기수였던 제12중대장 기노시타 고로 중위는 간부후보생 출신의 간부였다. 제12중대는 노용현(盧龍縣)에 주둔했는데, 6월 7일 기노시타 중대장은 신병 교육을 마치고 중대에 배속된 신병들을 교육하려는 목적으로 경비구역을 행군하기로 계획했다. 중대장이 직접 이끄는 조교, 조수를 포함한 신병 약 50명의 본대와 호위 겸 경계를 맡은 1개 분대였다. 하지만 팔로군이 행군계획을 탐지했다. 후관지(後官地) 마을에 매복한 팔로군은 자전거를 타고 앞서 이동하던 고참병 분대를 지나가도록 내버려뒀다. 그리고 뒤따르던 신병이 중심이 된 본대가 마을 앞 50m에 이른 시점에서 세 방향에서 일제사격을 가하여 순식간에 중대장 이하 전원이 전사했다.

난현에 있던 우리 중대는 급보를 듣고 트럭을 타고 현장에 출동했다. 저녁이 다가올 즈음에 현장에 도착했지만 이미 적은 보이지 않았고, 마을 앞의 도랑 주변에 아군의 시체가 쌓여 있었다. 무기는 전부 빼앗기고 이쪽에서 사격한 흔적이 없어서 완전히 기습을 당한 꼴이었다. 아사바 소대에 이어서 기노시타 중대가 전멸한 현장에 맞닥뜨린 사실은 나에게 강렬한 인상을 줬다. 팔로군은 민중을 장악했고 매우 강렬한 항전력을 갖고 있기에 일본군이 이겼다고 말할 수 없다는 느낌을 받았다.

나는 아사바 소대와 기노시타 중대의 전멸을 직접 목격했는데, 그 외에도 팔로군의 유격구에서 일본군 소부대가 전멸한 사례는 많았다. 팔로군의 전법은 일본군이 우세해 보이면 물러나고 일본군이 매복에 걸리면 전멸시키고 무기를 통째로 빼앗는 것이었다. 아사바 소대도 기노시타 중대의 경우에도 일본군의 시체만 남았고 무기, 장비류는 모조리 빼앗겼다. 팔로군이 일본군이나 국민정부군과 싸울 때 무기를 빼앗으려는 목적을 갖고 있음을 보여준 것이다. 원래 팔로군의 장비와 무기 상태는 매우 나빴다. 지금까지 싸운 기중군 구군과 회군은 명중도가 나쁜 잡다한 소총을 보유했고 가끔 일본군으로부터 빼앗은 11년식 경기관총이 있는 수준이었다. 체코제 경기관총은 우리에게도 위협적이었지만 눈에 잘 띄지 않았다. 수류탄도 팔로군이 주물에 화약을 넣어 터져도 툭 하고 큰 파편이 날아와 찰과상을 입히는 조잡한 수준이었다. 철이 없어서 돌로 만든 수류탄이나 지뢰를 쓴 사례까지 있다. 그러니까 팔로군은 일본군의 무기를 열심히 빼앗았다. 일본군도 무기를 팔로군에게 빼앗기지 않고 반대로 팔로군의 무기를 노획하는 것을 중점으로 삼았다. 전과를 셀 때 유기 사체의 숫자보다 노획한 무기의 양을 문제시했기 때문에 각 중대는 압수한 무기를 비축하고 손해가 많은 전투를 치렀을 경우 전과를 과장해서 보고하려고 준비했다. 일본군과 팔로군의 전투는 무기 쟁탈전의 양상을 보였다.

지금까지 팔로군과 치른 전투에서 적의 화력이 무섭다고 느낀 적은 없었다. 근거리에서 저격하거나 매복해서 집중사격을 퍼붓는 경우를 제외하고는 위협이라 할 수 없었다. 나중에 대륙타통작전 때 상대한 새로 편성된 국민정부군과 천지 차이였다고 할 수 있다. 그럼에도 팔로군의 이러한 전법에 일본군은 계속 시달렸다. 기동지구에서 아무리 경비를 강화해도, 삼광작전이라 부르는 비인도적 작전을 실시하여 무인지구를 만들어도, 치안을 확보하지 못하고 소부대가 전멸되는 사례가 반복되었다.

중대의 군기

기노시타 중대가 전멸한 직후 6월 17일에 사단은 만주로 이동하라는 명령을 정식으로 받았다. 같은 시기에 사단의 편제를 개정하라는 명령도 내려와서 대소전을 대비한 갑(甲)편성으로 전환했다. 보병단이 폐지되고 연대는 사단 직속이 되었다. 또한 연대의 보병포대에서 속사포 중대가 분리되었다. 대대의 기관총 중대에서도 대대포 소대가 독립했다. 이렇게 개편함으로써 보병지원화력의 강화를 꾀했다. 부대 개편과 만주 이동 때문에 사단은 기동 지구의 경비를 독립혼성 제8여단에 넘기고 대대별로 집결하기 시작했다. 언제 팔로군이 급습할지 모르는 불안감에서 겨우 해방되었다. 앞으로 약 2개월 동안 집결하여 훈련했다. 오랫동안 분산배치와 별일 없는 토벌전을 경험하여 완전히 이완된 군기를 가다듬고 현역 부대답게 엄정함을 되찾으려고 했다.

하사관이 지휘하는 10명 전후의 규모까지 고도로 분산되자 군기를 유지하기 매우 힘들었다. 하간의 연대본부나 경화진의 중대 주둔지에서는 기상, 식사, 점호, 소등을 나팔 소리로 지시하여 가능한 규칙대로 일과를 보내려고 했으나 분견대에서는 그렇게 할 수 없었다. 대부분 나팔수가 없었고 밤낮 구분 없이 경비를 섰기 때문에 일과를 지킬 수 없었다. 게다가 주민과 많이 접촉하여 다양한 군기문란이 발생하기 쉬웠다. 특히 군대에서 문제인 하극상이 많았다. 군기위반, 특히 상관을 대상으로 하는 범죄가 발생하기 쉬웠던 것은 음주가 원인이었다. 전쟁이 장기화되고 주둔 기간이 길어지자 병사들이 귀국할 가능성이 줄어들었다. 내가 경화진에 부임한 1941년 가을은 연대의 창립에 추가로 무한작전에 종군한 1937년도 징집병이 귀국한 직후라서 1938년도 징집병이 최고 고참이 되었고 그 뒤에 1939년, 1940년도 징집병이 있었다. 또한 12월에는 1941년도 징집병이 입대하여 4년분의 현역병이 부대에 있는 상황이 되어 간부후보생 출신 장교나 하사관보다 오래 복무한 병사가 있는 상태라서 상관의 권위도 희미해지기 일쑤였다. 그런 상황에 언제 귀국할지 예측할 수 없는 상황인 데다가 때때로 부대의 전멸이라는 불안도 겹쳐서 자포자기하는 병사가 많은 점도 군기가 문란해진 원인이었다.

내가 중대장으로 부임했을 때 중대명부에 교도소에 수감된 병사가 있다는 사실을 알았다. 그는 전임 중대장 시절에 중대장실에 수류탄을 던져 무기를 사용하여 상관을 협박한 죄로 무기징역형을 선고받고 봉천(현재 심양/선양)에 있는 군교도소에 수감 중이었다. 인사계가 설명하길 그는 입대 전에 깡패였다고 한다. 나중에 내가 공주령(公主嶺)에 갔다가 돌아오는 길에 봉천에 들러 그를 면회하고자 교도소에 갔다. 가혹한 환경에 놀랐지만 그는 무척 기뻤는지 눈물을 흘렸다. 비교적 군기를 지켰던 현역인 우리 사단에서도 이러한 하극상이 발생한 것이다.

1943년 12월 산동성의 관도현(館陶縣)에 주둔한 제59사단의 독립보병 제42대대 제5중대에서 무기를 사용한 대규모 상관 폭행 사건이 발생했다. 전속 명령에 분노한 몇 명의 병사가 불량 병사를 추방하려고 시도한 중대장이나 간부를 폭행한 사건이었다. 군은 이 사건을 중대하게 여기고 전군에 사건의 내용을 시달하면서 군기를 확립하기 위한 훈령을 내렸다. 나도 훈령을 읽고 독립혼성 부대에는 있을 법하지만 현역인 우리 부대에서는 발생하지 않을 것이라고 생각했다. 이 관도사건은 『전사총서 북지의 치안전(2)』에서도 「북지나

방면군의 도의적 반성」이라는 항목에서 크게 다뤘다. 사건의 경위를 상세히 서술하면서 군인, 군속의 범죄행위와 대책에 대한 육군성이나 방면군의 통달도 실었다. 나는 이때 배포된 서류를 읽었다.

소대나 분대 규모로 분산되었기 때문에 간부후보생 출신 소대장이나 하사관 지원자 출신 분대장과 같은 해에 징집되거나, 그 이상인 고참병이 있는 경우가 있었다. 군기를 충분히 잡을 수 없는 상황이 발생하기 쉬웠다. 또한 현역병이면서 3년병, 4년병이 되어도 제대할 가망이 없다는 이유로 자포자기하는 자도 많았다. 그런 영향이 전체에 미쳐서 군기가 이완되는 현상이 보였다. 집결훈련은 이러한 상황을 극복하기 위해 좋은 기회였다.

그런데 상황이 이 지경인데도 이 기간에 관동군에 배속되어 소련을 대비한 훈련을 한다니 내 귀를 의심했다. 중국전선에서 치르는 게릴라전이 끝날 가능성은 전혀 없었고 태평양 전선은 아무래도 우리에게 불리하게 전개되고 있는 모양인데 소련을 적으로 만들어 과연 승산이 있을까? 신문을 통해 얻은 정보지만 유럽에서 독일군의 형세도 좋지 않은 듯했다. 이러한 상황 속에서 소련과 전쟁을 시작해도 좋겠냐는 소박한 의문을 느꼈다. 이 2, 3개월은 중대장 업무에 전념했다. 부대가 겨우 집결했으므로 모든 부하의 얼굴과 이름을

만주에서 혹한기 훈련 때 찍은 사진

기억하려고 노력했다. 단 연대와 대대본부나 다른 곳에 출장한 근무병이 많아서 중대 전원이 모이지 못해서 안타까웠다.

관동군에 배속되다

1943년 8월 6일 난현을 떠나 만주행 열차를 타고 산해관을 지나 8월 7일 아침에 금주(錦州)에 도착하여 장학량(張學良)의 군대가 쓰던 북대영(北大營)에 들어갔다. 내지 병영과 똑같은 구조였으며 나는 영내 장교숙소를 배정받았다. 지나파견군에서 관동군으로 소속이 바뀌었다.

금주는 만주사변 직후 한때 동북정권이 있었던 요서(遼西) 지방의 중심도시이다. 치안 상태가 좋아서 일본인 거류민도 많이 살았다. 이곳에서 내지의 부대처럼 부대가 같은 병영에 들어가서 인접한 연병장에서 훈련했다. 훈련계획은 바로 제시되었다. 대소전을 예정하여 우선 국경진지를 돌파하기 위해 토치카 공격 훈련에 몰두했다. 중대장이 된 입장에서도 중대 교육계획을 세우고 참고서를 읽고 간부에게 방침을 제시하여 내지의 부대처럼 훈련을 시작했다.

6시에 기상하고 점호, 아침식사, 과업개시로 이어지는 바쁜 일과로, 특히 연습을 중점으로 삼았다. 하북성(河北省)에서 경비와 토벌을 치르던 일상과는 크게 달라져서 병사들은 아마 놀랐을 것이다. 또한 생활도 지루했겠지만 그런 불평은 중대장인 내 귀에 들리지 않았다. 이러한 훈련이 1개월 정도 이어지던 9월 말, 관동군 참모들이 우리 사단의 연습을 시찰하러 왔다. 시찰 항목은 중대의 토치카 공격으로 우리 중대가 시범중대로 지목되었다. 연대장과 대대장이 평소 우리 중대가 열심히 훈련하는 모습을 높이 평가했기 때문일 것이다. 관동군과 사단 간부, 연대장과 대대장들이 지켜보는 가운데 연습을 시작했다. 배속된 기관총이 엄호하는 가운데 임시 토치카 진지를 향해 중대는 몇 번이나 연습한 대로 포복전진으로 접근했다. 그런데 어떤 참모가 내 옆에 서서 "중대장, 뭐하는 거야? 그렇게 설설 기면 적의 박격포나 기관총의 먹이가 될 뿐이야"라고 놀림조로 나무랐다. 확실히 참모가 말한 대로였지만 우리는 적의 토치카를 박살낼 수단이 없으니 할 수 없었다. 토치카를 화력으로 분쇄하고 전진하지 못하니까 교범대로 기어서 가까이 접근하는 방법밖에 없었다. 참모는 그런 상황을 알고 비아냥거렸을까? 그렇다면 필요한 화력장비를 달라고 생각했다.

백병돌격이야말로 보병의 본분이라 여긴 일본군은 화력장비가 매우 빈약했다. 보병의 주요 병기는 러일전쟁 후 제식 소총이 된 38식 보병총(메이지 38년, 즉 1905년에 채용했다는 의미)이었다. 이 소총은 가벼워서 일본인에게 적합하고 명중도는 높았지만 구경은 6.5mm에 불과하여 위력이 약했다. 태평양에서 상대하는 미군은 위력이 큰 자동소총이나 경기관총이 주요 병기로 돌격하는 일본군을 한 정의 자동소총으로 마구 쓰러뜨렸다. 대소전을 상정해도 소련군의 토치카에 있는 기관총을 박멸하기 위해서는 보병이 근접전투용 중화기를 가져야 했음에도 그럴 장비는 없었다. 일본군 보병의 장비는 연대포가 구경 7.5cm 41식(메이지 41년, 1908년 채용) 산포, 대대포는 구경 7.0cm 곡사보병포로 모두 토치카 공격에 적합하지 않을뿐더러 숫자도 매우 적었다. 각국이 보병포 용도로 채용했던 박격포는 장비하지 않았다.

관동군이 새로 들어온 제27사단의 대소전 훈련 수준을 확인하려고 한 이번 연습에서 점수는 우(優)를 받아서 연대장과 대대장은 체면치레를 한 듯했다. 하지만 연습 성과는 어찌되었든 일본군 보병의 화력장비로 소련군 토치카를 돌파할 수 있을까? 노몬한 사건에서 소일 양군의 화력차를 지긋지긋할 만큼 체험했을 텐데도 이 시기 들어서 일본 육군은 보병의 백병돌격으로 토치카를 공략할 수 있다고 생각했다. 포복전진하면서 이 상태로는 토치카에 도착하기 전에 모두 죽겠다는 생각을 그 참모와 나는 했다.

10월부터 11월까지 나는 연대포 중대장 학생으로서 공주령학교에 파견되었다. 공주령학교라는 곳은 내지의 보병학교, 포병학교, 전차학교 등을 하나로 묶은 관동군의 실시학교(實施學校, 병종별로 전술, 전투법 연구와 교육을 실시하는 학교)였다. 보병 장교지만 포병의 소양이 필요한 연대포 중대장을 단기간에 교육하기 위해 집합시킨 것이다. 공주령에 모인 학생 중에는 동기생이 많았다. 시간표는 비교적 여유가 있어서 동기생이 교류할 수 있었다. 도시 가운데에 있는 장교 숙소를 할당받았다. 거리 사정에 해박한 자도 있어서 멀리 신경이나 봉천까지 나갈 때도 있었다. 교육 내용은 주로 41년식 산포의 사격이론과 중대 사격지휘 실습이었다. 보병포의 주력인 연대포가 사실 러일전쟁 후 제식으로 삼은 골동품인 사실을 처음으로 알았다. 보병에게 이런 구식 대포가 아니라 포탄의 위력이 센 박격포나 곡사포가 필요하다고 생각했지만 실상 일본군은 이런 구식포를 재활용할 수밖에 없었다.

어쨌든 공주령학교에서 보낸 1개월 반은 숨 돌릴 기간이었다고 할 수 있다. 나는 장교학생 생활을 충분히 즐겼다. 그럼에도 교육을 마치고 복귀한 후 오노 연대장은 학교에서 보낸 서류를 보고 "오! 후지와라의 성적은 1등이군"이라고 말했다. 나는 연대포 중대장보다도 보병 중대장이 좋았기 때문에, 연대장에게 무구루마(六車) 중위가 보병포대장에 취임한 참이니 제3중대장으로 계속 있게 해달라고 간청했다. 금주에 주둔한 동안 1943년 10월부터 12월까지 1939년도 징집병과

1940년도 징집병이 잇달아 제대했다. 걸핏하면 군기를 위반하기 일쑤였던 고참병이 단번에 사라져서 중대의 평균 연령은 젊어졌지만 인원은 감소했다. 이듬해 1944년 1월에 1943년도 징집병이 입대했다. 중대에서는 간부후보생 출신인 무라이 마사오(村井正男) 소위를 교관으로 삼아 신병 교육을 시작했다. 나는 신병과 처음으로 만났기 때문에 중대장의 입장으로서도 교관을 많이 도울 생각이었다. 그래도 중대 정원은 부족했으나 2월에 만주에 있는 각 부대로부터 전속자가 들어와서 전시정원을 채웠다. 이러한 일련의 움직임에 사단이 또 어디로 파견되는 것이 아니냐는 생각이 들기도 했다. 하지만 각 부대는 계획한 대로 대소 훈련을 계속했다. 특히 그해 겨울에는 방한훈련, 스키훈련도 실행했다. 또 1월에는 흥안령(興安嶺) 북부, 소만국경 근방에서 영하 30도의 혹한 속에서 간부연습에 참가했다. 소변이 그 자리에서 얼어붙을 듯한 추위의 기억만 남은 힘든 훈련이었다.

만주에는 1943년 8월부터 1944년 3월까지 8개월 동안 주둔했는데 그동안 세계정세도, 일본의 전황도 크게 바뀌었다. 토벌전을 치른 화북 시절과 다르게 이곳에서는 매일 신문도 들어오고 라디오도 들을 수 있었다. 더욱이 통신대가 방수하는 델리방송이나 샌프란시스코방송도 간부에게 알려졌다. 그렇게 전황을 상세히 검토할 수 있었다.

유럽에서는 1943년 9월 이탈리아가 항복했고 동부전선에서는 소련군이 계속 전진했다. 태평양에서는 1943년 11월 미군이 길버트 제도의 마킨, 타라와섬을 공격하여 수비대는 옥쇄했다. 이어서 마샬 군도의 퀘젤린, 르오트 섬을 잃었고 1944년 2월에는 미군이 연합함대 최대의 기지인 트럭섬을 공습하여 일본 해군은 모든 항공기를 상실했다. 상황이 매우 불리하다는 사실이 알려졌다. 관동군에서도 남방에 병력을 보낸다는 소문이 퍼졌다. 외딴 섬의 수비대는 미군이 상륙하면 옥쇄, 즉 전멸할 수밖에 없었다. 남방에 간 육군의 모습이 이렇다는 사실은 알았다. 우리도 남방에 갈 수도 있다는 불안감이 있었다. 그런데도 현실에서는 내한훈련이나 토치카 공격 연습을 반복하는 모순도 느꼈다.

1944년 2월 참모총장 스기야마 겐(杉山元)[22] 원수 대신 도조 수상 겸 육군대신이 참모총장을 겸임했고 해군에서도 시마다(嶋田)[23] 해군대신이 나가노(永野)[24] 원수 대신 군령부 총

22) 스기야마 겐(1880~1945)은 일본의 군인이다. 1936년 육군 청년장교들의 쿠데타인 2.26사건을 육군 참모차장으로서 진압하는데 기여했고, 1937년 중일전쟁이 발발하자 육군대신으로서 강경노선에 섰다. 1941년 대미 개전 당시에도 참모총장으로서 개전을 강경하게 주장했다. 일본이 패배한 후 1945년 9월 12일 자살했다.

23) 시마다 시게타로(嶋田繁太郎, 1883~1976)는 일본의 군인으로 1941년 도조 히데키 내각의 해군대신을 지냈다. 도조 히데키가 실각할 때 사직했고, 전후 극동국제군사재판에서 A급 전범으로서 종신형을 선고받았다.

24) 나가노 오사미(永野修身, 1880~1947)는 일본의 군인이다. 개전 당시 해군 군령부 총장으로서 개전에 찬성했다. 전후 극동국제군사재판에서 재판을 받던 도중 사망했다.

장을 겸임한다는 발표가 있었다. 비상사태를 대비하여 군령과 군정을 통일하는 비상체제가 출현했다. 하지만 이 일은 전황의 부진과 함께 도조 독재에 대한 비판과 불만의 목소리를 일으켰다. 말단 부대에서도 그러한 비판이 보였다.

1호작전 참가명령

1944년 2월 만주의 각 부대에 전속자가 들어와 전시정원을 채웠을 즈음부터 우리 제27사단이 차기 대작전에 동원된다는 소문이 현실로 다가왔다. 이 시기부터 연대장이나 사단 참모가 비밀이라면서 사단은 남방이 아닌 중국 대륙으로 간다고 슬쩍 말했다. '1호작전'이라 부르는 대작전을 수행하기 위해서였다. 미국 잠수함의 활동으로 동중국해에서 선박 피해가 늘었고 일본 본토와 남방 각지의 연락이 위태로웠다. 이러한 사태에 대처하기 위해 부산에서 조선, 만주를 경유해서 중국 대륙을 종단하여 프랑스령 인도차이나, 타이, 말레이 반도를 거쳐 싱가포르까지 육로로 연결한다는 대륙종단작전 또는 대륙타통작전이라 부르는 장대한 계획이라고 한다. 이 작전은 화북에서 무한 지구로 이어지는 경한선을 뚫고 다시 무한 지구에서 프랑스령 인도차이나로 이어지는 월한(粤漢), 상계선(相桂線)을 뚫는다는 장대한 계획이라고 알려줬다.

나중에 알았는데 대본영은 1943년 늦가을부터 이 '1호 작전'을 검토하기 시작했다고 한다. 1943년 11월 25일 강서성의 수천(遂川) 기지에서 출격한 미 공군 B25 폭격기가 대만의 신죽(新竹)을 폭격한 사실은 대본영에 충격을 줬다. 미군이 개발 중인 B29를 실제로 투입한다면 중국의 기지에서 일본 본토를 폭격할까 걱정되었다. 이것이 중국의 북부와 남부를 연결하고 미국의 공군기지를 없애려고 하는 구상의 계기가 되었다. 나아가 동중국해의 선박 피해 증가도 원인이었다. 1943년 10월 참모본부 작전과장으로 돌아온 핫토리 다쿠시로(服部卓四郎)[25] 대좌는 태평양에서 적에 밀리고 있을 때 전군의 사기를 높이기 위해 중국 방면에서 육군이 혼자 적극적으로 작전을 수행하려는 의욕을 강하게 품었다. 이렇게 해서 중국종단작전이 부상했다고 한다.

한편 지나파견군은 1942년 봄 남방공략작전이 성공한 후 사천공략작전 준비(5호연습준비)를 명받고 활기를 띠었지만, 미군이 과달카날에 상륙했기 때문에 그해 가을에 5호연습 중지를 명받고 낙담했다. 더욱이 1943년 들어 남방의 전황이 급박해지고 그해 가을에 파견군에서 전력의 중심인 10

....

25) 핫토리 다쿠시로(1901~1960)는 일본의 군인이다. 1939년 노몬한 사건 때 관동군 작전주임참모로서 작전을 지도했으며 아시아태평양전쟁기에는 육군 참모본부 작전 과장으로서 일본 육군의 주요 작전을 지도했다. 전후 미군과 협력하여 전사 편찬 작업 및 재군비 연구에 종사했다.

개 사단을 남방으로 돌린다는 예고를 들었다. 그런 상황에서 이 대작전을 알게 되자 당연히 매우 기뻐했다. 하지만 태평양의 전황이 점점 일본에 불리하던 이런 시기에 중국에서 대작전을 해도 좋냐는 비판도 커졌고, 작전목표도 계속 바뀌다가 최종적으로 중국의 미 공군 봉쇄로 바뀌었으며 파견군은 1개 사단 병력만 증강하는 수준으로 축소되었다. 이 1개 사단이 우리 제27사단이었다. 나머지 병력은 파견군 내부에서 마련하기로 하고 1944년 1월 24일 1호작전의 대명을 천황이 결재했다.

작전의 개요는 이러했다. 우선 1944년 4월쯤 북지나방면군은 제12군의 4개 사단을 보내 황하를 건너 적 제1전구군을 격파하고 황하 이남 한구로 이어지는 경한철도를 확보한다. 이어서 그해 6월쯤 제11군의 8개 사단으로 무한 지구에서 남방을 향해 공세를 취하고, 8월쯤 제23군의 2개 사단으로 광동 지구에서 서쪽을 향해 작전을 개시하여 적 제8, 제6전구군을 격파하고 상계, 월한철도 주변 지역을 확보한다는 장대한 구상이었다. 이러한 사실은 전후에 자료를 읽고 처음으로 알았으며 당시엔 그저 대륙을 뚫는 계획이라는 말만 들었다.

동원 첫날에 해당하는 1944년 3월 15일 우리 사단은 1호작전에 참가하라는 명령을 받았다. 순식간에 병영은 어수선해졌다. 무기, 탄약의 보충, 자재 확보, 그 외 여러 가지 물건을 황급히 준비했다. 동시에 나는 제3중대장에 임명되었다. 이때 우리 중대는 전시정원 199명을 꽉 채웠다. 중대 구성은 현역병이 1941년~43년에 징집된 약 150명, 나머지는 전속된 보충병과 예비군이었는데 소질은 비교적 좋았다. 간부는 부족해서 중대 소속 장교는 간부후보생 출신인 무라이 소위 1명, 나머지는 구보(久保) 견습사관과 미야케, 노무라 두 준위로 제1소대장은 무라이 소위, 제2소대장은 구보 견습사관, 제3소대장은 미야케 준위가 맡았으며 지휘반장은 내가 가장 신뢰하는 노무라 준위에게 맡겼다. 제1 및 제3소대는 소대장 이하 60명, 지휘반은 인사계, 병기계, 급양계 등 중대장을 보좌하는 하사관과 전령 등 약 20명으로 구성했다.

만주에 온 이래 반년 정도 훈련함으로써 병사들의 훈련 수준은 상당히 올랐으며 체력 향상에도 신경을 써서 부대의 소질은 괜찮다고 생각했다. 하지만 1943년에 징집된 신병이 1기 교육을 아직 마치지 못한 데다가 기존의 현역병에 비하면 체력이 뒤떨어진 자가 포함되어 있었고, 전속된 보충병도 일부가 체력이 뒤떨어져 있었다. 어쨌든 199명의 중대원을 이끌고 대작전에 참가했다. 책임과 임무의 중대함에 몸이 굳어지는 심정이었다. 나는 부하들에게 가능한 전체 상황을

알리기 위해 중대를 집합시켜 알려줄 수 있는 한 대륙타통작
전의 내용을 설명했다. 실제로 어떻게 들렸는지 모르겠지만
작전의 크기는 이해한 듯했다. 또한 예비역 장교나 하사관과
병사, 거기에 3년병이 된 1941년도 징집병 등은 당분간 제대
할 수 없다고 생각했을 것이다.

Ⅱ. 대륙타통작전

황화를 건너다

우리 중대를 실은 열차는 1944년 3월 25일 산해관을 지나고 이틀이 지난 3월 27일 황하 북안의 경한선의 지선 종점인 청화진(清化鎭)에 도착했다. 제27사단은 1호작전 1단계인 경한작전의 2선 사단으로서 청화진의 서쪽에 있는 회경(懷慶)을 중심으로 한 지역에 전개했다. 여기서 훈련을 하고 건너편 낙양(洛陽) 방면으로 향하는 일본군이 도하한다고 생각하도록 견제하는 임무를 받았다. 황하 남안에 교두가 있었고 실제로 제12군 주력이 공세를 시작하는 패왕성(霸王城)에서 이 지역까지는 서쪽으로 70km나 되었다. 패왕성에는 공병이 접이식 보트를 연결해서 갑교(甲橋)를 만들었고, 북안에는 공세의 주력이 될 제62, 제110, 전차 제3사단 등이 집결했다. 이러한 상황을 숨기기 위해 일본군은 낙양 대안에서 도하한다고 생각하게 만드는 것이 사단의 임무였기 때문에 부대의 행동을 과장해서 가교재료 따위도 화려하게 준비했다.

우리 부대는 사단 후방인 청화진에 있는 일본군 병영에 머물면서 훈련을 했다. 청화진에 대기 중이었던 4월 중순에 우리 제3중대는 사단의 특별명령으로 수무(修武), 초작진(焦作鎭) 방면에서 마차 150대를 징용하여 회경으로 가지고 오라는 임무를 받았다. 연대장으로부터 명령을 받았을 때 힘든 일이라고 생각했다. 전혀 익숙하지 못한 지역에서 어떻게 마차를 모아 올 것인가? 자신감이 없었다. 하지만 임무를 받은 이상 전력을 다해야 한다. 그래서 중대는 숙영지에 배낭을 남기고 경장으로 행동하기로 했다. 또한 선발대를 청화진에서 수무까지 기차편으로 보내 지방 당국과 마차 징용에 관해 교섭하게 했다.

중대는 경장으로 행군했기 때문에 회경·수무 간 60km 거리를 이틀 만에 행군했다. 수무에 도착하니 지방 당국이 의외로 협력적인지라 이미 마차를 모으고 있었다. 마차라고는 하나 전부 당나귀가 끌었다. 최대의 난관을 돌파했다. 모두 120대의 마차를 끌고 회경으로 향했다. 텅 빈 마차라서 병사들을 태웠다. 병사들은 마차 위에 앉아 느긋하게 여행을 즐겼다. 중대장 입장에서 이렇게 하면 체력을 일정 수준 유지할 수 있다고 생각했다.

우리 중대가 별도 임무를 띠고 마차를 징용하는 동안 제27사단은 양동작전을 위해 강행군을 했다. 제12군은 패왕성 정면에서 주력이 쉽게 도하할 수 있도록 제27사단에 낙양 북쪽에서 황하를 건너는 척하는 기만행동을 하도록 명령했다. 그래서 사단은 4월 16일부터 행동을 개시하여 18일부터 20일까지 황하 북안의 맹현(孟縣) 서쪽 강변을 향해 휘하 공병대와 가교재료 중대와 함께 행동했다. 우리 중대가 대량의 마차를 수무에서 회경으로 옮긴 것도 후방 부대의 행동으로 보이는 기만양동이기 때문에 실제로 마차는 텅 비어 있었다. 고생해서 모은 마차를 끌고 회경에 돌아오니 마차를 접수할 사람은 없었다. 내버려 둔다면 마차꾼이 마차를 끌고 도망치고 말 테니까 감시해야 했다. 이리하여 우리 중대가 시간을 보내는 동안, 사단 주력에 불행한 사고가 발생했다.

패왕성 정면의 제12군 주력, 제62, 제110사단은 4월 20일 공세를 개시하여 예정대로 적진을 돌파했다. 전차 제3사단이나 제27사단은 순서대로 하나뿐인 갑교를 건너야 했다. 제27사단은 도하 일시를 4월 24일 밤으로 지정받았다. 그런데 이런 상황에서 『전사총서』에 따르면 이런 사태가 발생했다.

제27사단의 황하 남안지구 진출에 예기치 않은 일이 발생했다. 4월 18일~20일 사이에 철사(鐵謝), 맹진 전방의 황하 북안지구에서 양동을 실시한 제27사단 주력은 계속해서 쉬지도 못하고 그날 밤부터 황하를 건너기 위해 갑교 북안지구를 향해 이동했다. 거리 약 90~110km, 갑교를 건널 날짜가 지정된 이상, 매일 강행군을 해야 했다. 그런데 마지막 날인 4월 23일은 종일 비가 심하게 내려 진흙에 무릎이 빠져 제대로 이동하지 못하는 상황 속에서 갑자기 추위가 심해져 상당한 인마가 동상에 걸려 수십 명이 사망했다. 말과 소도 많이 죽었는데 특히 당나귀는 전멸했으며, 약 2,000명의 병력이 황하 북안에 있는 병원에 입원했다.(『戰史叢書 一号作戰 <1> 河南の会戦』223쪽)

4월 21일쯤으로 기억하는데 중대는 마차수집 임무에서 해제되어 회경, 무릉, 노점도를 서둘러 이동하여 24일까지 소속 대대를 따라잡으라는 명령을 받았다. 지도를 보니 100km나 된다. 그래서 징용한 마차 중 튼튼한 것을 골라서 짐을 싣고 병사들은 경장으로 출발했다. 23일의 호우는 이미 갑교가 가까워질 즈음 시작되었기 때문에 무릉 부근의 민가에서 비를 피해 대기했다. 겨우 도하 직전인 대대를 따라잡아 어제 발생한 참상을 알았다. 우리 중대는 한 명의 사상자도 발생하지 않았는데 중대장의 공은 아니었다. 우연히 행운을 만났기 때문이다.

4월 24일 밤이라고 해도 이튿날 아침이 밝아올 때 기다린 끝에 황하 갑교를 건넜다. 공병이 튼튼하게 설치해서 전차도 건널 수 있었다. 황하를 순조롭게 건너 이튿날 정주(鄭州) 부근에서 숙영하고 26일 정주를 통과했다. 주민은 전혀 보이지 않았다. 이리하여 2선 병단으로서 경한작전을 위한 첫걸음을 내디뎠다. 애당초 제27사단은 1호작전 2단계인 상계작전을 수행하기 위해 제11군에 전속되었으며 1단계인 경한작전을 치르는 동안은 제12군의 지휘를 받지만 가능한 피해 없이 무한 지구에 도착하여 제11군에 인도하도록 배려를 받게 되었다. 하지만 실제로는 전투에도 참가하고, 생각지 못한 사고도 겪어서 상당한 피해를 입게 되었다. 그러한 사정은 전후에 전사를 읽고 알았으며 당시에는 그냥 명령받은 대로 수행했다.

이보다 앞선 4월 20일 패왕성에서 공격을 개시한 1선 병단은 정주를 점령하고 남하중이었다. 한편 중모(中牟) 부근에서 도하한 제37사단은 신정(新鄭)을 점령하고 허창(許昌)에 접근했다. 일선 부대의 급속한 진격과 함께 우리 사단도 강행군을 하여 따라잡았다. 우리 연대는 사단의 선봉이었다. 제12군은 허창을 포위공격하려고 4월 30일 새벽을 기해서 제37사단, 제62사단 등의 병력으로 북, 서, 남 세 방향에서 총공격을 했다. 그리고 제27사단은 서둘러 일부 병력을 허창 동북쪽에 이동시켜 적의 탈출을 막을 차단선을 구축하라는 명령을 받았다. 사단의 선두에 선 우리 연대는 이 임무를 부여받고 연일 강행군을 계속한 상황에서도 임무를 수행하기 위해 4월 30일 내내 40km 가까운 거리를 서둘러 행군해야 했다. 겨우 허창 동북쪽의 곽장(郭庄)에 도착하여 명받은 차단선 일부를 구축한 것은 30일 밤이었다.

황하를 건널 때까지 다행히 문제가 없었던 우리 중대도 도하 후 강행군 때문에 녹초가 된 병사가 발생했다. 특히 동원 후 지급받은 새로운 군화가 맞지 않아 쓸린 상처가 심해진 자가 한둘이 아니었다. 30일에는 심한 강행군으로 중대에서도 4, 5명의 낙오자가 발생했다. 중대장 입장에서 낙오자 수용 문제 때문에 머리가 아팠다.

강행군에 낙오자는 따르기 마련이지만 원래 무리한 강행군이 일본군의 특징이었다고 할 수 있다. 제1차 세계대전 후 서구의 육군은 기계화, 차량화를 추진하여 대포나 중장비, 보급물자도 견인차나 자동차로 옮기고 보병도 트럭으로 수송했다. 그런데 일본 육군은 여전히 말과 인간의 다리를 기본 이동수단으로 삼았다. 우리 사단도 포병은 산포를 분해해서 말 등에 실어 날랐고 연대포와 대대포와 중기관총도 전부 말 등으로 옮겼다. 사단의 수송대도 연대의 대행리(大行李)나 소행리(小行李)[26]도 말로 편성했다. 물론 중대도 도보로 편성하여 중대장 이하 배낭을 매고 행군했다. 그러니까 행군 때문에 발생한 병사의 체력소모는 직접 전력에 영향을 끼치기 때문에 중대장으로서 가장 신경을 써야 했다. 황하 도하 전후부터 이어진 강행군은 매우 힘들었다. 병사들의 피로가

26) 행리는 원래 옷 따위를 넣는 고리짝을 의미하지만, 일본 육군에서는 수송대를 의미했다. 대행리는 사령부 등을 따라 장교의 짐, 식량 등을 옮겼고, 소행리는 전투부대에 필요한 탄약과 자재를 운반했다.

극에 달했기 때문에 30일 밤은 대부분 마을에 머물며 쉬게 했고 차단선을 위해 경기관총 3정과 배속된 기관총 1정을 배치하고 소대장 이하 30명을 2시간 교대로 감시시켰다. 중대장은 가능한 배치선에 나오려고 했다.

5월 1일 새벽, "대부대가 지나갑니다"라고 감시병이 외쳤다. 저 멀리 1km 정도 지점을 좌에서 우로, 즉 동쪽으로 적인지 아군인지 모르는 대집단이 이동하는 모습이 보였다. 우리 부대의 사정거리가 아니었다. 잠시 기다리니 좌후방의 연대본부 방향에서 심한 총성이 들렸는데 적이 새로 편성한 제29사장(師長)[27] 여공량(呂公良) 중장 이하의 대부대가 연대본부 직할부대의 저지선과 충돌하면서 낸 총성이었다. 적의 시체 속에서 여공량 중장의 시체를 발견하여 연대는 생각지도 못한 전과를 거두었다. 다만 우리 중대는 적의 대군을 멀리서 바라봤을 뿐 한 발도 쏘지 못했다. 이것이 1호작전에서 우리 사단이 벌인 전쟁의 서막이었다. 적 주력이 허창에서 일본군의 의표를 찔러 동북쪽으로 퇴각했기 때문에 우리 연대는 생각지 못한 공을 세웠다. 적의 대부대를 쓰러뜨린 전과를 거둔 것이다. 단 우리 중대는 행군 때문에 낙오자를 냈을 뿐 전투에서 한 발도 쏘지 못했고 손해도 없었다.

....

27) 중국군의 사단장이다.

언성 전투

5월 1일 허창을 점령한 후 제12군 주력은 오른쪽으로 크게 선회하여 적 제1전구군을 격멸하고자 낙양 방면으로 향했다. 이후 제27사단만 남하하여 경한선 개통을 노렸다. 단 언성 (鄢城)의 현성까지는 이미 5월 1일 아침 허창을 출발한 제37 사단의 언성파견대(보병 제227연대)가 먼저 와 있었다. 이 언성 파견대도 사단의 지휘에 들어와서 본도(本道) 서쪽을 따라 진군했다. 우리 연대는 사단의 전위로서 5월 1일 밤 허창을 출발했다. 제37사단의 부대는 경한선 저 멀리 서쪽을 남하했기 때문에 경한선 주변을 따라 남하하는 우리 연대는 처음으로 적지를 진군했다. 단 경한선 주변이라 해도 철저히 파괴되어 있어서 궤도도 남아있지 않은 곳도 있어서 겨우 여기에 선로가 있었다고 추정할 수 있는 상태였다.

5월 3일 아침부터 우리 중대는 첨병을 명받아 선두에 섰다. 지도는 매우 불완전해서 현지와 대조하기도 곤란했는데 점심이 지나 슬슬 언성에 가까운 어떤 작은 마을에 이르렀을 때 갑자기 몇 발의 총성이 들림과 동시에 수십 명의 적군이 도망쳤다. 허창을 떠난 후 처음 보는 적이었다. 중대는 반사적으로 적을 쫓았다. 작은 마을을 지나 조금 큰 마을이 보이기 시작했을 즈음 갑자기 기관총 일제사격을 받아 선두 몇 명이 쓰러졌다. 주변은 온통 50cm 정도 자란 보리가 우거져 있었다. 나는 바로 부하들에게 "엎드려"라고 명령하고, 망원경으로 상황을 살폈다. 우리 앞에 있는 마을에는 드문드문 토치카가 있었으며 총안이 몇 군데 눈에 띄었다. 노무라 준위가 "어마어마하네요"라고 말했다. 우리 중대는 적의 경계병에게 유인되어 적의 본진에 돌입하고 만 것이다. 첨병중대장으로서 말도 안 되는 실수를 저질렀다. 우리 중대는 적진 바로 앞에서 움직일 수 없는 상태에 몰렸다. 하지만 다행히 엎드려 있으면 보리 뒤에 가려 잘 보이지 않았다. 그래서 각자 차폐호를 파고 어두워질 때까지 기다리려고 했다. 후퇴한다는 생각은 하지 못했다. 적진지는 언성의 동쪽에 있는 누하채(漯河岩, 현재 신언성) 북쪽을 둘러싼 주진지였다. 총안이 있는 토치카로 둘러싸인 본격적인 진지였다.

대기하는 와중에 바로 옆에 있던 당번병 오구라(小倉) 상등병이 "맞았다"고 외치며 머리를 감쌌다. 보니까 철모가 날아가고 머리에서 피를 흘리고 있었다. 옆에 있던 노무라와 내가 다가가 보니까 머리 중앙에 상처가 나 있었다. 둘 다 관통상이 아니라고 판단하고 도저히 가망이 없다고 생각했지만 "큰 상처가 아니야"라며 격려했다. 임시로 붕대를 감은 후 뒤에 있는 부대로 물러가 있으라고 명령했다. 오구라는 "대장님, 오랫동안 신세를 졌습니다"라고 인사했다. "바보 같은 소리 마"라고 대꾸했지만 속마음은 어두웠다.

오구라가 후퇴하고 잠시 후 굴러다니던 그의 철모를 주워보니 움푹 들어간 자국이 하나 있을 뿐 구멍은 뚫려있지 않았다. 즉 탄환이 철모에 튕기면서 머리에 가벼운 상처를 입었을 뿐이었다. 노무라와 둘이서 "그놈은 죽는 줄 알았을 텐데"라고 말하며 웃었다.

시간이 잠시 지나고 후방에서 하사관 전령이 제3중대는 후방 마을로 후퇴하여 집결하라는 내용의 대대장 명령을 전달했다. 나는 살았다는 생각이 들었다. 현재의 곤경에서 빠져나올 길은 후퇴밖에 없었기 때문이다. 게다가 저녁이 다가와 살짝 어두워졌던 것도 행운이었다. "후방에 있는 마을을 향해 각개 전진한다"라고 애석한 척 큰 목소리로 명령했다. 부하들은 기다렸다는 듯이 뛰쳐나갔는데 이젠 적의 사격을 받지 않았다.

마을로 후퇴하니 이치가와 대대장뿐 아니라 오노 연대장과 사단 참모도 있었다. 즉 우리 중대는 의도치 않게 적의 주진지를 강행 정찰한 꼴이 되었고 사단은 처음으로 적진에 본격적인 보포(步砲) 협동 공격을 준비했다. 하지만 우리 중대는 처음으로 손해를 입었다. 처음에 적진에서 날아온 기관총탄에 맞아 2명이 전사했고 몇 명이 부상을 입었다.

마을로 돌아와 보니까 남아 있던 중대 소속 병사들이 식사를 준비하고 있었다. 오구라가 활짝 웃으면서 "대장님, 저녁 식사를 준비했습니다"라고 말했다. "오구라, 상처는 어때?"라고 비웃었지만 경상이라 정말 다행이었다. 그날 밤은 전사자의 유해 처리, 부상자를 후송할 준비를 하느라 바쁘게 보냈다.

총공격은 하루 지나 5월 5일 새벽부터 개시했다. 연대는 포병의 엄호사격을 받으며 사하 북안, 누하채 북쪽의 적진지에 돌입하고, 제1대대는 오른쪽 제1선, 대대의 제1선은 제2중대로, 우리 중대는 제2선에서 제2중대를 따라 오른쪽 후방에서 전진하여 제2중대를 지나서 사하에 돌진한다는 계획이었다. 그 외에 보병 제227연대가 언성 시내로, 지나주둔보병 제1연대가 하류에서 사하를 건너 동쪽에서 누하채를, 지나주둔보병 제2연대가 사하 상류를 건너 서쪽에서 공격하기로 되었다.

5월 5일 날이 밝기 전에 중대는 이틀 전 고생했던 오리묘(五里廟) 북쪽 보리밭 속으로 산개하여 공격 개시를 기다렸다. 공격을 준비하고 교범대로 포병의 엄호사격을 기다렸다. 예정된 시각에 은은한 포성과 함께 포격이 시작되고 오리묘의 적진지는 불과 연기에 휩싸였다. 약속했던 5시에 포화가 잦아듦과 동시에 제1선 중대는 돌격을 개시했다. 나도 바로 중대에 전진을 명령했다.

적은 아군이 돌격을 시작하기 전에 도망친 듯했다. 구보로 제2중대를 따라잡았지만 제2중대도 뛰고 있어서 멈출 수가 없었다. 교대하기로 약속한 마을 남쪽 끝까지 왔어도 교대는커녕 사하를 향해 경주를 하는 꼴이 되었다. 그리고 제2중대 우측에서 함께 사하 강둑에 오전 중에 도착했다. 연습대로 전투를 치렀다. 이날 부상자는 없었다. 사하 남안의 누하채는 지나주둔보병 제1연대가 점령했다. 이리하여 사단의 공격은 성공했다. 이후 사단은 경한선 개통을 노리고 계속 남하하게 되었다.

장대관의 비극

언성을 공략한 후 우리 대대는 사단 후위가 되어 천천히 남하했다. 수평(遂平), 서평(西平)을 지나 5월 12일쯤 확산(確山)에 도착하여 사단 선두와 북상해 온 제11군의 미야시타(宮下) 병단이 만나서 악수하여 경한선을 뚫었다. 이제 적이 없으니 한구를 향해 계속 행군할 뿐이었는데 주간에는 미 공군이 방해할 우려가 있고 아직 더웠으므로 주로 야간에 행군했다.

5월 13일 밤은 비가 내려서 행군하기 어려웠다. 5월 14일 밤 우리 중대는 후위첨병을 명받아 사단의 가장 끝에서 이동했다. 이날 밤에도 또 비가 내렸다. 나는 앞이 막혀서 빗속에서 우두커니 서 있을 정도라면 차라리 마을에서 쉬다가 이튿날 아침에 급행군하여 따라잡으면 될 것이라 생각했다. 그날 밤 폭풍우가 심하게 불어 중대는 마을에 들어가서 쉬었다.

5월 15일 새벽부터 쉰 중대는 본도로 돌아와서 행군했다. 도로는 어젯밤에 내린 비가 만든 진흙과 인마가 휘저어놓은 진창 때문에 걷기 힘들었다. 더욱이 악취가 코를 찌르기 시작했다. 말이나 당나귀의 시체가 진흙 속에 쓰러져 있었고 방치된 차량도 발견했다. 도저히 걸을 수 없을 정도로 처참한 광경이었다. 이것이 장대관(長臺關)의 비극이 있던 다음날의 현장이었다.

무더위 속의 행군을 피해 야간행군을 하던 사단은 회하(淮河)의 유일한 도하점인 장대관 앞에서 3개 연대가 모였기 때문에 심한 정체가 발생했다. 게다가 주간의 더위와 반대로 심한 우박을 맞았다. 비는 점점 거세졌고 어두컴컴해서 한 치 앞도 보이지 않았다. 도로 주변은 무릎까지 빠져 걸을 수 없는 논두렁이었기 때문에 행군은 정체되었고 비를 맞아 동사하는 자도 발생했다. 각 부대는 뿔뿔이 흩어져 주변 마을로 계속 피신했다. 산포나 보병포 등을 수송하는 부대는 말이나 대포를 버리지 못하고 진흙투성이인 도로에 멈춰서 하룻밤을 보낼 수밖에 없었기에 많은 희생자를 내었다.

낮에는 뜨거운 햇빛 때문에 일사병이 발생할 정도인데도

밤에 호우와 진창 때문에 동사자를 낸, 5월의 중국 대륙에서 생각할 수 없는 사고가 발생한 것이다. 나중에 조사해보니 사단 동사자는 총 166명, 연대는 47명의 동사자를 냈다. 사고 상황을 『전사총서』를 통해 다시 본다면 이러하다.

14일 새벽부터 느닷없이 내린 비를 맞은 행군부대원은 온몸이 젖은 상태에서 아침부터 하늘이 흐려서 습열(濕熱)이 심해 야간행군의 피로를 풀 수 없었다. 그날 저녁 17시에 출발한 3개 연대는 자동차로에서 정체 현상이 발생하여 전진하지 못했다. 해가 질 때쯤(20시) 갑자기 먹구름이 끼고 강풍이 몰아치면서 낮 동안의 습열이 갑자기 차가운 비로 바뀌었으며 기온은 약 10도, 풍속은 약 10m에 달했다. 저녁이 지나 갑자기 천지가 어두워지고 밭 사이에 있는 도로는 물에 잠기고 양쪽의 도랑에 급류가 발생하여 차와 말은 통과할 수 없었다. 행군부대는 어둠 속에 서 있을 수밖에 없었고, 비는 더욱 심해지는데 불을 켜지 못하고 단지 앞뒤에 있는 전우와 대화하며 서로를 격려하며 온몸의 찬 기운에 견디며 전진을 기다릴 뿐이었다. 마침내 23시 즈음 들어 각 부대는 행군을 포기하고 비를 피하기로 결정했다. 부대장들은 비를 피할 마을이나 가옥을 찾기 시작했지만 길이 물에 잠겨서 잘 보이지 않았기 때문에 좀처럼 마을을 발견하지 못했고, 발견을 했어도 도로 사정이 좋지 않아 사람은 도랑에 빠지고 말은 진창 속에 쓰러져서 구하려고 해도 시간만 지날 뿐이었다. 특히 차량부대는 일부가 숙영지로 돌아가기도 했으나 대부분은 돌아가지 못해 곤란한 처지였다. 밤에 들어 포차에 기대 의식을 잃거나 비를 피해 수송차 아래에 들어갔다가 일어나지 못한 병사도 있는 판국이었다. 전부 어둠 속에서 발생한 일로 확실한 상황은 모든 부대가 비를 피한 15일 3시 쯤에야 파악할 수 있었다.

(『戰史叢書 一号作戰〈1〉河南の会戦』192-193쪽)

우리 중대는 행군 범위 밖에 있었던 덕분에 사단에서 두 번째로 발생한 동상사고에서도 손해를 입지 않았다. 황하 북쪽에서 많은 낙오자와 동사자를 내고 다시 장대관에서 동사사고가 발생하여 사단은 큰 손실을 입었다. 특히 수송대의 피해가 컸다. 상계작전의 유일한 증원병력인 우리 사단은 경한선을 손실 없이 남하하여 제11군에 가세할 것이라는 기대를 받았음에도 전투가 아닌 병사의 체력이 부족해서 발생한 사고 때문에 두 번이나 피해를 입었다. 게다가 사단장 다케시타 요시하루(竹下義晴)[28] 중장까지 병에 걸려 무창(武昌)에 있는 병원에 입원하고 말았다. 제11군은 사단에 크게 실망했을 것이다. 그래서 우리 사단이 제11군에 증원된 유일한 신예 사단이면서 항상 2선으로 돌았던 것이다.

장대관에서 회하를 건너 남안에서 휴식하고, 신양(信陽)까지 사흘 동안 행군했다. 한구에서 신양까지 철도가 개통되어 있었다. 이곳에서 순서를 기다렸다가 5월 24일 기차를 타고 한구에 도착했다.

한구에서 이틀 동안을 바쁘게 보냈다. 소모한 무기, 장비를 보충하고 만마(輓馬, 차량을 끄는 말)는 모두 태마(駄馬, 등에 짐을 싣는 말)로 바꿨고, 쓸모없는 물품들은 후송하고 새로운 작전에 대비하여 다양한 준비를 했다. 나는 대행리가 운반해준 장교용 고리짝을 정리하여 갖고 갈 수 없는 물건은 집으로 보냈다. 물론 이 고리짝은 장대관에서 심하게 물에 젖은 듯 꽤 망가져 있었다. 이때 보낸 메모나 사진이 전후에 남은 유일한 자료였다.

....

28) 다케시타 요시하루(1891~1979)는 일본의 군인이다. 1911년 육군사관학교를 졸업한 후 중국 관계 업무에 종사했다. 1944년 1호 작전 중 부상을 당한 후 그해 12월에 예편되었다가 1945년 1월에 다시 소집되어 평양에서 종전을 맞이했다. 이후 시베리아에 억류되었다가 1950년 귀국했다.

상계작전을 시작하다

한구에서 이틀 동안 다급하게 작전을 준비했다. 그동안 거리로 나간 기억은 없다. 5월 26일 배를 타고 건너편에 있는 무창에 가서 그날 바로 트럭을 타고 숭양(崇陽) 방면으로 출발했다. 그리고 이튿날 5월 27일 1호작전 2단계인 제11군의 상계작전이 발동되었다.

이날 제11군은 우익의 제40사단이 동정호(洞庭湖)를 건너 상강 서안으로, 중앙의 제34, 제56, 제68, 제116사단이 월한선을 따라 장사로, 좌익의 제3, 제13사단은 평강(平江)에서 유양(瀏陽)을 향해 일제히 공격을 개시했다. 우선 제11군이 장사에서 형양(衡陽)으로 진격한 후 계림(桂林), 유주(柳州)로 진격하여 광동에서 서진하는 제23군과 연락하는 동안, 병력 일부가 월한선을 개통하고 수천, 공주(贛州) 등지에 있는 비행장들을 제압한다는 것이 작전구상이었다. 동쪽에서 중국군의 강력한 측면공격이 예상되므로 이 방면에 정예인 제3, 제13사단을 배치했다. 제27사단은 후방에서 진격하기로 했는데 정작 받은 임무는 도로구축이었다.

이 장대한 작전을 수행하려면 무엇보다도 병참선을 건설하는 것이 중요하다. 파견군의 작전계획에서는 악주에서 장사, 형양에 이르는 월한선 주변의 갑병참선과 숭양, 통성, 평강, 유양 같은 동부 산악지대를 관통하는 을병참선을 만들기로 했다. 갑병참선의 자동차도로를 만들기 위해 제2공병사령부, 독립공병제39, 제41연대, 독립공병제61대대, 그 외 전문 부대를 배치했다. 반대로 을병참선에는 똑같이 자동차도로를 만들어도 야전사단인 제27사단만 배치했다.

무창에서 트럭을 타고 온 연대는 이튿날 5월 28일 숭양을 거쳐 계구(桂口)시에 도착했다. 이곳에서 비로소 연대가 도로 건설 임무를 받은 사실을 알았다. 대작전에 참가한다는 생각에 머나먼 만주에서 의기양양하게 달려왔건만 도로 건설 임무라니, 사실 실망했다.

자동차 수송을 마친 후 5월 31일쯤부터 통성(通城)·평강(平江) 사이에 할당된 자동차도로를 보수하는 작업에 착수했다. 자동차도로라고 해봤자 몇 번이나 일본군이 이 지역에 쳐들어왔기에 중국군이 도로를 철저하게 파괴했다. 지도에 기호로 표시되어 있긴 하지만 원형이 전혀 남아있지 않은 곳도 많았고 도로 자체가 논으로 변한 곳도 있었다. 산지가 많고, 평지는 논과 습지가 되어 일단 비가 내리면 순식간에 범람하여 진창이 되기에 어떻게 자동차를 이동시킬지 몰라서 망연자실하고 있었다.

군은 사단의 작업 능력을 기대한 듯했으나 우리 보병 부대에는 개인호를 파기 위해 병사가 소지하고 있는 삽과 곡괭

이 이외에 도구가 없었다. 주변 농가에서 괭이나 삼태기를 징발하여 썼지만 작업은 진전되지 않았다. 그래도 각 중대에 구역을 할당하여 경쟁을 시켰기 때문에 고심 끝에 어떻게든 도로처럼 만들었지만 병사들이 심하게 고생했다.

도로공사 중 미군기의 공격을 받았다. 6월 초 어느 날, 갑자기 대형 쌍발전투기가 초저공으로 날아와서 기총소사를 하면서 작업 중인 중대의 머리 위를 지나갔다. 우리 중대에 사상자는 없었지만 정신적 공포감은 컸다. 그 후 대공감시초소와 기관총을 준비하고 작업도 가능한 분산해서 했다. 작업대 바로 후방에 도로가 완성되기를 기다리는 자동차부대의 행렬이 있었는데 역시 미군기의 좋은 목표가 되었을 것이다. 몇 번이나 그쪽에서 폭음이 들렸다.

원래 이 장대한 진공작전을 실행할 때 일본군 측의 최대 결함은 제공권을 적에 빼앗긴 것이었다. 태평양을 비롯한 모든 전선에서 일본군은 제공권을 잃었는데 중국전선 역시 마찬가지였다. 작전을 개시할 때 육군은 중국에 있는 제3비행사단을 제5항공군으로 격상했지만 실질적으로는 비행기를 거의 증강해 주지 않았으며 제공권 획득 같은 생각은 하지도 않았다. 반대로 중국에 주둔한 미 공군은 1943년 초 전투기, 폭격기를 합쳐 300기였으나 점차 증강하여 대만이나 만주를 공습하는 것 뿐만 아니라 남중국해의 해상교통을 위협했다.

나아가 1943년 6월 B29가 중국기지에 배치되자 일본 전역에 공습위험이 닥쳤다. 1호작전을 개시한 후 일본군의 후방연락선은 미 공군의 폭격을 받아 철도와 수로를 이용할 수 없었다. 보급로가 끊기니 작전대로 실행할 수 있을 리가 없다. 진격하는 일본군의 대병력은 보급, 특히 식량이 부족했기 때문에 급속히 전력을 상실했다.

밀집된 논 가운데에서 도로를 만드는 우리 부대는 딱 좋은 목표였을 것이다. 조종사의 얼굴이 보일 정도로 낮게 날아오는 미 공군 전투기를 몇 번이나 봤지만 반대로 일본군 비행기는 한 번도 보지 못했다.

6월 전반의 2주일은 진창과의 싸움이라 할 수 있는 도로 건설로 보냈다. 할당받은 작업의 3분의 1도 달성하지 못했으나 병사들의 체력적 피로는 컸다. 또한 병참선의 선두에 가까웠어도 충분한 식량 보급을 받지 못했다. 특히 부식은 전혀 받지 못했다. 처음부터 보급계획을 세우지 않고 현지 징발에 의존하려고 했을지도 모른다. 하지만 징발 결과는 전무했다. 이 지역은 여러 번 전장이었던 데다가 전쟁에 익숙한 제3, 제13사단이 짓밟고 갔기 때문에 먹을 것이 전혀 없었다. 육체적 피로와 영양부족은 그 후 많은 영양실조 환자를 낸 원인이었을 것이다.

6월 중순, 전선의 제3사단은 유양 부근에서 격전을 치르고 있었다. 사단 선두는 6월 18일 평강에 도착했고 6월 25일에는 군의 명령으로 유양으로 향했다. 사단은 일단 숭양과 평강 사이의 자동차도로 건설을 마쳤다고 보고했지만, 자동차부대의 선두는 기껏해야 평강 북쪽 25km인 매선(梅仙)에 도착했을 뿐이었다. 사단이 평강을 떠나 남하할 때 우리 중대는 후방을 경비하기 위해 평강 동남쪽 25km 떨어진 도로에 있는 마을인 악전단(岳田壜)에 전류하라는 명령을 받았고 이후 우리 중대는 장기간 단독으로 행동했다.

　작전계획을 책정할 때 고려한 동쪽에서 중국군이 가하는 측면공격을 제2선 병단인 우리 사단도 받았다. 우리 연대도 중국군이 반격했기 때문에 크게 고전했다. 하지만 우리 중대는 멀리 떨어져 있어서 영향을 받지 않았다.

중대의 단독행동

악전단을 경비하라는 명령을 받은 우리 중대는 사단 직할이 되어 무선 1개 분대를 배속받았다. 훗날 알게 된 일인데 군은 을병참선이 도움이 되지 않는다고 여겨 철수하기로 결정하고 6월 29일 명령을 내렸다. 1개월 가까이 제27사단이 치러야 했던 고생은 완전히 헛수고였다. 하지만 병참선을 없애라는 명령은 말단, 게다가 본대와 떨어진 중대장에게 전해지지 않앗다. 본도를 지나가는 부대는 줄기 시작했고 7월에는 아예 인적이 끊어졌다.

악전단은 평강에서 25km, 유양에서 40km 사이의 논으로 둘러싸인 평범한 마을이지만 참모가 쓰는 대축척 지도에 이름이 적혀있어 뽑혔을 것이다. 병참선을 없애기로 결정했어도 많은 후방기관들은 간단히 정리할 수 없으니까 경비대를 배치할 필요가 있다고 생각했을 것이다. 하지만 사정을 모르는 나는 매우 불안했다.

악전단 마을 주변에 저항선을 만들고 서쪽 300m의 가파른 언덕 위에 분초를 배치하여 일단 경비태세를 갖췄다. 그리고 매일 한 번씩 무전으로 "이상 없음"이라는 보고를 보냈다. 사실 7월에 들어섰어도 전방과 후방으로부터 멀리서 내리치는 벼락처럼 총포성이 들렸다. 남쪽의 총포성은 우리 연대 것으로 6월 29일부터 측면을 공격하는 중국군과 우리 연대가 충돌하여 산전(山田), 두항(杜港)시에서 전투 중이었다. 하지만 우리 중대의 주변은 완전히 평온했고 심지어 사람의 그림자도 전혀 보이지 않았다.

7월 초순에 악전단을 떠나 유양에 이르렀을 때 제4야전병원과 사단위생대를 호위하여 예릉(醴陵)에 가라는 사단명령을 받았다. 중대는 아직 단독행동을 계속해야 했다. 유양까지는 중대가 단독으로 행군했기에 이틀 만에 도착했다. 먼저 간 각 부대가 격전을 치른 흔적도 없었고 민간인도 보이지 않는 적막한 분위기였다. 엄중히 경계하면서 이동했지만 내심 안심했다.

유양은 큰 도시지만 역시 전장의 흔적이 남아있었다. 여기서 기다리던 야전병원과 위생대와 함께 바로 출발했다. 병원장과 위생대장은 모두 나보다 상급자였지만 행군할 때 나의 지시를 잘 따라줬다. 둘 다 전투 능력이 없었지만 인원과 장비는 많았기 때문에 행군대열은 매우 길었다. 적이 어디서 나타날지 몰라서 매우 신경을 썼다. 게다가 중대 단독 행군과 달리 시간이 걸리는 것도 문제였다. 결국 유양과 예릉 사이 100km 남짓한 거리를, 닷새나 지난 7월 10일쯤에 도착했다. 그동안에도 중대장의 초조함과 상관없이 전혀 적과 마주치지 않았다. 격전을 치른 직후였기 때문인지 주민도 거의 만나지 못했다.

예릉에 도착하여 병원과 위생대 호위 임무를 마친 중대는 바로 제3대대의 지휘를 받았다. 사실 며칠 전까지 예릉에서 제3사단의 기병 제3연대가 중국군의 격렬한 공격을 용감하게 막고 있었다. 오타카(小高) 대위의 제3대대는 기병과 교대했는데 1개 중대의 병력이 부족해서 때마침 도착한 우리 중대를 추가해서 방어력 강화를 꾀했다.

예릉은 큰 도시였지만 중대에 할당된 구역은 시내에서

남쪽으로 떨어진 농촌 일대였다. 주변은 고구마밭이었다. 나는 만약의 경우를 대비해서 중대의 방어선 내부에 가능한 고구마밭을 포함하기로 결정했다.

예릉에는 7월 중순부터 8월 중순까지 약 1개월 동안 머물렀다(『전지』에는 8월 4일 제8중대가 제3중대와 교대했다고 적혀 있지만 나는 약간 후였다고 기억한다). 우리가 예릉에 도착하기 전에 제3사단의 부대가 중국군의 대규모 공세를 받았을 뿐 아니라, 우리 중대가 떠난 후 8월 중순부터도 제3대대는 중국군의 총공격을 받아 고전했다. 우리 중대는 평온한 때만 골라서 머문 셈이다. 이것도 우연한 행운이었다.

유현(攸縣)까지 사단위생대를 호위한 후 다시 단독 행군으로 차릉에 가서 원대로 복귀하라는 명령을 받고 오타카 대대장에게 이별을 고하니 연대 주력은 차릉에서 우세한 적의 공격을 받고 있다는 정보를 알려줬다. 그 말대로 전방 저 멀리에서 울려퍼지는 은은한 포성을 들으면서 행군했다.

적에 대한 정보를 알 수 없었기에 중대는 언제 적과 마주쳐도 상대할 수 있도록 전투대형을 짜고 후방에 위생대를 뒤따르게 해서 행군했다. 예릉과 유현 사이는 80km 거리, 유현과 차릉 사이는 30km 거리이다. 위생대는 병원보다 행동이 빨라 중간에 황상령(黃上嶺)이라는 난관이 있었지만 사흘만에 유현에 도착할 수 있겠다고 확신했다.

8월 20일 위생대를 유현에 보내고 생각했다. 차릉은 중국군에 포위된 듯하다. 유현에서 황석포(黃石舖)를 거쳐 차릉에 도착하는 본도를 따라 진군하면 틀림없이 적이 방해할 것이다. 그래서 미수(洣水) 북안의 산속으로 우회하여 적의 포위가 약한 차릉 동북쪽 방향에서 도하하여 시내로 들어가기로 했다. 20일 밤은 산속의 태원허(泰元墟)로 추정되는 마을에 묵었다. 주변이 전부 토란밭이라서 굶주린 배를 채울 수 있었다. 이튿날은 노수갱(潞水坑)으로 추정되는 마을을 지나 멀리 떨어진 미수의 대안에 차릉을 바라보는 지점에 있는 작은 마을까지 도착하여 숙영했다. 여기서 저녁과 새벽에 차릉 방면을 수색했다.

더욱 거세지는 총, 포성을 들으니 차릉 서쪽과 남쪽에서 치열하게 싸우는 듯했다. 그래서 중대를 모아 오인 사격을 피하기 위해 일장기를 걸고 차릉 동북쪽으로 신속히 이동했다. 그리고 미수를 도보로 건너서 적의 방해를 받지 않고 무사히 입성했다

차릉 서쪽 고지의 야습

이때 차릉에는 연대 주력, 본부와 제1, 2대대가 차릉을 탈환하기 위해 몰려드는 중국군과 격전을 치르고 있었다. 6월 말

에 평강을 떠난 후 연대는 산전, 두항시에서 전투를 치르고 7월 중순까지 예릉 동쪽에 있는 마산에서 치른 전투 때문에 큰 손해를 입었다. 거듭되는 전투 때문에 각 중대의 전투병력은 3, 40명까지 감소한 상황에서 거의 무상에 가까운 150명에 가까운 우리 중대가 가세한 것이다. 오노 연대장과 이치가와 대대장도 무척 기뻐했다.

우리 중대가 도착하기 며칠 전부터 제11대대가 담당한 서쪽 정면은 중국군의 격렬한 공격을 받았다. 차릉의 동, 남, 북 세 방향은 강으로 둘러싸였고 육지로 연결된 서쪽은 시내로부터 2km 정도 되는 지점이 구릉지대였다. 중국군은 시내를 내려다 볼 수 있는 이곳을 점령했다. 대대는 이 언덕들에 임시로 소나무, 대나무, 매화, 복숭아, 매, 독수리, 비둘기라는 이름을 붙였다. 이치가와 대위는 막 도착한 나에게 현지를 가리키면서 상황을 설명하고 전력이 충분하지 않은 제3중대로 고지의 적을 격퇴하라고 명령했다.

나는 아군의 화력장비가 매우 불충분하므로 대대장과 상담하여 야습하기로 결정하고 22일 내내 고지를 정찰했다. 정찰 결과 소나무가 적의 주진지이고, 대나무, 매화에도 진지가 보이지만 복숭아에는 적이 없다고 판단했다. 그래서 정면 공격을 피하고 우선 복숭아를 점령한 후 적 좌익을 공격하기로 했다.

적의 견고한 진지를 총검에만 의지해서 야습하는 것은 내가 처음 경험하는 일이었다. 물론 일본군의 백병주의 때문에 사관학교에서도 야습훈련을 많이 받았지만 실전경험은 없었다. 떨리지 않았다면 거짓말이다. 단지 부하들에게 약한 모습을 보여줄 수 없어서 자신감이 넘치는 척 행동했다. 중대 간부와 병사들도 긴장했다. 배낭을 비롯해 불필요한 장비를 대대본부에 두고 날이 저물기를 기다렸다가 시외에 집합했다. 대대에선 아무도 배웅하러 나오지 않았다. 대대의 운명을 결정하는 고지를 중대가 단독으로 공격하라는 명령을 내렸을 뿐 대대는 아무것도 도와주지 않았다.

나는 적이 배치되지 않은 본도 주변의 복숭아 고지까지 중대가 전력을 다해 접근하기로 계획했다. 그날 밤은 약간 흐렸다. 본도 북쪽 노반(路盤) 근처에 숨어 전진하여 홍산묘(洪山廟) 바로 앞에서 복숭아 고지를 공격하기 시작했다. 생각대로 적은 없었다. 복숭아 고지의 동쪽 기슭에 중대를 집결시키고 무라이 소위의 제1소대는 우측에서 대나무 고지의 적진에 돌입하고, 나머지는 지휘반, 제2, 제3소대 순서로 소나무 고지로 진격하여 점령 후 제3소대는 매화 고지로 향하라고 명령했다. 그리고 적이 공격할 때까지는 사격을 하지 말라고 지시했다. 나는 우리가 공격하면 적이 겁에 질려 도망갈지도 모른다는 기대를 했다.

여기서 제1소대와 중대 본부로 나뉘어 어둠을 틈타 몰래 이동해서 목적지에 슬슬 도착할 즈음, 갑자기 제1소대 방향에서 격렬한 총성과 수류탄 폭발음이 울려 퍼지고 아군의 돌격 함성이 들렸다. 여기에 영향을 받았던지 정면에 있는 소나무 고지의 진지에서도 총성이 울렸고 적은 무작정 수류탄을 던졌지만 다행히 이쪽에 닿지 않았다. 나는 돌격을 명령하여 중대는 지휘반을 선두로 경사면을 기어 올라갔다. 적탄에 맞은 이는 없었다. 적은 대부분은 도망친 듯했다. 정상의 호에 뛰어들자 도망치지 못한 적병이 두, 셋 있었다. 지휘반 하사관과 병사가 허리를 쏴서 쓰러뜨렸다. 이렇게 소나무를 점령할 수 있었지만 대나무 쪽이 신경쓰였다.

잠시 총포성과 함성이 이어지던 대나무 고지 방향에서 "제1소대, 대나무 점령!", "소대장님 전사!"라는 외침이 들렸다. 얼마 안 있어 전령이 와서 무라이 소위가 전사하고 그 외 십수 명의 사상자가 발생했으며 진지를 점령하여 확보중이라고 보고했다. 무라이 소위 대신 하사관후보자교육 조교였던 구보타 군조가 보고를 보냈다.

조사해 보니 지휘반도 2, 3명의 사상자를 냈다. 소나무 고지를 점령한 사실을 확인했기에 제3소대의 미야케 준위에게 매화 고지로 향하라고 명령했다. 매화 고지의 적은 이쪽의 함성에 놀라 도망친 듯 무혈점령했다. 정찰해 보니 나머지 능선의 적도 퇴각한 듯했다. 중대의 야습 때문에 일곱 군데의 적진을 점령할 수 있었다. 이 야간 전투에서 우리 중대는 무라이 소위 이하 전사 10명, 부상 20명의 손해를 입었다.

중대가 점령한 진지를 그대로 우리가 지키게 되었다. 산 위의 진지에 머무르며 적의 측면공격에 대비하게 되었다. 예릉에서 행군하여 쉴 틈도 없이 야습을 실행하고 그대로 노천 진지에 계속 있으니 체력이 심하게 소모되었다. 나는 대대가 우리 중대를 배려하지 않는다고 노무라 준위나 이토 조장에게 투덜댔다. 무엇보다도 식량이 부족했다. 보급을 받지 못했기 때문에 스스로 마련해야 했지만 전투가 이어져서 징발할 수 없었다. 그동안 중대의 영양실조 환자가 단번에 늘었다.

그때까지 나는 중대장으로서 병사들의 체력소모를 피하기 위해 노력했다. 그렇기 때문에 중대의 식량을 징발하기 위해 애썼지만(상세한 내용은 나중에 설명한다), 차릉에 도착한 후 전투와 진지 경비를 해야 했기 때문에 그 노력도 허사가 되고 말았다. 단지 계절이 한여름이라 산 위의 야영이 그다지 고통스럽지 않았다는 점이 행운으로 작용하였다. 만약 추운 계절이었다면 많은 희생자를 냈을 것이다.

이번 야습에서 우리 중대는 작전 개시 이래 처음으로 큰 피해를 입었다. 전사 10명, 부상 약 20명이었다. 특히 중대에 소속된 유일한 장교인 무라이 마사오 소위의 전사는 큰 타격이었다. 무라이 소위는 적진에 돌입할 때 지근거리에서 날아온 소총탄에 맞았다. 가슴에 상처를 입으면 대개 출혈로 인해 기포가 폐를 막아 질식사한다고 한다. 그렇기 때문에 반드시 안정을 취할 필요가 있지만 무라이 소위는 상처가 커서 거의 즉사에 가까웠다.

이듬해 나는 귀국하여 무라이 소위의 친정에 편지를 보내 전사할 때의 상황을 알렸다. 그러자 무라이의 아버지가 모범답안처럼 정중하게 아들의 명예로운 전사를 자랑스럽게 여긴다는 답장을 달필로 써서 보냈다. 그는 당시 대표적인 교양 수준이 높은 국민이었을 것이다.

진지 공방전

진지에 도착한 8월 23일 아침부터 중국군의 반격이 시작되었다. 우선 대나무 진지 바로 앞의 경사를 기어오르는 중국군을 소나무 진지의 감시병이 발견했다. 수십 명이 바로 앞까지 올라와 있었다. 큰 목소리로 대나무의 제1소대에 알리면서 소나무에서 경기관총으로 사격했다. 이것이 절호의 측면방어 효과를 발휘하여 중국군을 격퇴했다. 그리고 이날 적은 소나무와 대나무에 번갈아 쳐들어왔다. 개중에는 우리 배후까지 올라와서 수류탄을 던지는 자도 있어서 중대원 3명이 전사했다. 중대의 수류탄은 순식간에 바닥을 드러냈다. 산 위로 공격하는 적을 상대하려면 수류탄이 가장 효과가 있는데 부족하다니 힘들었다. 이날 적을 오로지 사격, 그것도 근처 진지 방향으로부터 측방사격을 하여 막았다.

중국군은 그 뒤에도 약 1주일 연속으로 반격했다. 이것은 형양 공략 후에도 외곽에서 계속된 반격 공세의 일환으로 차릉, 유현, 안인(安仁) 지구를 확보한 제27사단에 중국군 제9전구의 제27집단군이 가한 공세였다.

중국군은 대낮의 정공법만으로 공격해 오지 않았다. 야간에 소수 병력이 잠입하여 아군을 기습했다. 24, 5일쯤 제3소대 진지에 적이 잠입하여 수류탄을 던졌기 때문에 소대장 미야케 준위 이하 몇 명이 부상을 입었다. 미야케는 후송되어 돌아오지 못했다. 방심해서 경계가 불충분하여 이런 피해를 입었기 때문에 낮이든 밤이든 신경을 곤두세웠다.

우리 연대를 향해 공격해 온 적군은 제9전구 부장관 겸 제27집단군 사령관인 양삼(楊森)이 직접 지휘하는 제44군의 제150, 제160, 제162 3개 사단으로 장비와 사기도 뛰어났다. 우리가 화북을 경비하면서 상대한 팔로군이나 허창, 언성에서 격파한 제1전구군과 비교하면 화력과 장비가 훨씬 뛰어났다. 특히 박격포는 위협적이라서 우리 중대가 주둔한 산 위의 진지에 맨 위에서 떨어지는 포탄은 막을 방법이 없었다. 그 이상으로 적군의 왕성한 사기와 강렬한 전투의지에 놀랐다. 중국군이 우리 진지를 향해 돌격해 오다니 지금까지 상상도 못 한 일이었다. 8월 23일 적의 공격은 계속 적군을 쓰러뜨려도 이어졌기 때문에 공격 정신이 일본군 이상으로 왕성하다고 생각했다. 지금까지 만난 중국군과는 편성, 장비면, 그리고 사기에서도 전혀 달라진 정예군대로 바뀌었다.

8월 16일과 28일 2회에 걸쳐 적은 본격적으로 공격했다. 특히 28일은 보포협동의 대규모 공격이었다. 처음에는 박격포로 공격하기 시작했다. 박격포탄이 꺼림칙한 소리와 함께 하늘에서 떨어지는데 탄도가 극도로 구부러져 있었기 때문에 수직으로 판 호는 도움이 안 되었다. 28일의 박격포 공격 때문에 소나무 진지의 지휘반과 제2소대에 몇 명의 사상자가 발생했다. 한 명은 배가 파여 장이 빠져나와 비참하게 죽었다. 박격포 집중사격은 실제 효과 이상으로 공포심을 갖게 했다.

박격포 사격이 끝나자 소나무와 대나무의 정면에 안개 같은 규모의 대군이 나타나 비탈을 올라왔다. 대나무는 적군 방향으로 돌출되어 있었고 소나무는 가장 높았기 때문일 것이다. 다만 적군은 사격을 중지하고 바로 돌격하지 않아서 꽤 간격이 생겼기 때문에 이쪽에서 먼저 사격해서 격퇴했다.

그래서 탄약 부족을 신경쓰기 시작했다.

28일에 적도 큰 손해를 입었다. 진지 앞에는 적의 시체가 산을 이루었다. 그래서인지 적의 공세는 이것이 마지막이었다. 중국군은 우리 진지에서 2, 3km 후퇴하여 운양산(雲陽山), 관포(關舖)의 선에 진지를 구축하기 시작했다. 이 선은 표고가 높아 적이 우리를 내려다보는 형태였다. 이 선까지 물러가서 진지를 구축한 후 명백히 소극적으로 행동하였다. 병력도 감소한 듯했다.

상황이 완화되었기 때문에 우리도 한숨 돌릴 수 있었다. 야습 이래 여드레 동안 산 위의 호에 달라붙어 있던 우리 중대는 진지에 감시초를 남기고 차릉 서쪽 민가로 이동하여 오랜만에 지붕 아래에서 잘 수 있었다. 단지 무엇보다도 문제는 식량이었다. 그래서 나는 징발대를 편성하기로 결정했다. 차릉 주변에는 아무것도 남아있을 리가 없었으므로 적정을 덜 고려할 수 있는 황석포 방면으로 징발대를 파견했다.

중대장 명령으로 징발대를 파견한 이유는 조금이라도 조직적으로 징발을 해서 군기에 어긋나는 약탈행위를 저지르지 못하게 하기 위해서였다. 앞서 말했듯 일본군의 규정으로는 징발은 고급 지휘관(사단장)이 경리부장에게 명해서 하는 경우와 휘하 부대들이 직접 하는 경우로 구분되며 휘하 부대가 직접 하는 경우에는 고급 지휘관이 일정 구역을 지정하고, 징발대는 반드시 장교가 지휘하며 징발하는 물건에는 꼭 보상하거나 훗날 보상을 하기 위해 증표를 줘야 했다. 그리고 나머지 행위는 징발이 아닌 약탈로 규정했다. 물론 이런 규정은 지켜지지 않았고 대다수 간부는 규정의 존재도 몰랐다. 나는 어쩌다가 연대본부에서 「전시복무제요」를 봤기 때문에 알고 있었지만 예외였을 것이다. 중대 징발대도 지역을 위에서 지정한 것이 아니고, 장교가 지휘관이 아닌(당연히 무라이 소위가 전사한 후엔 중대에 장교는 없었다) 점도 규정을 위반했으니 말하자면 징발을 명분으로 한 약탈이었다.

이 장대한 작전에 식량 보급이 전혀 없어서 약탈하지 말라고 해도 무리한 요구였을 것이다. 일선 부대는 굶어 죽지 않기 위해 약탈을 할 수밖에 없었다. 확실히 약탈은 나쁜 짓이지만 보급을 무시한 작전계획을 세운 군 상층부에 책임이 있다고 할 수 있다. 1호작전(대륙타통작전의 정식 명칭)은 50만 명의 일본군이 중국을 종단하면서 저지른 약탈 행위였다.

이때 징발대를 파견한 황석포는 차릉과 유현 중간에 위치하며 앞서 차릉에 들어갈 때 피해갔다. 징발대를 파견한 의도가 적중하여 저녁이 가까워지자 그들은 소를 4, 5마리 끌고 돌아왔다. 유현의 홍산묘 방향에 징발대가 나타나자 우리 중대뿐 아니라 다른 중대의 눈에도 띄었다. 곧바로 대대본부, 다른 중대에서도 자기들 몫을 달라고 요구했다. 각

각 맞게 분배했을 것이다.

징발대장인 이토(伊藤) 조장(아마 그랬다고 기억한다)이 말하 길 주민은 없었지만 징발대가 도착하기 직전에 도망친 듯 산 주변에 소들을 풀어놨다고 한다. 소들이 아직 멀리 가지 않 았기 때문에 쉽게 붙잡았다고 한다. 어쨌든 오랜만에 쇠고기 를 먹어서 동물성 지방을 보급할 수 있었다.

결국 중대 단독으로 야습에 성공했기 때문에 진지를 지 키면서 열흘 동안 치른 방어전에서 우리 중대는 두 명의 소 대장을 비롯한 약 50명의 사상자를 내고, 약 30명의 병자 를 야전병원에 보내어 전력은 반으로 줄었다. 그래도 아직 다른 중대보다 인원이 많았지만 1호작전에 참가하면서 처 음으로 큰 손해를 입었다. 특히 중대에 남은 자들도 예외 없이 영양실조에 걸려 체력이 저하한 점이 큰 타격이었다. 그 점이 중대의 전력에 영향을 줬음을 부정할 수 없다. 영 양실조가 원인이 된 전병(戰病)의 증가가 중대장으로서 제일 힘들어했던 원인이었다.

또한 전후에 얻은 지식을 바탕으로 이 대륙타통작전 기 간에 발생한 전사자와 전병사자의 비율을 생각하고 싶다. 보 급을 경시한 작전계획, 병참선 두절, 미 공군의 방해 등으로 작전 기간 동안 보급, 특히 식량 보급은 매우 불충분했기 때 문에 영양실조에 걸리는 자가 매우 많아서 전쟁영양실조증이

라 생각되는 사망자가 많은 것도 특징이다. 야전병원에서 발생한 사망자의 통계에서는 이질, 전쟁영양실조증, 말라리아, 각기병 순이었는데 이질이나 말라리아에 걸린 자라도 영양실조 때문에 저항력이 저하되어 사망한 것이 원인인 경우가 많았다. 나가오 고이치(長尾五一) 군의관이 쓴 『전쟁과 영양(戦争と栄養)』에 따르면 유족의 심정을 생각하면 전쟁영양실조증이란 병명을 붙이기 힘들었다고 하므로 실제로는 대부분의 전병사자가 영양실조 때문에 사망했을 것으로 보인다.

또한 이 작전 기간의 또 다른 특징으로 전상자가 병원에서 사망, 즉 전상사가 많은 사실을 들 수 있는데 역시 야전병원에서 먹을 것을 충분히 공급받지 못했기 때문에 영양실조에 걸려 저항력을 잃고 사망한 경우가 많았다.

전사자, 전상사자, 전병사자의 비율을 내가 소속된 『지나주둔보병 제3연대전지』를 보면 이러하다.

1944년 4월부터 패전 후 귀국할 때까지 '대륙타통작전' 동안 연대가 낸 사망자 1,647명 중 전사는 509명으로 31%, 전상사는 84명으로 5%, 전병사는 1,038명으로 63%, 그 외(갑작스런 사망이나 내용 불명인 경우 등)는 6명으로 1%였다. 즉 전사자의 2배 이상인 전병사자를 내었다. 덧붙이자면 우리 제3중대는 중대장의 입장으로 가능한 전병사자를 내지 않으려고 노력했지만 전사는 36명으로 47%, 전상사는 6명으로

8%, 전병사자는 35명으로 45%였다.

과달카날이나 뉴기니와 달리 인구가 밀집되어 있고 물자가 풍부했던 중국 전선에서는 아사자가 발생하지 않았다고 생각하기 쉽지만 대륙타통작전의 실태는 보급이 두절되었기 때문에 급양 사정이 악화되어 다수의 전쟁영양실조증 환자가 발생하여 전병사자, 즉 광의의 아사자를 내었다.

여명공격과 부상

상황이 완화되었다고 하나 아직 아군을 내려다보는 2, 3km 전방의 언덕 위에 적이 진지를 구축하고 있었다. 대대장은 이 눈엣가시인 적진지를 점령하려는 의도로 제3, 제4중대를 투입하는 공격을 계획했다. 다만 탄약이 부족해서 보병포나 기관총은 쓸 수 없었기 때문에 여명공격을 계획했다. 여명공격이란 어둠 속에 적진에 다가가서 여명과 함께 돌격하여 점령하는 일본군 특유의 전법이었다. 오랜만에 보는 대대 규모의 공격이었다.

9월 7일 아침에 공격하기로 결정되었다(내 메모로는 7일이었지만, 「전몰영령의 기록」, 『지나주둔보병 제3연대전지』에서는 9월 9일로 되어 있다.). 우측 일선이 제3중대, 좌측 일선이 제4중대가 되었다. 두 중대의 경계선은 차릉, 계수허(界首墟), 안인을 연결하는 도로였다. 우리의 적은 제9전구, 제27집단군의 제44군이었다.

한밤중에 출발했다. 경계인 도로와 거리를 유지하여 방향을 착각하지 않도록 주의하며 이동했다.

날이 밝기 전에 적 앞 2,300m까지 접근하여 중대를 산개시키고 적진 바로 앞의 돌격 시작 위치까지 더 접근하려고 할 때 갑자기 적의 기관총이 불을 뿜었다. 적은 미리 조준한 듯 정확하게 사격했다. 여명공격은 실패했다.

그 와중에 갑자기 오른쪽 흉부를 철판으로 팡 하고 때리는 것 같은 충격을 느꼈다. 맞았다고 생각했지만 그때는 무아몽중(無我夢中)이었다. 현재 중대가 처한 곤경을 어떻게 타개하냐는 생각만이 머릿속에 가득했다. 옆에 있던 노무라 준위가 주변에 엎드린 병사들로부터 수류탄을 계속 받아 적을 향해 던졌다. 한 사람당 한 발씩 수류탄을 가져야 하지만 모두가 수류탄을 갖고 있는 것도 아니고 사격을 하는 것도 아니고 그저 엎드려 있을 뿐이니까 노무라 혼자 아수라처럼 행동했다.

이대로라면 전멸할 테니까 뭐라도 해야 한다는 생각에 초조해졌다. 그리고 "척탄통, 발사!"라고 명령하고 노무라에게 "척탄통 사격과 함께 돌격하자"고 말했다. 노무라는 "여기에 있으면 전멸입니다"라고 말하고는 주위에 있는 병사들에게 "알겠나? 돌격한다"고 격려하고 계속 수류탄을 던졌다.

이윽고 적진에 몇 발의 척탄통탄이 작렬하자 나와 노무라는 "돌격!"을 외쳤고 주위의 병사들도 일어나 적진으로 올라갔다. 정상의 참호에 뛰어들 때까지 아무 생각도 하지 않았다. 수류탄과 척탄통의 효과가 있어서 우리가 돌격하기 전에 적은 도망친 듯, 미처 도망가지 못한 적병을 두, 세 명 사살했을 뿐이었다.

정상 진지를 점령하고 적의 역습에 대비하여 경계를 배치하고 보니 왼편의 제4중대는 공격에 실패한 듯 우리 중대는 적 가운데에 고립되었다. 조금 안정을 되찾고 가슴을 보니까 오른쪽 가슴 아래에 상처가 나고 피가 흘렀지만, 그 외에 상처는 없었다. 즉 관통이 아닌 듯했다. 다가온 노무라 준위에게 "나는 가슴을 다쳤으나 관통상은 아닌 듯하다"고 말했다. 그는 큰 목소리로 위생병을 불러 삼각건으로 응급조치를 취했다. 그리고 "대장님, 움직이시면 안 됩니다. 우선 안정을 취하십시오"라고 주의를 줬다. 흉부 부상은 섣불리 움직이면 내출혈이 발생하여 질식사하는 경우가 많았기 때문이었다. 하지만 나는 부상을 입고 돌격했기 때문에 이미 늦었을지도 모른다고 생각했다.

그리고 낮 동안에는 계속 참호 안에서 누워 있었다. 적의 눈앞에서 들것에 실려 후송될 수 없었기 때문이다. 덕분에 의

도치 않게 안정을 취한 셈이었다. 누워서 계속 여러 가지를 생각했다. 내심 부상에 대해 안심했던 것이 사실이다. 인접한 제2대대에서는 중대장이 네 명이나 전사했다. 우리 부대에서도 두 명의 소대장이 죽거나 다쳤는데 중대장만 아무렇지 않다면 그저 부끄러운 일이다. 이것으로 주변에도 면목이 섰다는 생각이 들었다.

현재 전황도 생각했다. 지난 야습 직후의 진지 수비처럼 산 위에서 또 시간을 보낸다면 견딜 수 없지만 점심 즈음 되니 총성이 점점 잦아들고 적은 멀리 퇴각한 듯해서 점령한 진지를 확보할 수 있었다. 하지만 이번 전투에서도 중대는 큰 손해를 입었다. 우치야마(內山) 군조 이하 5명이 전사하고, 중대장인 나를 포함해서 십수 명이 부상을 입어 중대 전력은 더욱 저하되었다. 작전에 참가한 후 겪은 소모는 이미 100명을 넘겨서 당초 병력의 3분의 1이 되고 말았다. 전쟁이 앞으로 언제 끝날지 예측도 못하겠고 하물며 이 전쟁이 어떻게 끝날지 전혀 예상할 수 없었다. 결국 언젠가 이 중국의 어디서 전사할 것이라고 생각할 뿐이었다.

야전병원에서

그날, 해가 저물기 전에 야전병원에 수용되었다. 병원이라 해봤자 연대본부 북쪽에 있는 민가이고 특별한 의료시설도 있는 게 아니었으니 그저 환자를 바닥에 눕혔을 뿐이었다. 나를 진찰한 군의관도 문진만 할 뿐, 혈청주사도 어떠한 치료도 하지 않고 "우측 흉부 관통성 맹관총상"이라는 병명을 붙였을 뿐이었다. 물론 치료하려고 해도 기구나 약품이 전혀 없었을 것이다. 부상을 입었을 때 파상풍과 가스괴저를 예방하기 위해 혈청주사를 놓게 되어 있었다. 하지만 혈청도 바닥났다. 물론 군의관은 가슴 가까운 지점에 부상을 입었기 때문에 혈청주사를 놓지 않아도 괜찮을 것이라고 말했다. 결국 나는 야전병원에 입원했지만 치료를 전혀 받지 못했다.

병원 상태는 처참했다. 병원은 징발 능력이 없어서 일반 부대 이상으로 상황이 심각했다. 병원에서 주는 식사는 희멀건 죽에 소금을 뿌린 수준이었다. 소금은 연대가 차릉에서 대량의 암염창고를 발견했기 때문에 부족하지 않았다. 보통 환자는 죽만으로는 부족하므로 걸을 수 있는 자는 병원을 빠져나와 징발하러 갔다. 징발이라고 해도 이제 남은 먹을 것은 아무것도 없는 상태니까 베다 남은 벼 이삭을 모아 오는 것이 전부인 상황이었다. 개중에는 귀중품인 연초를 갖고 물물교환을 해서 무엇이든 먹을 것과 바꾸는 자도 있었다.

그러니까 병원 안에서 사망자가 엄청나게 많았다. 일반 부대에서도 이러한 상황이 알려졌다. 중대에서도 가벼운 전상자나 전병자를 병원에 보내려고 하면 폐를 끼치지 않을 테니까 이대로 부대에 남게 해달라고 간청하는 자가 흔했다. 중대에 있으면 전우가 돌봐주지만, 중대를 떠나면 그렇지 않았기 때문이다.

연대의 『전지』에 실린 오자키 군의관(앞서 나온)의 회고에 따르면 차릉에 주둔 중 발생한 환자의 대부분이 영양실조였다. 그런 상황에 말라리아, 결핵 등이 겹치자 병의 진행이 빨라졌다. 그렇다고 해서 병원의 식량부족 상태가 너무 심각해서 환자는 중대를 떠나 입원하기를 꺼리는 상황이었다. 그리고 전사자의 2배가 되는 사람들이 차릉 육군병원에서 병에 걸렸다고 한다. 병사가 전부 영양실조로 인한 사망이 아니지만, 많든 적든 영양실조와 관계가 있음은 확실하다.

내가 입원한 뒤부터 새로운 당번인 아키모토(秋元) 상등병이 매일 상황보고와 함께 음식을 가져다줬다. 병원에서는 어떠한 치료도 받지 못했으니까 입원한 의미가 없었다. 나는 바로 군의관에게 퇴원을 요청했지만 조금 더 상태를 지켜보고 퇴원시키겠다는 말을 들었다.

매일 같이 병원에서 사람이 죽는 모습을 보고 이곳이 병원이 맞느냐는 생각을 했지만 군의관만 뭐라고 할 수는 없었다. 병원에 어떠한 보급도 하지 않는 것이 원인이다. 이렇듯 보급을 무시한 작전을 계획한 자체가 잘못되지 않았냐고 생각하게 되었다.

5개월 전 진창 속에서 고생하면서 보병 부대에 자동차 도로를 구축하라는 명령을 내린 군의 인식 부족을 원망했다. 그러고 보니 논지대 한가운데에서 공사를 하느라 진흙 범벅이 된 우리를 단 한 명의 참모도, 군 당사자들도 방문하지 않았다. 후방에 있는 사령부에 실정은 전해지지 않았다. 지금 매일 아사자를 내는 야전병원의 비참한 실상을 작전참모는 알고 있을까? 적어도 누군가 일선을 시찰하러 와야 한다고 생각했다. 동시에 병사 대부분이 영양실조에 걸려 쓰러지는 것은 병사 본인의 책임이 아니라 충분한 보급을 하지 않은 군의 책임이며 보급이 그렇게 곤란한 사실을 알면서 작전을 계획하고 실행한 자야말로 모든 책임이 있다는 사실을 깨달아야 한다고 생각했다.

더욱이 이 작전은 과연 무엇을 위해 시작했는지에 대해서도 의문이 생겼다. 저 멀리 관동군에서 온 우리 사단은 호남성(湖南省)의 변경에 있는 이런 산속에서 작전 개시 후 반년 이상이 지나도 가망 없는 고전을 치르고 있다. 대륙종단로 개통도 국민정부 타도도, 미 공군기지의 복멸, 어떠한 목적이든 언제 달성할 수 있을지 몰랐다. 태평양의 전황은 더욱 악화되어 작전 개시 후 6월에는 마리아나 제도를 잃었다. 유럽에서도 6월에는 연합군이 노르망디 상륙에 성공하여 독일의 운명도 정해진 상황이었다. 작전목적이든 전쟁의 장래든 어두운 예상만 할 수 있었다. 내 미래도 언제 어디서 죽을 수밖에 없다고 예상할 수밖에 없었다.

입원은 여러 가지를 생각하는 기회가 되었다. 특히 야전병원의 실상을 생각할 수 있었다. 이대로라면 정말로 전상병자의 무덤이다. 영양실조에 걸려 차례대로 죽어가는 모습을 손 놓고 바라볼 뿐이었다. 앞서 야전병원을 호위했을 때도 생각했지만, 병원이란 한 곳에 정착해야만 기능을 발휘할 수 있으므로 이동수단과 기동력을 갖추지 못했다. 그리고 무엇보다도 일반 부대처럼 전투력을 갖추지 못했으니 자력으로 식량을 마련할 수 없다. 그러니까 이 차릉의 경우처럼 아군이 적에 포위되어 보급이 완전히 끊겼을 때, 야전병원 같은 부대에는 약품이나 식량 보급에 대한 특별한 조치를 강구하지 못하면 제대로 기능할 수 없는 것은 충분히 예상되었다. 이러한 상황에 처한 군의관이나 위생병도 불쌍하지만, 이곳에서 무참하게 죽은 입원환자들의 억울함은 살피고도 남음이 있다.

관포 서쪽 고지를 공격하다

입원한 지 1주일이 지난 9월 14일, 나는 병원을 빠져나와 중대에 복귀했다. 군의관의 허락을 받지 않았지만 병원의 실상 때문에 더 이상 남을 수는 없었다. 돌아와 보니 모두가 중대 장의 복귀를 반겼다.

1주일 동안 전황은 안정된 듯했다. 지난주에 점령한 고 지선은 대체로 확보할 수 있었다. 그래서 대대는 몇 km 더 전 진하여 관포 서쪽 고지선을 점령하려는 계획을 세웠다. 이 계 획은 때마침 수확기를 맞이한 벼를 획득하기 위한 것으로 이 중간에는 벼가 무르익은 논이 있었기 때문이다. 즉 식량을 확보하려는 측면도 있었다.

공격은 퇴원하고 1주일이 지난 9월 20일쯤 시작하기로 계획했다. 중대는 우측 1선이 되어 예정 지점까지 진출했다. 이때 중대 병력은 60명 정도로 줄었다.

이 일대의 고지는 지금까지 전장이었던 차릉 서쪽 고지 와 비교하면 표고가 훨씬 높고 험준했다. 고지 정상에서 내려 다보니 전면에 있는 높은 고지에만 적병이 보인다. 진지라기 보다 감시초일지도 몰랐다.

일단 전면의 고지를 점령하기로 마음먹고 지금까지 전투 에서 선두에 그다지 서지 않아 손해도 적었던 제3소대에 임 무를 맡겼다. 미야케 준위가 후송된 후 제3소대장은 젊은 고 비라(後平) 조장으로 바뀌었다. 세심한 고비라를 불러 고지를 빼앗도록 명령하고 중대는 여기서 전력으로 지원하겠다고 말했다. 배속된 중기관총과 중대의 경기관총, 척탄통을 고지를 향해 배치했다.

고비라 소대는 전면의 고지로 올라가기 시작했다. 일단 적의 모습도 보이지 않았고 일대는 조용했다. 부하를 앞세우고 중대장은 뒤에서 바라만 보고 있는 상황에 나는 개운하지 못한 느낌이었다. 부상 직후였기 때문에 겁을 먹었던 것일지도 모른다. 중대장은 제3소대의 선두에 서야 했음에도 겁에 질리고 말았다는 자책감에 시달리며 군침을 삼치고 망원경으로 고지를 봤다.

제3소대가 정상까지 앞으로 2, 30m 지점까지 올라갔을 때, 그때까지 사람이 보이지 않던 정상에 2, 3명의 적병이 나타났다. "발사!" 호령과 함께 고지를 조준한 기관총이 불을 뿜었다. 하지만 정상에 나타난 적은 움츠러들지 않고 수류탄을 던지고는 모습을 감췄다. "당했구나"라고 순간 놀랐지만 폭연은 소대원들의 위치에서 떨어진 곳에서 발생했다. 괜찮은지 걱정하면서 지켜보고 있자니, 우리 쪽 병사가 하나둘 일어나 정상에 다가갔다. 수류탄을 던진 후 적병의 모습은 보이지 않았다. 주력은 퇴각했으며 남은 몇 명도 수류탄을 던지고 바로 도망쳤을 것이다.

얼마 지나지 않아 "제3소대, 적진지 점령!"이라고 외치는 소리가 정상에서 들렸다. 나는 기관총 분대에 바로 사격을 중지하고 고지로 전진하라는 명령을 내렸다. 그런데 바로 정상에서 "역습!"이라는 외침이 이어졌다. 우려했던 사태가 발생했다고 생각한 나는 당황했다. 바로 "지휘반, 제1소대, 앞으로!"라고 명령하고 중대가 있는 고지에서 내려갔다.

나중에 생각해보니 잘못된 결정으로 만약 진짜 역습을 받아 점령한 고지를 빼앗겼다면 상황을 잘 살피고 대책을 강구해야 했다. 무턱대고 뛰쳐나가면 도리어 사태를 악화시킬지도 몰랐다. 다행히 잘못된 보고였고 공포심에 사로잡힌 병사의 착각이었다.

점령한 고지에 도착해서 보니 이곳은 부근에서 가장 높았으며 전망도 좋아서 이곳을 확보하기로 결정했다. 그래서 후방에 남아있던 중대 주력도 부르고 대대장에게 보고했다. 이 진지의 전투는 이것으로 끝났다. 적은 멀리 퇴각한 듯 그 후 모습을 나타내지 않았다.

결국 9월 20일부터 관포 서쪽 고지대에 했던 공격은 이 전투만으로 끝났다. 이 시기 우리 제11군의 주력은 형양을 점령한 후 서쪽에 있는 홍교(洪橋) 회전에서 중국군을 격파하고 9월 중순 전현을 점령하고 광서성으로 진출하고 있었다. 차릉 주변에서 우리 사단을 위협하던 중국의 제44군도 후방으로 퇴각하여 진지를 구축하기 시작했기 때문에 우리 연대가 당면한 상황도 소강상태에 들어가고 있었다.

전투를 마치자 대대는 곧장 식량을 확보하기 위해 벼를 베기 시작했다. 중대도 할당받은 지역에서 벼를 베었다. 여기서 농민 출신 병사들이 솜씨를 발휘했다. 그들이 기뻐하며 벼 베기부터 탈곡, 말리기까지 능숙한 솜씨로 지도하여 작업은 순조롭게 진행되었다. 특히 그들은 농기구가 일본 것과 똑같다는 사실에 기뻐했다. 센바고키(千齒扱き)[29]나 풍구 따위는 특히 비슷하다고 그들은 감탄했다. 풍구는 일본어로 도미(唐箕)라고 부르니까 당연히 비슷하다.

호남성의 쌀농사 지대에 들어간 뒤부터는 병사들이 농촌의 풍경이 일본과 똑같다고 기뻐하면서 어느샌가 "아, 산도 강도 정말 고향과 똑같다"는 가사의 호남진군보(胡南進軍譜)를 불렀다.

이 지역은 나중에 알기로는 중국 공산당의 성지인 정강산(井岡山)에 가까웠다. 내전의 흔적이 남아있는 토치카의 잔해 따위가 산속에 남아 있어서 어쩐지 황폐한 분위기였다. 농가도 엄청 가난해 보였다. 대체로 이 정간산 일대는 호남성을 흐르는 상강(湘江)과 강서성(江西省)을 흐르는 공강(贛江)의 분수령이 되는 표고 1천 미터에서 2천 미터에 이르는 구릉지대로, 산 사이에 농경지가 산재하여 혁명근거지로 삼기에 적합한 요충지였다. 차릉 주변의 전투에서도 산마다 공격해야 했

....

29) 일본의 전통 농기구로 베어낸 벼에서 낟알을 털어내는 용도로 쓴다.

듯, 지키기에 편리하고 공격하기에 곤란한 지형이었다. 그러
니까 대군에 포위당한 우리 연대가 버틸 수 있었고, 그 후 공
세로 전환했을 때 주변의 고지를 하나씩 곤란한 공격을 되풀
이해야 했던 이유도 이 지형이 원인이었다.

차릉의 진지

전황이 일단락된 10월 초부터 1944년 내내 큰 전투는 없었
고 정체상태가 이어졌다. 최대의 과제는 식량 확보로 영양실
조와의 전투가 중대장으로서의 최대 관심사였다. 주식은 수
확한 쌀과 고구마, 조미료로 압수한 소금으로 어떻게 마련했
지만, 부식, 특히 동물성 단백질이 부족했다. 이 지역은 제3,
제13사단의 전장이 된 이래 몇 개월 동안 일본군과 중국군이
서로 휩쓸고 다녔으므로 징발하러 나가도 두드러진 성과는
없었기 때문에 거의 전원이 영양실조에 걸렸다. 전투 때문에
발생한 손해는 없었지만 말라리아, 각기병, 영양실조 따위가
원인이 되어 발생한 전병사가 그 기간에 급증했다.
　　우리가 차릉 주변에 머무는 동안, 제11군의 주력은 멀리
광서성에 진군했다. 10월 중신, 제11군의 후방에 남은 사단

을 모아 새롭게 제20군이 편성되어 제27사단도 여기에 추가되었다. 제20군은 월한선 남단의 개통과 수천, 남웅(南雄) 등의 비행장들을 점령할 준비를 했다.

10월 18일 처음으로 보충요원이 도착했다. 중대에는 장교로 요시쓰구(吉次) 중위, 구리하라(栗原) 중위 2명, 하사관도 병사도 약 50명을 배속받았다. 요시쓰구, 구리하라 두 사람은 다이쇼 시대의 일년지원병 출신으로 나이는 49세와 48세로 중일전쟁에 한 번 소집되었기에 이번이 두 번째 소집이었다. 한 명은 신경증이라는 이유로 지팡이를 짚었다. 중대장인 나보다 2배 이상의 나이였다.

하사관과 병사는 중대에 약 50명을 배속받았다. 보충병이 중심이고 약간의 예비군이 추가되었다. 현역병에 비해 원래 체력이 뒤떨어졌는데, 악주, 장사, 형양, 안인에서 행군해 왔기 때문에 영양실조에 걸리기 직전이었다. 그렇지만 보충원이 추가됨으로써 중대 전력은 충실했다.

이 기간은 차기 작전에 대비하여 휴식과 훈련을 했다. 인원뿐 아니라 장비와 보급품도 도착했다. 보급품 중에는 가루된장 따위의 조미료 외에 담배나 과자 등도 소량이지만 포함되어 있기에 신기해하면서 분배했다.

나는 오랜만에 내지의 신문을 읽을 수 있어서 기뻤다. 7월에 도조 내각이 무너진 후, 고이소 구니아키(小磯國昭)[30] 내각이 탄생했고 8월의 연합군이 파리에 입성했다는 기사를 읽고 전쟁의 장래가 비관적이라고 더욱 강하게 느꼈다. 새로 부임한 구리하라 중위가 고이소 내각에도 들어간 니노미야 하루시게(二宮治重)[31] 문부대신(육군 중장 출신)이 뭔가 해 줄 것이라고 기대한다고 말했는데, 나는 니노미야 중장이 누구인지 몰랐다. 그 외에도 나는 두 중위의 대화에 종종 끼었는데, 그때마다 사회 경험의 차이나 신문을 읽지 못하는 상황 때문에 나의 상식이 많이 부족함을 느꼈다.

행동하는 동안에는 신문을 읽을 수 없어서 정보는 라디오에만 의존했다. 통신대가 무선을 엿들은 덕분에 국제정세나 전황을 알 수 있었다. 하북성에서 주둔하던 시절에는 중대 사무실에 라디오가 있었고 신문도 늦게 오긴 했지만 중대 단위로 입수할 수 있었다. 그래서 간부는 내외 정세를 일단 알 수 있었다. 하지만 1호작전에 참가한 뒤부터는 라디오

....

30) 고이소 구니아키(1880~1945)는 일본의 군인이자 정치가였다. 육군차관, 조선군 사령관, 조선 총독 등을 역임했으며 1944년 내각총리대신에 취임했으나 군과 전략 문제를 둘러싸고 충돌하여 사임했다. 전후 극동국제군사재판에서 A급 전범으로서 종신금고형을 선고받고 복역 중 사망했다.

31) 니노미야 하루시게(1879~1945)는 일본의 군인이자 정치가였다. 육군 참모차장 등을 역임했으며 우가키 가즈시게(宇垣一成) 육군대신을 내각수반으로 옹립하려는 쿠데타의 중심인물이었다. 1934년 예편했으며 1944년 고이소 내각의 문부대신이 되었지만 병으로 사임했다.

도 갖고 갈 수 없었고, 신문도 입수할 수 없었기 때문에 무전기로 NHK 단파방송이나 적국의 대일선전 방송을 들음으로써 정보를 입수했다. 우리 중대가 단독 행동했을 때 통신 분대를 배속받았다. 필요한 통신은 하루 1회 정도이므로 오직 라디오 수신만 시켰다. 나는 내 관심이 강하기도 해서 정보를 입수하기 위해 노력했다. 유럽이나 태평양의 전황도 상당히 알 수 있었다. 그럼에도 통신을 엿들음으로써 얻은 정보에는 한계가 있어서 신문을 오랜만에 모아서 읽을 수 있어서 기뻤다.

차기 작전 준비

진중에 머무는 중에는 차기 작전에 대비해서 훈련하라는 명령을 받았다. 훈련이라 해 봤자 신병 교육 같은 기본교육을 할 여유도 없었고, 그러한 교육이 실전에 도움이 될 듯하지도 않았다. 그보다도 실제로 필요한 것은 행군이라 생각한 나는, 오로지 훈련을 위한 행군을 했다. 이번 행군은 징발을 겸했다. 이제 차릉 주변에는 징발할 물건은 아무것도 남아 있지 않았음은 앞서 말한 그대로였다. 그래서 중대 단위로 행동하여 그때까지 일본군이 휩쓸지 않은 원거리까지 나가기로 했다.

주로 황석포나 영신(永新) 사이에 주로 나갔다. 영신 서남쪽에는 공산군 발상지인 정강산이 있었는데 차릉도 최초의 소비에트 지구가 된 곳이다. 그러한 흔적은 주변에 남아 있었다. 언덕 위 곳곳에 무너질 듯한 보루의 잔해가 남아 있어서 내전의 상처가 눈에 들어왔다. 시가지도 촌락도 모두 전쟁 피해를 입었기 때문인지 황폐하게 느껴졌다.

징발 성과는 차릉으로부터의 거리에 비례하여 멀리 떨어질수록 수확이 많았다. 차릉에 반년 동안 못박힌 일본군이 얼마나 굶주린 하이에나 같은 존재였는지를 알 수 있을 것이다.

이곳에 머무는 동안 전사자 유골을 환송하는 업무를 처리했다. 화북에서 경비를 서던 시절에는 전사자 수도 적고 물자도 풍부했기에 산더미 같은 땔감을 모아 거창하게 화장했다. 하지만 1호작전이 시작된 뒤부터는 땔감을 모으거나 화장에 시간을 들일 여유가 사라졌다. 경한작전이 격렬한 행군의 연속으로 시작된 뒤부터 화장할 여유가 없어서 전사자의 한 쪽 팔을 잘라 행군을 멈추면 그것을 화장하여 후송했다. 상계작전에 들어간 뒤부터는 그럴 여유도 없었고, 또 후송을 하려고 해도 후방의 병참선을 확보하지 못한 상황이므로 결국 손가락 하나만 보냈다. 부대의 사망자는 어떻게든 처리할 수 있었지만 야전병원에 들어가서 죽은 사람이 문제였다. 아마 유골이나 유품이 돌아오지 않는 문제는 병원에서 전병사한 사람 중에 많이 발생했을 것이다. 전후에 유골이 돌아오지 않는다는 고정(苦情)을 들었는데 어쩔 수 없는 이유가 있었다.

이렇게 해서 우리가 차기 작전을 준비하는 동안에도 세계정세나 전황은 급격히 바뀌었다. 유럽에서는 서부전선에서 연합군이 프랑스 전역을 해방하고 독일 국경에 다가가고 있었다. 9월에는 드골(Charles de Gaulle) 장군이 프랑스 임시정부를 수립하여 연합국의 승인을 받았다. 동부전선에서도 소련군이 급격히 진격하여 폴란드, 루마니아, 헝가리, 불가리아, 유고슬라비아, 알바니아 등 동유럽 국가들 대부분을 해방하고 독일 국경에 다가갔다. 전황의 귀추는 이제 결정적이었다.

태평양의 전황도 급격히 바뀌고 있었다. 마리아나 제도에서 패배한 후, 대본영은 첩(捷)호작전을 세워 본토, 난세이제도(南西諸島), 대만, 필리핀 선에 미군이 쳐들어올 때 마지막 결전을 치르려고 했다. 1944년 10월 미군이 필리핀의 레이테섬에 상륙했고 대본영은 첩1호작전 발동을 명령했다. 하지만 레이테 해전에서 연합함대의 주력이 궤멸당하고 육해군도 특공전법에 의존할 수밖에 없게 되어 필리핀의 운명도 결정되었다. 그리고 1944년 11월에는 마리아나 기지에서 출격한

B29가 처음으로 도쿄를 폭격했다.

이러한 상황은 대륙타통작전의 의미가 완전히 사라졌음을 보여줬다. 최후의 유일한 작전목적은 중국에 있는 미 공군 기지의 파괴였으나 사이판의 마리아나 기지가 본토 공습에 딱 좋은 위치였기 때문에 의미가 없었다. 전후 『전사총서』 따위를 통해 얻은 지식에 따르면 대본영에서도 이 시기에 1호작전을 계속할지에 대한 논쟁이 있었다고 여겨진다. 확실히 지금 와서 생각해보면 이런 전황 속에서 이러한 대작전을 계속할 의미는 완전히 사라졌다고 할 수 있다. 하지만 대본영의 핫토리 다쿠시로 작전과장이나 지나파견군의 작전참모는 이 작전을 계속하려는 의지를 바꾸지 않았다. 그것은 본인들이 직접 세운 대작전의 구상에 취했거나 이제 이 전장에서만 가능한, 자유롭게 말을 움직여서 작전을 추진하는 쾌감에 젖어 있었다고 생각할 수밖에 없었다. 지도 위에서 말을 움직이는 병기연습의 감각으로 50만이나 되는 대군이 움직인 것이 이번 작전이었다. 하지만 이러한 경위를 일선에서는 아무것도 몰랐다. 중대장인 나도 부하에게 설명하기 위해 미 공군기지를 파괴하는 의의가 있다고 강조해야 했다.

하지만 그러한 사정은 정보가 부족한 전선 부대가 알 리가 없다. 우리는 단지 새로운 작전에 큰 기대를 품었다. 그것은 일본군의 입장에서 들어간 적이 없는 땅에 먼저 침입하는 희망과 기대였다. 그렇게 되면 풍부한 물자를 얻을 수 있다는 야비한 욕망이었다. 아직 일본군이 휩쓸지 않은 지역이라면 아무리 교묘하게 숨겨놓아도 식량을 찾을 수 있다. 역전의 병사들은 은닉한 물자를 발견하는 데 비교할 수 없는 감각을 가졌다. 그러니까 병사들도 앞으로의 작전이 미지의 지역에서 시행됨을 알고 기대했다.

Ⅲ. 수공작전

수공작전 개시

제11군이 멀리 광서성에 진공한 후 1944년 8월에 제6방면군이 신설되어 제11군과 광동의 제23군, 무한의 제24군이 예하에 편입되었다. 우리 제27사단은 방면군 직할 부대가 되었으나 10월에 호남성 지구에 제20군이 신설되자 그 예하에 들어가 새로운 작전(사단 내에서는 수공작전이라 불렀다)을 준비하게 되었다.

11월 26일 지나파견군이 제6방면군에 작전 실시 명령을 내리고, 또 방면군은 제20군에 명령을 내려 작전을 실행하기로 결정했다. 계획에 따르면 제20군의 주력은 제23군과 협력하여 1945년 1월 중순 월한선 남단의 타통을 꾀한다. 한편 제27사단은 1월 10일 차릉에서 행동을 개시하여 연화(蓮花), 영신을 거쳐 수천, 공주(贛州)로 향하여 그 지역의 비행장들을 파괴한다는 것이었다. 우리 제27사단은 단독으로 강서성에 진공하여 일본군이 들어가지 않은 공남 지방(강서성 남부)에서 작전을 수행하는 것이었다.

새로운 작전을 앞두고 전원에게 동복이 지급되었다. 다가오는 겨울을 앞두고 금주를 출발한 이래 하복만 입고 있었으므로 크게 고마웠다. 이것은 사단 경리부와 병참의 노력 덕분이었다. 나 자신은 대행리에 맡긴 특공행리(特功行李, 장교

155

용 짐을 넣은 고리짝으로 대대의 대행리가 짐말에 실어 운반했다) 안에 든 동복으로 갈아 입었다(나사로 만든 이 옷은 튼튼해서 오래 버텨서 내지까지 입고 돌아와서 전후 학생복 대신 입었다). 문제는 군화로 화사한 장교용 군화는 장거리 행군에 맞지 않았기에 나는 병사용 군화로 갈아 신었다.

여기서 나는 새로운 군복에 병참에서 준 보급품 가운데 있던 대위용 금장(襟章)을 달았다. 우리 제55기생은 1944년 12월 1일부로 대위로 진급했다. 소위 1년, 중위 2년이라는 빠른 진급으로 22세의 나이에 대위가 되었다. 옛날 군축 시절에는 "밤과 복숭아 3년, 감 8년[32], 아무개 대위는 13년"이라고 노래할 정도로 진급이 느렸던 것에 비하면 이상할 정도로 빨랐다. 이것도 간부가 부족했기 때문일 것이다.

연대는 차릉에 집결하여 사단의 주력으로서 1월 10일 전진을 개시했다. 목적지는 우선 호남과 강서성 경계의 만양산맥(万洋山脈) 너머에 있는 연화(蓮花)였다. 사단 우익은 지나주둔보병 제1연대, 좌익은 우리 지나주둔보병 제3연대였고 지나주둔보병 제2연대는 따로 행동했다. 연대는 우선 제2대대를 전위로 삼아 출발했다. 우리는 본대가 되어 연대본부 뒤를 따라 느긋하게 행군대형으로 이동했다.

1월 12일 경계선인 산악지대에 도달하자 전위는 적의 저

----

32) 일본의 속담으로 모든 일이 이루어질 때까지는 시간이 걸린다는 의미이다.

항을 받은 듯 격렬한 총, 포성이 들렸다. 그 후 매일 적의 작은 저항이 이어져서 전방에서 총성이 끊이질 앓았다. 16일 전위와 교대한 제3대대는 성 경계의 마지막 천험(天險)에서 적의 저항을 받아 제12중대장 이하 전사자를 냈지만 돌파했다.

1월 19일쯤 아군은 연화를 점령했다. 연대 주력은 반년 전에 이곳을 통과하여 차릉에 도착했기 때문에 처음 온 것이 아니지만, 따로 행동한 우리 중대에는 미지의 땅이었다. 하지만 시내를 천천히 둘러볼 여유도 없이 바로 다음 목적지인 영신으로 향했다. 당시 우리가 보유한 지도는 대축척인 데다가 조잡해서 현지와 크게 다른 경우가 많았다. 연화와 영신 사이에도 계곡을 따라 도로가 나 있을 텐데 도중에 몇 번이나 산을 넘어야 했다.

1월 22일 영신에 도착했다. 제2대대는 사단 명령으로 여기에 남아 적의 측면공격에 대비하게 되었고 연대 주력은 목표인 수천을 향해 바로 출발했다.

영신 남쪽에는 만양산맥의 지맥인 염산이라는 산이 있었다. 지도상으로는 곡선 두 개 정도의 낮은 산에 불과했지만 실제로는 눈 덮인 일본 알프스급의 산맥이었다. 여기서 우리 제3중대는 좌측위가 되어 동쪽을 경계하면서 본대의 동쪽으로 전진하게 되었다. 도상에서 명령받은 것은 확실히 백사당(白沙塘)이라는 마을에 동쪽으로부터 우회하여 본대에 합류하는 경로였다. 여기서 중대는 또 단독행동을 시작했다.

지도는 완전하지 않아서 도움이 되지 않았다. 일본군이 쓰던 중국 오지 지도는 메이지 시대에 측지반이나 탐정 같은 사람들이 목숨을 걸고 고생해서 만들었다. 하지만 개중에는 지역민으로부터 여기서 반대편까지 몇 리를 가면 무슨 마을이 있다는 말만 듣고 그대로 지도에 표시한 듯한 곳도 있어서 매우 부정확했다. 거리가 몇분의 1인데 몇 배로 잘못 표기했거나 없어야 할 산이나 강이 갑자기 나타났다.

지도가 도움이 되지 않았으므로 나침반으로 방향을 찾아 염산을 왼쪽에서 우회하여 건너편으로 나오기로 진로를 정하고 전진했지만, 험준한 산을 넘는 길을 걸어야 했다. 어쨌든 사람이 지나간 길을 의존해서 산을 넘었다. 길은 점차 험해졌고, 정상을 하나 넘으면 또 정상이 나타나는 본격적인 등산을 했다. 나는 방향만 틀리지 않으면 된다고 생각하여 나침반을 손에 들고 선두에 섰다. 중대는 온종일 고생해서 저녁 무렵에야 지도에 없는 계곡 사이의 마을에 도착했다.

놀랍게도 이 산간 마을에는 주민이 그대로 남은 데다가 우리를 환대해줬다. 말은 통하지 않았지만 아무래도 우리를 다른 지방의 군대로 생각한 듯했다. 어쨌든 그날 밤은 이 마을에 머무르기로 하고 숙영을 준비했다. 그런데 갑자기 주민들이 일제히 모습을 감췄다. 우리가 일본군이라는 사실을 깨닫고 황급히 도망친 것이다. 우리는 그들에게 위해를 가할 생각은 없었으며 나는 일부러 문제를 일으키지 않도록 부하들에게 주의를 줬지만, 그들의 공포심을 누그러뜨릴 수 없었다. 하지만 병사들의 입장에선 주민이 사라졌으니 마음대로 징발을 할 수 있어서 식사나 숙박 준비를 할 수 있으므로 좋은 기회였다.

이 마을은 술을 빚는 마을이라서 곳곳에 있는 특대(特大) 항아리에 투명하고 도수가 센 술이 들어 있었다. 일본군을 취하게 만들어 밤중에 쳐들어오려는 책략일지도 모르니까 적당하게 마시라고 주의를 줬다.

차릉에 머무는 도중 나의 당번병은 보충병인 아키모토 상등병으로 바뀌었다. 아키모토가 "대장님, 술탕에서 씻으십시오. 따뜻합니다"라고 말했다. 보니 큰 항아리 하나에 따뜻한 술이 가득 차 있었다. 모처럼의 호의니까 이 술로 가득 찬 욕조에 들어가기로 했다. 40도를 약간 넘는 수준의 온도라서 들어가 보니까 눈 덮인 산에서 얼어붙은 몸이 따뜻해져서 기분이 좋았다. 다만 목욕을 마치고 보니, 술의 향이 강해서 좀처럼 가시지 않았다. 내 생애 단 한 번뿐인 술로 목욕한 경험이었다.

무사히 아침을 맞이하자, 다시 눈과 얼음으로 덮인 산길을 따라 이동했다. 결국 이틀 걸려서 명령받은 지도상의 백사당이라 생각되는 지점에 도착했다. 대대 주력도 지도상 본도를 따라 이동하여 같은 시각에 도착했다. 본부 사람들의 이야기를 들어보니 주력의 진로는 엄청나게 험준한 3,000m급의 고산이었다고 한다. 그것은 너무 과장했다고 해도 지도에는 없는 높은 산이 확실히 존재했다. 산을 넘는 도중 술 빚는 마을에 하루 머물렀다가 늦은 우리 중대도 본대와 별반 다를 것 없는 시각에 무사히 도착한 셈이었다.

수천정진대

험준한 염산을 돌파하여 남쪽의 백사당에 겨우 집결한 1월 24일 밤, 우리 지나주둔보병 제3연대는 사단으로부터 '수천정진대'가 되어 수천의 비행장을 점령하고 파괴하라는 명령을 받았다. 미군기의 공습을 피해 연일 야간행군을 하여 진절머리가 났던 우리는 이 임무에 흥분했다고 할 수 있다. 연대는 바로 행동하여 이튿날 25일 저녁에 수천 북북서 24km에 있는 하경(下鏡)에 도착했다. 이곳까지 올 때까지 많이 오르락내리락하는 산길이라 말을 끄는 부대는 고생했다.

하경에서 제1대대는 연대장으로부터 수천정진대의 선봉으로서 수천에 진공하라는 명령을 받았다. 대대장 이치가와 소좌는 말을 남기고 기관총과 대대포는 분해해서 인력으로 옮기라고 명령했다. 어쨌든 신속한 행동력을 갖고 하루거리인 수천까지 돌진하라는 명령이었다.

이치가와 사다이치 소좌는 병사에서 진급한 소위후보자 출신이라 이 시기 44, 45세, 내가 연대기수 시절의 연대부관, 중대장이 되었을 때 직속 대대장이라서 무척 관계가 깊었다. 당시 꽤 나이가 들었다고 느꼈지만 내가 그 나이가 되어 보니, 그렇지도 않았다. 나이에 맞게 착실하고 신중했고, 나쁘게 말하면 아무 일이 없길 바라는 듯 보이기도 했다. 그런 이치가와 소좌가 이 경사스런 무대에서 결연히 비행장에 돌진 조치를 취한 사실에 생각지 않게 감탄했다.

27일 저녁부터 정진대의 선견대인 우리 대대는 수천에 돌진하기 시작했다. 첨병 중대는 우리 제3중대였다. 나는 선두 첨병과 동행하여 길을 헷갈리지 않도록 열심히 유도했다. 수천까지 가는 길은 기복이 심한 구릉지 사이를 도로가 꿰매듯 나 있었다. 양쪽 언덕에 적이 있을지도 모르지만, 측위(側衛)를 보내면 미아가 될 우려가 있었다. 조금 위험했지만 도로를 따라가기로 해서 방향을 잘못 잡지 않으려고 했다.

이튿날 날이 밝기 전에 벌써 20km는 걸었을 테니까 비행장이 가까울 것이라고 생각했을 때, 적의 경계병과 충돌했다. 도로 우측에서 사격을 받고 바로 응전하자 적은 퇴각했다. 이대로 돌진하면 언성 때처럼 적의 주진지에 맞닥뜨릴지

도모른다. 노무라 준위의 충고를 듣고 일단 정지해서 주위를 경계하면서 상황을 대대장에게 보고했다. 우측 언덕에 1개 소대를 보내 경계하도록 했다. 이치가와 대대장은 바로 첨병의 위치까지 와서 같이 상황을 살폈다.

지도가 불완전하고 비행장의 형태, 상황도 알 수 없어서 지금 어디에 있는지 몰랐다. 대대장은 오늘은 주간이라도 계속 행진할 결심으로 첨병 임무를 제1중대와 교대시켰다. 이번에는 우리 중대는 대대 후미에 서서 1개 소대를 후위 첨병으로 삼아 출발했다. 대대장은 첨병인 제1중대와 함께 전진하기로 했다.

잠깐 이동하는데 제1중대가 적과 충돌한 모양인지 전방에서 격렬한 총, 포성이 들려왔다. 우리는 첨병중대의 후방에 있는 마을에 들어가 대기했다. 그런 와중에 제1중대가 마을로 후퇴했다. 대대장의 명령에 따르면 대대는 정말로 수천 비행장의 일각에 돌입했으며, 오늘밤 공격을 개시하여 비행장을 점령한다고 했다. 오른쪽 제1선은 제2중대, 좌측 제1선은 제3중대로 바로 오늘밤의 공격을 준비하라고 했다.

이 주변은 몇 개의 작은 마을 외에 병영 같은 건물도 있었다. 어떤 마을에서 휴식과 전투 준비를 하고 날이 저문 후 명령받은 지점에 중대를 전개시켰다. 그곳에서 나는 오른편의 제2중대에 연락하러 가서 중대장인 오가미 시게루(大神茂)

대위와 협의하여 언성 때처럼 뿔뿔이 흩어지지 않도록 주의를 주기로 했다.

돌아오는 길에 작은 마을 밖에서 젊은 중국군 한 명이 큰 소리로 말을 걸었다. 그는 부대가 후퇴할 때 남겨져서 그런지 어리둥절했는지도 모른다. 무슨 말을 하는지 이해하지 못했지만 바로 옆까지 다가왔다. 나는 말없이 군도를 빼고 그의 어깨를 베었지만 당황해서인지 칼날로 베지 못했고, 그가 두꺼운 면옷을 입었던 것도 있어서 부끄럽게도 군도가 튕겨 그의 어깨를 때린 꼴이었다. 그 중국 병사는 이제야 일본군임을 깨달은 듯 큰 소리로 울부짖으면서 도망쳤다. 이 모습을 아무도 보지 않았기 때문에 말하지 않았다. 이것이 수천에서 내가 겪은 유일한 백병전이었다.

비행장에서 현성으로

좌측 선두로서 공격 준비 위치에 중대를 전개하는 도중에 1월 29일의 아침이 밝아왔다. 지형도 점점 또렷히 보였다. 우리 중대는 아무래도 수천 비행장 동북 방향으로 돌입한 듯했다. 그리고 비행장 주변의 구릉지와 마을에도 적진이 보였다. 아군은 그 일부에 돌입했기 때문에 적도 불의의 공격에 허를 찔려 당황한 듯 무턱대고 사격했다. 우리도 대대포와 기관총으로 사격하기 시작했다. 그런 가운데 뒤따르던 제3대대도 우측 언덕의 적진을 공격하기 시작했다.

그래서 정찰해 보니 저 멀리 광대한 활주로가 있었다. 그리고 우측, 즉 산 쪽에는 언덕 위에 적진이 드문드문 구축되어 있었다. 좌측, 즉 강 쪽에는 창고다운 건물이 이어져 있고 역시 병력이 배치된 듯했다. 또 활주로 양쪽 가까이에 비행기 엄체(掩體)[33] 같은 구조물이 보였는데 그곳에도 적이 있을지도 몰랐다. 아무런 엄폐물도 없는 활주로에 뛰어들기는 위험했으나 중대에 하달된 공격목표는 정말로 그 한가운데였다. 나는 이런 상황에서 가능한 신속히 활주로를 가로질러 남쪽의 창고를 공격하는 방법 외엔 없다고 생각했다. 그래도 우선 활주로 바로 앞의 적 진지를 돌파해야 했다. 이 진지는 견고한 토치카로 이루어져 있었다. 대대포와 기관총이 협력하게 되어 공격을 위해 각 소대에 토치카를 하나씩 할당하고 준비했다.

준비가 거의 완료된 정오 즈음에 대대로부터 공격 명령을 받았다. 대대포와 기관총이 불을 뿜었고 중대도 척탄통과 경기관총의 화력을 적진에 집중했다. 이 공격은 준비한 화력의 효과가 나타나 적의 진지가 있는 언덕을 하나씩 점령하여 저녁까지 활주로 바로 앞의 진지를 전부 탈취할 수 있었

....

33) 적의 사격이나 폭격으로부터 인원과 장비를 보호하는 설비. 모래주머니 따위를 쌓아 만든다. - 편집자주

다. 이 전투에서 차릉을 출발한 이래 첫 전사자와 부상자가 몇 명 나왔으나 사기는 왕성했다. 이번 작전의 목표가 된 비행장을 봤기 때문이었다.

저녁에 대대 명령으로 비행장 동북쪽의 개울가의 마을에 집결했다. 이곳에서 아침 공격을 위해 출발할 때 남기고 간 배낭을 가져오게 하거나 사상자 수용과 후송 처치를 했다. 그날 공격으로 비행장 일대의 적은 퇴각한 듯, 조용한 밤 속에 오랜만에 쉴 수 있었다.

이튿날 1월 29일은 수천 비행장에 남아있을 적을 소탕했다. 우리 중대는 활주로 남쪽의 창고들을 소탕했는데 적이 쓰다 남긴 폭탄을 찾은 게 가장 큰 성과였다. 이것은 우리 손으로 처리할 수 없어서 나중에 공병대가 처리하게 했다. 그리고 약간의 식량이 남아 있었다. 소량의 경우 보고하기 전에 발견자의 뱃속으로 들어간 경우도 있었다. 나중에 어떤 병사가 미국 비누는 거품이 잘 나오지 않는다고 해서 보니까 치즈였다는 웃긴 이야기도 있다. 어쨌든 일본군이 쳐들어오자 폭탄과 식량도 내버리고 신속히 퇴각한 미 공군의 기동력과 풍부한 물자에 놀랐다. 전진 비행장인 이 수청의 경우도 활주로를 만들 뿐 아니라 창고나 숙소를 세우고 충분한 보급물자를 축적하고 나서 비행기를 이동시켰다. 물러가기로 결정하면 옮길 수 없는 물건은 아낌없이 버리고 갔다.

물자의 풍부함에 압도될 뿐이었다. 이때도 미군이 버린 레이션(휴대식량)을 몇 개 발견했다. 그것은 빵이나 고기, 채소 등이 딸린 호화로운 식단으로 일본군의 휴대식량이 딱딱한 건빵인 점과 비교하면 도저히 같은 종류의 음식이라 생각할 수 없을 정도로 달랐다. 이것만 비교해 봐도 승패는 명백했다고 할 수 있을 것이다. 미군은 폭탄을 제일 많이 남겼다. 옮기기 위험하다는 이유도 있을지도 모른다. 하지만 이 정도로 많은 폭탄을 아무렇지 않게 버리고 갈 여유가 적에게 있었다.

29일 밤은 활주로 남서쪽의 마을에 머무를 예정으로 준비하고 있는데 갑작스런 명령으로 수천 현성 공격에 참가했다. 우리 제1대대가 비행장을 점령할 때, 제3대대가 현성을 공격했다가 적이 완강히 저항하여 고전하는 모양이었다. 제3대대는 북쪽의 고지대를 이동했기 때문에 제1대대는 남쪽 수강 강변을 따라 전진했다. 대대장은 강가 근처의 평탄한 포장도로를 따라 이동하면 위험하다고 생각하여 수강을 건너 남안을 따라 전진하려고 도하를 명령했지만 강은 폭 100m나 되었고 게다가 수심도 깊어서 걸어서 건널 수 없었다. 배는 한 척만 발견했기에 결국 제1중대만이 남안으로 건너고, 제2, 제3중대는 대대본부와 함께 포장도로를 따라 적의 공격을 무릅쓰고 전진했다.

야간이라 하지만 평탄하고 새하얀 포장도로 위는 잘 보

인다. 양쪽에 적이 대기하고 있어서 전진하기 쉽지 않았다. 처음에 제2중대가 첨병, 대대본부, 제3중대 순서였지만 적의 포화가 격렬한 가운데 제2중대가 도로 우측에 엎드린 사이, 도로 좌측을 이동하던 대대본부가 어느새 추월하고 말았다. 도로 좌측을 이동하던 우리 제3중대도 대대본부의 좌측, 도로와 수강 사이에 산개하여 전진했다. 포장도로와 강이라는 명확한 목표가 있었기 때문에 길을 헤매지 않고 수천 현성을 향해 이동했다.

적화 속을 뚫고 이동하다 멈추는 행동을 반복하는 동안 도로 주변의 마을에 도착했다. 적당한 차폐물로서 이 마을에 들어갔을 즈음부터 적탄이 더욱 심하게 쏟아졌다. 그리고 날이 밝았다. 해가 뜨기 전에 수백 미터 앞에 있는 현성의 벽이 점점 또렷하게 보였다. 날이 완전히 밝기 전에 돌입하자고 판단했던지 대대본부로부터 돌격 명령이 내려왔다. 우측 제2중대, 중앙 대대본부, 좌측 제3중대가 일제히 돌격했다.

뛰쳐나와 거리 전면에 있는 개울을 건너 시가지로 돌입했다. 어쨌든 건물 안에 들어가지 못한 상황에서 날이 밝아 적의 화력에 노출되면 큰일이라고 생각했다. 그 지점이 수천 현성의 일각이었다. 그러니까 우리 중대가 수천에 먼저 들어왔다고 확신했다. 30년 후 이치가와 대대장이 쓴 글을 읽어보니 대대본부가 선두에 서서 현성에 먼저 들어왔다고 썼다. 아마 제2중대도 그렇게 생각했을 것이다. 즉 모두가 일제히 시내에 돌입했다.

잠시 후 대대본부로부터 "제3중대는 중앙도로 남측, 시내 남쪽 반절을 소탕하라"는 명령이 왔다. 서둘러 소대별로 모여 행동하도록 지시하고, 소탕을 시작했다. 적은 아군이 돌입하기 전에 수강 남안으로 퇴각한 듯, 시내에 아무도 없었다. 시민도 전부 도망쳤다. 하지만 어제까지 일상생활을 보낸 듯 준비된 식사가 그대로 남아 있던 집도 있었다. 특히 모두를 기쁘게 만든 것은 과자 가게였다. 막 구운 케이크와 비슷한 중국 과자가 많이 남아 있어 오랜만에 달콤한 과자를 먹었다.

현성 동쪽 입구 근처의 큰길에는 미군을 상대로 하는 듯 영어 간판이 걸린 작은 음식점이 있었다. 술도 남아 있었고 농촌 출신 병사들이 본 적도 없는 음식도 많았다. 제3대대도 뒤따라 입성했다. 1월 30일 밤은 수천 성내에서 오랜만에 천천히 쉴 수 있었던 데다가 배불리 먹었다.

수천 현성은 일본군이 처음으로 점령한 미지의 땅이었다. 게다가 우리 부대가 빨리 진격했기 때문에 주민이 피할 시간적 여유가 없었던 것인지 풍요로운 도시 주민의 생활의 향기가 그대로 남아 있어서 그들이 몸만 빼서 도망쳤다는 느낌을 똑똑히 느낄 수 있었다. 막 준비된 식사가 따뜻한 그대로 남아 있었고, 깔려있는 이불도 아직 따뜻했다. 지금까지 지나왔던 황폐한 농촌 지대의 민가와 전혀 다른 모습이었다.

공주에서 신성으로

수천을 점령한 후 사단의 목표는 강서성 남부의 중심 도시이자 미 공군기지가 있는 공주였다. 이번에는 지나주둔보병 제1연대가 선봉이 되어 우리 연대보다 앞서 전진했고, 우리 대대는 사단 직할이 되어 후위 임무를 맡았다.

후위라고 해도 후방에서 따라오는 적은 없어서 느긋하게 행군했다. 이 공남 지방은 1930년대 전반 국공내전의 무대로 그다지 풍요롭진 않았으나 장개석의 신생활운동[34]의 발상지답게 농촌도 청결했다. 대대는 2월 초 즈음 공주를 통과했는데 성내에는 상당히 사람이 돌아다녔는데, 모두 긴 남색 소매의 옷을 입은 남자들이었다. 이것도 신생활운동이 철저했던 결과라는 생각에 놀랐다.

대대는 2월 9일 신성(新城)에 도착했다. 대대는 다시 대수(大慶, 남안南安)로 향했지만 우리 중대만은 이곳에 남아 연대본부를 직접 호위했다. 신성에는 공사 중이던 광대한 비행장이 있었다. 거리엔 사람이 거의 없었고 일부는 소실되었다. 중

....

34) 1934년 장개석이 전개한 사회운동.

대는 이곳에서 1주일을 보냈지만 최대의 관심사인 식량을 마련하는 데는 그다지 고생하지 않았다. 일본군이 약탈하지 않았기 때문에 상당한 양을 징발했다.

제3대대가 신성에 도착했기 때문에 중대는 연대본부를 지키는 임무를 마무리하고, 대대에 복귀하기 위해 2월 15일 중대 단독으로 신성을 떠났다. 대대가 먼저 도착한 대수까지 25km 거리인데 하루 만에 이동하여 저녁에 도착했다.

대수는 강서성 서남단의 광동성의 경계에 가까운 곳에 있으며 남안이라고도 한다. 중국군의 병참기지인 듯 병참 병원이 남아 있어서 위생자재를 많이 손에 넣었다. 특히 이곳에서 대량으로 입수한 말라리아 예방약인 염산키니네 당의정은 큰 도움이 되었다. 보급이 두절되어 키니네가 사라진 뒤부터 말라리아는 큰 위협이었다. 영양실조에 걸려 체력이 약해진 데다가 말라리아에 걸리면 쇠약해져 죽는 경우가 많아서 전병사의 큰 원인이었다. 여기서 키니네를 대량 입수하여 많은 생명을 구했다. 또한 이곳은 텅스텐을 대량 생산했기 때문에 과산(過酸)이나 정련공장도 있었다. 현재 일본의 입장에서 텅스텐은 필수 자원이기에 입수하는 것도 작전 목적이라고 들었지만 보물산에 들어왔어도 어떻게 할 수 없었다. 자원을 손에 넣어도 내지로 옮길 수단이 없었다.

압수물자 중에서 가장 도움이 된 것은 500톤의 현미였다. 군용이었기 때문에 탈곡해서 보존하고 있었을 것이다. 덕분에 주식 걱정은 하지 않아도 되었다.

대수에서 위생자재를 획득하고 한숨 돌렸다고 하나 일본군의 입장에선 위생자재 보급의 두절이 심각했다. 전투에 직접 관계가 없다는 이유로 위생자재 보급을 중시하지 않았는데 그로 인해 위생자재가 부족하여 얼마나 많은 장병이 목숨을 잃어 부대의 전력이 저하되었는지 모른다. 말라리아 특효약인 키니네가 바닥나서 말라리아 환자와 사망자가 많이 발생했다. 또한 부상자를 치료할 때 필요한 가스괴저나 파상풍 혈청의 부족도 심각한 문제였다. 혈청이 부족하여 손이나 발을 다친 사람이 혐기성 균에 감염증이 발생하기 쉬워졌다. 감염증에 걸릴 경우, 조기에 괴사한 부위를 절단해야 하지만, 수술용 마취제도 부족한 상황에서 생명이 소중했기 때문에 마취하지 않고 손이나 발을 절단한 경우도 있었다. 이러한 상황 속에서 부상자를 간호해야 했던 군의관은 불쌍했다고 말할 수밖에 없다.

대수에 대대가 오래 주둔하게 되었으므로 주민을 다시 모아 도시를 복구했다. 대대본부 직할 복구대가 만들어져서 두 번째 대장으로 우리 중대 소속의 구리하라 중위가 임명되었다. 구리하라 중위는 니노미야 하루시게 문부대신을 기대한다며 나를 현혹했듯, 우익적인 사고를 가지고 있는 중국

전문가였다. 주민을 선무하는 부흥대장으로서 적임이었다고 할 수 있다. 주민도 점점 돌아오기 시작했고 가게 문도 다시 열려서 물건이 돌기 시작했다. 무엇보다도 우리가 쓴 저비권(儲備券)이 법폐(法幣)보다도 비싸게 통용된 사실에 놀랐다(저비권은 왕조명 정권의 저비은행이 발행한 은행권이다. 한구에서 북경 정권의 연은권과 교환되어 급료도 저비권으로 지급했다. 법폐는 국민 정부 쪽의 사대은행권이다.).

이곳에 머물던 2월 하순에 연대장 오노 오사무 대좌가 광동에 주둔한 제23군 사령부 근무(신설된 여단장 요원의 자격으로서였다)를 명받았다. 오노 대좌는 내가 연대기수로서, 또 중대장으로서 모신 상관으로 존경할만한 연대장이 아니었지만, 여러 가지 추억이 있었던 인물로 나중에 광동에서 다시 만났다. 오노 대좌는 우리 부대가 보수 작업에 참가한 신성 비행장에서 비행기를 타고 광동으로 부임했다고 한다.

3월 들어 사단은 광동의 제23군의 예하에 들어가 미군의 중국대륙 상륙에 대비하여 광동 동쪽의 혜주(惠州)를 향해 남하했다. 지금까지 서쪽에서 치른 작전에서 180도 전환하여 동쪽에서 작전을 준비했다. 이 시기 필리핀은 완전히 미군의 손에 떨어졌고, 다음은 대만이나 오키나와, 아니면 중국 동남 해안에 미군이 상륙하리라 예상되었다. 지나파견군도 동쪽으로 방향을 틀려고 했다.

3월 중순부터 사단은 혜주를 향해 남하하기 시작했다. 대대는 사단의 최후미가 되어 출발하여 매일 같이 대수를 지나가는 부대들을 배웅했다. 사단의 경로는 대수를 지나 광동성으로 들어가서 남웅, 시흥(始興)을 거쳐 소관(韶關, 곡강曲江이라고도 한다)에 이르러 다시 혜주로 향했다. 대수에 약 1개월 머무르는 동안 치안은 회복되었고 주민도 돌아와서 전화로부터 복구 중이던 이 도시와도 헤어졌다.

Ⅳ. 중국 전선에서
본토결전사단에

보병학교 전근명령

3월 20일쯤 보병학교 교도대에 부임하라는 전보가 들어왔다. 3월 11일쯤 내려진 발령으로 도착하기에 시간이 꽤 걸린 듯했다. 내 입장에선 아닌 밤중에 홍두깨였다. 언제 끝날지 모르는 이 전쟁, 게다가 전략의 초보가 보더라도 승리할 가능성이 전혀 없는 이 전쟁에서 생사를 같이 한 부하들에 둘러싸여 언젠가 죽을 것이라고 생각했는데 내지로 전근하다니 생각하지도 못했다.

게다가 생사고락을 같이 한 동료나 부하들을 남기고 나 혼자 일본에 돌아가다니 개운치 못한 심정이었다. 그래서 보병학교란 임시 명령으로 어딘가 섬의 수비대에 갈 것이라고 주변에 말했다. 사실 이 명령은 본토 결전을 위해 신설한 기동사단(결전사단)의 대대장 요원으로 단기간 대대장 교육을 하기 위한 것임을 나중에 알았다.

그런데 보병학교가 있는 지바(千葉)까지 오라는 명령을 받았지만, 강서성 서남쪽 끝에서 어떻게 돌아가야 할지 쉬운 일이 아니었다. 지금까지 병참선인 형양, 장사, 한구 루트는 이미 사단이 남지군(제23군)에 전속됨으로써 끊겨졌다. 그래서 일단 광동까지 가서 뒷일을 생각하기로 했다. 다행히 연대가 남웅, 소관을 거쳐 혜주까지 가기 때문에 적당한 지점까지는 그대로 중대와 동행하기로 했다. 화북을 출발한 이래 생사를 같이해온 중대 하사관이나 병사들과 이별하기 힘들었던 것도 이유였다.

연대본부에서 중대장직을 선임 중대 소속 장교인 요시쓰구 중위에게 인계하라는 명령을 받았다. 연대장인 오노 대좌는 이미 떠났고, 후임인 모리타 쇼사쿠(森田庄作) 중좌는 아직 부임하지 않았기 때문에 부관인 쓰가네(津金) 대위가 배려했을 것이다. 중대장이 아닌 나는 광동까지 당번병과 함께 가라는 중대의 호의로 아키모토 상등병을 데리고 갔다.

사단 주력은 지나주둔보병 제2연대를 공현 수비를 위해 남기고, 3월 13일 출발하여 광동성으로 향했다. 사단이 통과한 후, 지나주둔보병 제3연대의 주력도 3월 19일에 신성을 출발하여 사단을 쫓아 남하했다. 제1대대는 이 부대들을 전부 보낸 후, 사단의 최후미가 되어 3월 20일 대수를 떠났다. 그날 강서, 광동성 경계인 매관령(梅關嶺)을 넘어 광동성 북단의 남웅에 도착했다. 이곳도 미군 비행장이 있었기 때문에 제40사단이 점령했는데, 시가지는 파괴되지 않고 북적였다.

이번 행군은 사단사령부와 산포 등 특종 부대가 먼저 이동했기 때문에 속도가 느려서 느긋하게 행군했다. 중대장으로서의 책임이 없어졌으므로 나도 느긋하게 걸어야 했지만 다양한 생각이 나서 복잡한 심경으로 행군했다. 지금까지 고생한 추억, 후회나 분함이 차례대로 떠올랐다. 아무런 일도 없는 느긋한 행군이므로 여러 가지를 생각했을지도 모른다.

대대는 3월 25일 소관에서 하루거리인 주전허(周田墟)라는 마을에 도착하여 사흘 동안 쉬었다. 이곳에서 신임 연대장인 모리타 쇼사쿠 중좌가 부임했다. 나는 인사는 했으나 모리타 중좌는 무뚝뚝하게 응대했다. 이제 볼일이 없는 인간이었기 때문일 것이다.

사단이 떠난 후 공현에 남은 지나주둔보병 제2연대는 일본군이 대부분 떠난 사실을 알고 탈환을 시도하는 중국군의 격렬한 공격을 받아 계속 고전했다. 그래서 사단은 우리 지나주둔보병 제3연대에 공현으로 다시 돌아가서 지나주둔보병 제2연대를 돕도록 명령했다. 그래서 연대는 제1, 제2대대를 공현에 보내고 지금까지 걸어온 길을 서둘러 되돌아갔다.

대대가 돌아갔기 때문에 나는 동행할 수 없었다. 다행히 위생대가 소관에 간다고 하므로 동행했다. 위생대는 호남성에서 우리 중대가 몇 번이나 호위해 준 적이 있으므로 위생대장 이하 인원들과 친했다. 위생대 대열의 후미에 붙어 3월 31일 소관에 도착했다. 여기서부터 아키모토와 둘이서 움직였다.

소관은 제23군의 병참기지라서 병참사령부가 있었다. 그곳에 출두하여 광동에 가는 교통편을 묻자 딱 북강(北江)을 따라 내려가는 배편이 있다고 말했다. 거기에 편승시켜 달라고 의뢰했지만 주간에는 미군기가 방해하므로 배편은 야간에만 움직이는데 오늘 밤에 출발한다고 했다.

병참이라는 단어는 작전군에 필요한 군수품을 공급, 보충하는 행위의 총칭이며 병참선, 병참지 등으로 썼다. 병참지는 병참을 위한 요지로 병참지구 사령부(지부, 출장소)가 개설되어 있는 곳으로 통행하는 인마의 숙박, 급양 등을 다뤘다. 나 같은 여행자는 가는 곳마다 병참사령부(통칭 병참)의 신세를 졌다. 보충병이나 기타 임무 때문에 부대를 떠났다가 돌아가는 자도 병참의 관할이었다.

4월 1일 저녁에 군 직할 수로수송대의 배를 타고 소관을 떠났다. 북강은 주강(珠江)의 지류지만 생각보다 큰 강이라서 양인 전혀 보이지 않는 가운데 배는 쾌적하게 이동하여 이튿날 아침 광동 부두에 도착했다. 화남 지방도 미 공군이 제공권을 장악하여 하천의 항로는 낮에는 이용할 수 없는 실정이었다. 이날(4월 1일)은 오키나와 본도에 미군이 상륙한 날로 일본에 절망적인 상황이었다. 나의 귀국길도 전도다난(前途多難)했다.

4월 2일 오전, 광동에 도착하니 부두 근처에 있는 병참 사령부에 출두하여 아키모토의 숙박과 원대복귀까지 수송을 의뢰했다. 또한 나는 일단 그날 가이코샤에 숙소를 잡고 군사령부에 출두하기로 했다. 지금까지 신세를 진 아키모토

와는 여기서 헤어졌다. 앞으로도 몸을 소중히 하고 살아서 돌아가라고 말한 것이 마지막이 되었다. 그 후 아키모토는 원대복귀한 후, 장강 북상작전 중 지뢰를 밟아 두 다리를 잃고 전상자가 되어 귀국했다.

아키모토와 헤어지고 바로 군사령부에 갔다. 먼저 참모부에 가서 신고를 하니 작전담당 같아 보이는 소좌 계급장을 단 참모가 제27사단의 상황을 꼬치꼬치 물었다. 나는 일선 중대장의 입장에서 보급상의 요망을 상세히 말하고, 특히 탄약에서는 척탄통의 유탄, 장구류는 군화가 문제라고 말했다. 계속되는 행군 때문에 군화는 심하게 소모되어 징발한 포제 중국 신발을 신은 병사가 많았다.

장기간의 보급부족과 징발의 곤란함 때문에 영양실조가 확산되어 병력 소모의 최대 원인이 전병사인 실정을 말하니, 참모는 놀랐다. 제27사단이 예하에 들어왔으니까 군 참모는 직접 부대를 시찰하여 더욱 실정을 파악해야 한다고 생각했다.

참모부를 나서는데 연대 선배인 모리가키 히데오(森垣英夫) 소좌와 딱 마주쳤다. 모리가키 씨는 육사 50기생으로 나보다 4대 전의 제3중대장, 내가 소위로 부임했을 때는 보병포 중대장이었다. 하간에 주둔했기 때문에 만날 기회가 많아서 여러 가지로 신세를 졌다. 그 후 육군대학교에 입학하게 되어 연대를 떠난 이래 3년 만의 재회였다. 그는 제5항공군 참모로서 여기 있다고 말했다. 운 좋게도 그는 나의 부임을 위해 비행기를 어떻게든 마련해 주겠다고 약속했다.

그러고 나서 경리부에 갔다. 아버지가 뉴기니에서 남지군의 경리부장으로 전출된 사실은 편지를 읽고 알았기 때문에 참모부에서 전화를 걸었다. 아버지는 놀란 듯했지만 매우 기뻐했다. 경리부에 도착하니 아버지는 기다리고 있었는데 먼저 "말랐구나"라고 말했다. 2년 전 창현에서 만났을 때 나는 퇴원 후라서 살이 뒤룩뒤룩 쪄 있었으나 지금은 2년 동안 이어진 작전과 영양실조 때문에 여위어 있었다.

경리부장실에서 아버지와 잠시 이야기했다. 아버지는 상계작전 전투사령소에서 돌아온 참이라서 아직 작전 중의 흥분이 남아 있는 듯했다. 하지만 전쟁의 전망에 대해서 물어보자 "이젠 끝장이야"라고 말하며 빨리 전쟁을 끝내는 쪽이 좋다는 의견을 말했다. 확실히 지난 4월 1일에는 미군이 오키나와 본도에 상륙하여 전황은 이제 절망적인 상황이었다.

아버지의 관사에 머물면서 비행기를 기다렸다. 빨리 경리부장 관사에 가보니 화려한 서양식 건물로 하얀 옷을 입은 보이가 연락을 받았던지 마중을 나왔다. 안내받은 객실은 욕조와 침대도 처음 보는 훌륭한 물건인지라 놀랄 뿐이었다. 아버지가 오늘은 특별한 날이라며 저녁을 밖에서 먹자고 했다. 그곳은 일식집으로 고상한 여주인에게 접대를 받으면서 역시 처음으로 호화로운 요리를 대접받았다. 잘 때도 처음으로 기분 좋게 잤고, 이튿날 아침은 나를 마중 나온 보이가 준비한 커피, 계란 요리, 빵으로 구성된 서양식 아침식사를 처음으로 경험했다. 경리부장은 매우 사치스러운 생활을 하고 있다고 느꼈다. 원래 민간인의 집이었던 곳을 접수해서 쓴다고 했다.

아버지의 관사에서 며칠을 보내고 4월 10일 전후 즈음 제5항공군으로부터 내일 남경으로 가는 비행기를 타라는 연락이 있었다. 정찰기라서 짐은 최소한으로 하라는 말을 들었다. 아버지는 집에 보낼 선물들을 들려 보내려고 했는데 결국 아버지로부터 받은 보스턴백 하나에 내 짐을 전부 넣기로 하고 대부분을 남기기로 했다.

이튿날 아침 사령부의 차를 타고 비행장에 가서 정찰기를 탔다. 비행기는 태어나서 처음으로 탔다. 조종사가 "대위님, 후방을 살펴 주십시오."라고 반쯤 위협하듯 부탁했다. 미군이 제공권을 장악한 상황 속에서 주간 비행은 목숨을 건 도박이었을 것이다. 비행기는 저공으로 비행하여 점심 즈음 무사히 남경에 도착했다. 오는 도중에 나는 어디를 날고 있는지 전혀 몰랐다. 남경 비행장에 내려 총군(지나파견군을 말한다) 사령부에 바로 갔다.

참모부에서 신고를 마치자 참모 한 명이 이야기를 듣고 싶다며 지도와 함께 나를 별실로 끌고 갔다. 그리고 그는 나에게 제27사단은 지금 혜주에서 또 장강 연안으로 북상하기로 되었는데, 어떤 경로를 지나면 좋은지 의견을 듣고 싶다고 말했다. 병참참모인지 작전참모인지 모르지만, 꽤 식견이 없는 질문을 한다고 생각했다. 나는 바로 일선 부대에서는 반드시 일본군이 한 번도 지나가지 않은 경로를 선택하기를 희망한다고 대답했다. 물론 식량을 징발하기 위해서는 지금까지 약탈하지 않은 곳이 좋다는 의미였다.

이것도 참모가 실정을 모르기 때문에 한 일로 때마침 전출을 위해 온 중대장에게 이야기를 듣는 것이 아니라, 전선에 나가서 늘 전선을 시찰하여 실태를 파악해야 했다. 나는 1년 동안의 작전행동 중 총군, 군, 사단의 참모를 한 명도 보지 못했다. 위에서 이러한 나의 의견을 받아들였는지 제27사단은 혜주에서 방향을 틀어 북상하여 공주에서 길안(吉安), 남창(南昌) 등지에서 싸우면서 강서성 중앙을 돌파하여 구강(九江)으로 향했을 때 항복을 맞이했다.

4월 11일 남경에서 기차를 타고 상해에 도착했다. 상해에서는 가이코샤에 머무르며 비행기를 기다렸다. 여직원으로부터 "언제 비행기를 탈지 모르니까 외박하지 말아요"라고 주의를 받았다. 상해 시내의 물가가 비싸서 놀랐다. 저비권은 저울로 재서 거래할 정도로 가치가 떨어졌다. 중국인은 이제 일본의 패배는 시간문제라고 보는 듯했다.

그동안에도 오키나와에서는 격전이 이어졌다. 육해군 모두 활발하게 특공기를 투입하여 전과를 화려하게 보도했다. 일본 비행기에 대한 미군의 경계도 당연히 엄중해졌을 것이다. 상해에서 오키나와 근방을 지나 후쿠오카로 나는 것은 매우 위험했다. 비무장에 속도가 느린 수송기가 언제 떠날까? 상해에서 오갈 데 없는 나날을 보냈다.

4월 19일, 아직 일어나지 않았는데 여직원이 "대위님, 비행기가 출발합니다"라고 시끄럽게 말하기에 깼다. 비행장에 도착하니 일본항공의 비행기가 기다리고 있어서 황급히 탔다. 50명 정도가 앉을 수 있는 자리는 만석이었다.

비행기는 레이더를 피하기 위해서인지 바다 위를 저공으로 날았다. 미군기에 발견되면 끝장이라 생각하며 그저 무사하기를 빌 따름이었다. 도중에 기적이라고 해도 좋을 만큼 아무 일 없이 점심 즈음 후쿠오카의 이타즈케(板付) 비행장에 착륙하여 4년 만에 생각지도 않게 일본의 땅을 밟았다. 전장에 남은 동료들에게 면목이 없다는 기분과 무사히 돌아온 기쁨이 교차했다.

결전사단의 대대장

후쿠오카에서도 우선 병참에 출두하여 지바까지 가는 승차권을 받았다. 보병학교가 지바의 요쓰카이도(四街道)에 있는 것은 알고 있어서 지바를 목적지로 했다. 전보 명령을 받고 나서 벌써 1개월 가까이나 지났기 때문에 늦은 김에 가족에게 들리기로 했다. 도쿄가 공습을 받고 있기 때문에 아마 어머니와 누이들은 나라현 다카다에 사는 큰외삼촌의 집으로 피했을 것이라 고 생각하여 첫 행선지를 그곳으로 잡았다. 후쿠오카에서 오사카까지 기차를 타고 가서 그리로부터 다카다까지 전차를 타고 이동하여 이틀만에 큰외삼촌의 집에 도착했으나 예상이 빗나가서 가족들은 아직 도쿄에 있다고 하기에 하루 머물고 도쿄로 향했다.

기차 안은 혼잡했고 승객의 상태도 살기등등했다. 이것이 공습을 받는 일본의 모습이라는 느낌이 들었다. 도중에 식사도 제대로 못해서 다카다의 외숙모가 도시락을 만들어 줘서 다행이었다. 기차가 도쿄에 거의 도착하자 3월 10일의 공습의 흔적이 생생히 남아 있었다. 전체적으로 음침한 느낌이 드는 수도의 모습이었다.

4월 22일 아침 도쿄역에 도착하여 성선전차를 타고 나카노역으로 향했다. 야마노테 일대는 아직 공습 피해를 입지 않았다. 나카노역에서 걸어서 집에 도착했다. 현관문을 열고 "돌아왔어요"라고 말하니, 먼저 둘째 동생, 그리고 어머니가 나와서 깜짝 놀라 소리를 지르고는 무사히 돌아온 것을 기뻐했다. 그리고 아버지가 맡긴 어머니에게 보내는 편지와 선물을 건넸다.

집안은 휑했다. 중요한 가구는 구니타치(国立) 앞의 야호(谷保)의 농가에 맡겼다. 또한 나라로 소개할 예정이라 짐도 조금씩 보내는 중이라고 했다. 식량 사정이 나빠서 짐을 맡긴 농가가 때때로 고구마를 준다고 했다.

집에 하루 머물고 이튿날 4월 23일에는 요쓰카이도의 보병학교에 출두했다. 학교 본부의 인사계 하사관이 말하길, 나는 본토 결전을 위해 새로 편성된 기동사단의 대대장 요원으로 보병학교에서 교육을 받는다고 했다. 하지만 교육기간은 이미 끝났다.

원래 일본의 전시 동원의 결함은 인원에 중점을 두고 동원의 기초가 되어야 할 국력, 경제력의 조성을 등한시한 데 있었다. 사람을 동원할 뿐이라면 소집영장 한 장으로 가능하지만, 무기, 탄약, 자재 따위를 비롯한 막대한 군수물자를 동원하기 위해서는 그것을 가능하게 하는 공업력을 중심으로 한 국력이 필요하다. 하지만 국력이 매우 불충분하면서 세계 제일가는 경제대국 미국에 도전했으니 전시 동원은 인원만 모으고 무기, 탄약과 그 외 모든 것이 충분하지 않은 상황이었다. 그래도 사람을 모으는 부대의 편성만은 앞섰다.

레이테 결전을 단념하고 필리핀을 결정적으로 잃게 된 1945년 초, 대본영은 본토 결전을 준비하기 시작했다. 1월 20일 대본영은 『제국육해군작전계획대강』을 결정하여 본토 결전 계획을 본격적으로 세우기 시작했다. 육군의 경우 그 개요는 1945년 2월 28일에 발령한 제1차 병비(兵備)에서 일단 관동군에서 2개 사단을 내지로 이동시킨 것 외에 연안경비사단 18개(개중 조선 2개) 등을 동원하는 대규모 계획이었다. 또 4월 2일에는 제2차 병비를 발령했다. 이것은 8개 결전사단의 동원을 포함한 계획으로 미군이 상륙하면 기동을 통해 상륙부대와 결전을 치르기 위한 사단으로 뛰어난 소질을 갖춘 요원과 우수한 장비를 할당받았다. 나는 이 제2차 병비의 결전사단인 제216사단의 대대장 요원이었다. 이어서 5월 23일 발령된 제2차 병비에서 결전사단 8개, 연안경비사단 11개 등을 동원했기 때문에 본토에는 45개 사단, 15개 독립혼성여단, 그 외 전차, 중포 등 다수의 부대를 포함한 300만의 대군이 편성되었다. 하지만 이 대병단은 지상(紙上) 계획일 뿐이라서 장비와 무기는 완전히 조잡했다. 후술하듯 인간만 모았을 뿐 실상은 전력이라 할 수 없었다. 나는 부대에 부임한 뒤 그런 실상을 알고 실망했다.

나는 보병학교에서 하숙집과 식량을 받고 2, 3일 대기했다. 그리고 4월 27일 제216사단 예하의 보병 제524연대의 대대장에 임명되었다. 이 연대는 현재 히메지(姬路)에서 편성 중이라고 하므로 바로 히메지로 출발했다. 도쿄를 떠나 공습의 흔적이 생생한 요코하마, 나고야, 오사카, 고베를 보면서 두 번째로 도카이도를 따라 여행했다.

4월 29일 히메지에 도착하여 시 북쪽 교외에 있는 연병장 옆에 있는 병영에 도착했다. 원래 이곳은 제10사단의 보병 제39연대의 병영으로 전쟁 전부터 쓰던 목조 건물이 남아 있었다. 휴일이라 연대장 이하 간부는 출근하지 않았다. 주번사령에게 인사를 하니, 대대 부관인 나카하마(中浜) 중위가 헐레벌떡 출근했다. 그리고 나를 위해 마련한 하숙집에 안내했다. 하숙집은 긴코교(金光教)[35]의 히메지 교회로, 시의 번화가 한가운데에 있었다.

이튿날 연대에 출근하여 연대장 이하의 간부에게 부임 인사를 했다. 연대장은 아직 젊은 41기생 가타오카 다로(片岡太郎) 중좌였다. 어디서 들은 이름이라 생각했는데 1934년에 있었던 사관학교사건(11월사건)[36]에 관련되어 정직처분

....

35) 1859년 탄생한 일본의 신도 계열 신흥 종교.
36) 1934년 육군 청년장교들과 사관후보생들이 쿠데타를 모의하다가 발각된 사건. 하지만 당시 육군의 실세 파벌인 통제파가 황도파를 제거하기 위해 꾸민 음모라는 주장도 있다.

을 받은 인물이었다. 제1대대장은 53기 미타(三田) 소좌, 제2
대대장은 54기 후지바야시(藤林) 대위, 그리고 내가 제3대대
장이었는데 모두 젊은 20대 현역 장교였다. 이것이 결전사단
의 내역이었다. 그런데 내 부하인 다섯 명의 중대장, 대대부
관은 모두 간부후보생 출신의 예비역 중위들이었다. 당초 일
본 육군에는 1883년에 제정한 일년지원병이라는 예비역 간
부를 보충하는 제도가 있었다. 대상자는 관, 공립 중등학교
이상의 학교를 졸업하고 복무 중 비용을 낼 수 있는 자로, 1
년만 복무하고 예비역 소위로 임관하는 제도였는데, 1927년
에 병역법을 제정하면서 일년지원병은 폐지되고 간부후보생
제도가 생겼다. 비용 지불과 복무기간 단축제는 폐지되었고
장교를 보충하는 갑종 간부후보생과 하사관을 보충하는 을
종 간부후보생으로 구분했는데, 육군예비사관학교에서 교
육을 받은 갑종 출신 장교의 능력은 일년지원병 출신 장교보
다 훨씬 뛰어났다. 하지만 현역으로 징병된 후 학력이 있기 때
문에 장교나 하사관에 임용된 예비역 간부라는 사실에 변함
은 없었다. 중대장급 간부는 중일전쟁에서 한번 소집되었다
가 소집해제로 일단 고향에 돌아간 후, 다시 소집된 중년들이
었다. 그래도 전장에서는 다이쇼 시대의 일년지원병 출신 장
교들이 보충되었던 사실과 비교하면 아직 젊다고 할 수 있지
만, 연대 내의 현역 장교는 연대장과 대대장뿐이고 나머지는

예비역이었다. 하사관, 병사들도 도저히 결전부대라고 할 수 없는 수준으로 보충병이나 국민병이 다수 포함되어 있었다.

결전사단이라 할 수 없는 것은 인간뿐 아니라 오히려 장비였다. 편제는 종래보다는 훨씬 화력을 중시하게 되어 대대는 4개의 일반 중대, 기관총 중대, 박격포 중대로 구성되었다. 일반 중대는 4개의 소대로 구성되며 제1 내지 제3소대는 일반 소대, 제4소대는 기관총 소대였다. 일반 소대는 경기관총을 보유한 일반 분대와 중척탄통 3문을 갖춘 제4분대로 구성되었다. 중대의 기관총 소대는 중기관총 1정을 보유한 2개의 분대로 구성되었다. 대대의 기관총 중대는 전총대 2개 소대와 탄약소대로 구성되고 중기관총 8문을 보유하도록 했다. 박격포 중대는 지휘소대, 전포대, 중대단열로 구성되고 12cm 박격포 4문을 보유하도록 했다. 편성표 속의 대대의 총 인원은 1,211명, 말 185마리, 소총 567정, 중척탄통 37문, 중기관총 16문, 경기관총 36문, 박격포 4문이라는 종래의 편성과 비교하면 상당한 화력장비를 보유했어야 했다. 일반 중대라도 중기관총 2정을 갖고, 대대에 중기관총 16정, 12cm박격포 4문을 갖도록 한 것이다.

그런데 이 화력장비는 종이에 적혀 있을 뿐이었다. 대대가 실제로 보유했어야 할 박격포도, 기관총도 있기는커녕 받지도 못했다. 하물며 있어도 탄약도 없으니까 실탄사격 훈련이 가능할 리가 없었다.

또한 이 결전사단의 편성장비 중에서 문제라 생각되는 것은 아직 말에 의존하여 기동력이 없는 점이었다. 중기관총은 말에 실어 옮겼고, 12cm 박격포도 말로 끌었다. 대대의 행리도 말로 편성되어 대대에 200마리에 가까운 말을 보유하게 되어 있었다. 하지만 마릿수도 갖추지 못했고, 무엇보다도 부대원의 대부분을 차지한 소집병의 자질이 문제였다. 중일전쟁 이래 계속되는 동원 때문에 일본의 모든 농가에서 말이 거의 사라진 상황 속에서 본토 결전을 위해 남은 말을 전부 징발한 탓인지 병든 말이나 늙은 말, 체격이 떨어지는 말 등 규정에 맞지 않는 말이 대부분이었다. 대부분의 말이 전혀 훈련을 받지 못했기 때문에 말등으로 수송하기 위해 안장을 얹거나 끌고 가기 위해 수레에 연결하려고 하면 싫어하며 엄청나게 날뛴 데다가 말을 다루는 병사들도 말을 접한 적이 없는 도시 출신이었기 때문에 말에 익숙해지기 전까지 무척 고생해서 훈련은 쉽지 않았다. 결전을 위한 기동사단이라는데 기동력을 말에 의존해서야 미군의 압도적 폭격에 노출되면 결전장에 도착하지 못하는 것이 현실이었다.

더군다나 대전차포나 지뢰도 없었다. 지뢰를 안고 전차에 뛰어드는 훈련은 했지만 지뢰를 언제 받을 수 있는지 예측도 할 수 없었다. 요컨대 결전사단이라 해봤자, 내용을 보면 도저히 결전이란 이름의 값어치를 하지 못했다. 특히 장비는 심하게 뒤떨어진 수준이었다.

그러한 사정도 있어서 연대의 사기는 왕성하다 할 수 없었다. 무엇보다도 식량 사정이 나빠서 병사들의 건강도 충분히 유지할 수 없었다. 연습이라고 해 봤자 기껏해야 폭약을 안고 전차로 꾸민 리어카에 뛰어드는 수준이라서 도저히 필승의 신념 따위 생길 리가 없었다.

본토 결전을 위한 기동사단으로 편성된 부대라고 하는데도 우리에겐 중요한 상륙할 미군에 관한 지식은 아무것도 없었다. 대대장 이상의 현역 장교는 사관학교나 보병학교 등에서 소련군의 전법만을 배웠다. 예비역 장교들을 배출하는 예비사관학교의 경우도 마찬가지였을 것이다. 그러니까 미군에 대해 역사를 비롯해서 현재 병력, 장비, 전술 따위는 아무것도 배우지 못했고 참고자료도 받지 못했다.『전사총서』의『본토결전준비(전체 2권)』에 따르면 1944년 8월 대본영의 지시사항으로「도서수비요령(島嶼守備要領)」을 시달했고, 다시 1944년 10월에는 참모본부(교육총감부)에서 상륙방어교령(안)을 시달했다고 하지만, 우리 부대는 받지 못했다. 물론 이것은 남방에서 섬 방어에 대해 시달했을 것이다. 또한 호리 에이조(堀栄三)[37]가 쓴『대본영 참모의 정보전기(大本營参謀

....

37) 호리 에이조(1913~1995)는 일본의 군인이다. 제2차 세계대전 중 대본영의 정보참모로서 미군의 정보를 정확히 예측하여 좋은 평가를 받았다. 전후 자위대에 입대해서 정보 계열에서 활동했다.

の情報戦記)』에 따르면 대본영 정보부에서 호리 참모 등이 연구한 성과를 「적군전법빨리알기(敵軍戰法早わかり)」라는 제목으로 간행하여 각 부대에 배포했다고 하지만, 역시 본 기억이 없다. 즉 우리 기동부대는 상륙한 미군을 상대로 기동을 통해 결전을 치러야 했지만, 미군과 어떻게 싸워야 하는지에 대한 지침은 없었다.

유일하게 알고 있는 것은 제공권이 적에 있고 장비도 화력도 압도적으로 우세하다는 사실이었다. 그러니까 결전의 장소까지 무사히 도착할 수 있는지가 문제였다. 또한 전장에서도 미군의 맹렬한 포, 폭격을 어떻게 막아야 하는지도 문제였다. 연안방비부대라면 지하에 동굴을 파고 농성하는 방법이라도 있지만, 기동사단은 어디서 싸우는지 모르니까 불가능하다. 그런 상황이라서 '필승의 신념' 따위는 도저히 가질 수 없었다.

게다가 매일 들려오는 전황은 절망적이었다. 5월에 들어서자마자 독일이 항복하여 일본만 남았다. 오키나와 전투도 패배를 피할 수 없었고 다음은 본토 상륙이 예상되었다. 5월 들어 미군기가 본토를 맹렬히 폭격하여 도쿄, 오사카 등의 대도시는 폐허가 되었고 지방 도시도 폭격을 받았다. 제216사단은 교토, 오사카사관에서 편성되었으므로 간부나 병사들의 집들이 차례대로 불탄 사실도 사기 저하의 원인이었다.

이러한 절망적인 전황 속에서 일본의 지도자들은 오로지 '일억옥쇄', '황토사수'를 부르짖으며 본토 결전에 매진했다. 6월 8일의 어전회의가 본토 결전을 위한 '전쟁지도의 기본 대강'을 결정하고, 그에 따라 내각에 독재권을 부여하는 전시 긴급조치법과 전 국민을 전투부대로 편성하기 위한 전제로서의 국민의용병역법을 공포했다. 사이판이나 오키나와에서 일반인까지 휘말린 비극을 더욱 대규모로 반복하려고 하는 본토 결전이 다가왔다.

7월 3일 밤, 히메지도 B29 약 80대의 공습을 받았다. 연대병영은 시가지에서 연병장 건너편 북쪽에 있어서 피해를 입지 않았지만 나의 하숙집은 불탔다. 그날 밤 교회 목사인 하숙집 주인은 집에 없어서 그의 아내, 조카인 학생, 하녀와 내가 집에 있었다. 공습이 시작되자 소이탄은 시내 사방에 떨어져서 시민은 도망갈 곳을 잃은 처지였다. 나는 세 여성을 데리고 가벼운 차림으로 빠져나와 사방이 불타고 있기 때문에 우선 연병장으로 향했다. 이 판단은 정확해서 무사히 피할 수 있었지만 하숙집에 둔 물건을 전부 잃었다.

연병장까지 오니 일단 안심이 되어 시외의 친척에게 가겠다는 세 여성과 헤어지고 연대로 향했다. 연대 병영은 무사했고 불타고 있는 시가지로 구원대를 보내려는 참이었다.

결국 이번 공습으로 히메지시의 절반이 단번에 소실되었

다. 군대는 피해를 입지 않았지만 주변이 전부 허허벌판이 되었으니 사기를 잃을 수밖에 없었다. 일본군은 유유히 편대비행하며 소이탄을 떨어뜨리는 B29를 상대할 비행기를 한 대도 보유하지 못했고, 대공포화도 전혀 효과가 없었다. 완전한 무저항 상태로 미군기가 도시를 유린하도록 내버려두는 상황 속에서 본토 결전이 어떻게 끝날지, 누구든 예상할 수 있었다.

패전을 맞이하다

미군은 그해 가을에 규슈, 이듬해 봄에 간토에 상륙할 것으로 예상되었다. 규슈를 방위하는 제16방면군의 결전을 위한 기동사단인 제216사단은 구마모토 평야에 전개하여 미군이 규슈 남부에 상륙했을 경우, 상륙지점을 향해 기동하는 계획을 가졌다. 하지만 그것은 계획일 뿐이었다. 긴키 지방 각지에서 편성 중인 사단은 8월에야 겨우 규슈로 향해 이동했다. 하지만 연대에 티푸스와 이질이 발생했기 때문에 수송은 연기되었다. 구마모토현 북부의 야마가(山鹿)와 구타미(来民) 지구에 집결하고 일부는 기동을 위해 도로구축을 할 예정이었던 연대는 히메지의 병영에서 막연히 시간을 보내는 가운데 패전을 맞이했다.

신문에 포츠담 선언의 요약문이 작은 제목으로 실렸다. 그리고 선언을 "묵살한다"는 스즈키 수상의 담화를 크게 보도했다. 히로시마에 원자폭탄이 투하된 사실도 '신형폭탄'으로 "상당한 피해"라고 보고할 뿐, 원폭이라는 사실은 숨겼다. 원폭 투하 이상으로 소련의 참전이 충격을 줬다. 8월 9일 미명, 대일 선전포고와 함께 소련군은 소만국경을 돌파했다. 나는 관동군의 주력이 남방에 이동한 사실을 알고 있었으므로 이제 전쟁에 패배했다고 느꼈다.

누구나 전황이 최후의 단계에 이르렀다는 사실을 알았다. 8월 11일이 되자 통신대가 방수하는 샌프란시스코 방송 등을 통해 일본이 항복하겠다고 연락한 사실이 보도되고 있음을 알았다. 하숙집을 잃은 후 나는 교외에 있는 지주의 집에 살고 있었다. 그 집 주인의 동생이 신문기자라서 하숙집에 돌아오자 주인(은행원이었다고 생각한다)이 동생이 일본이 항복할 듯하다고 말하는데 사실이냐고 물었다. 나는 그런 일은 없을 것이라 대답했지만 내심 '역시 항복을 하는구나'라는 느낌과 함께 불안감으로 가득했다.

하지만 본토의 결전 준비는 지금까지 해온 대로 진행되었다. 연대는 8월 16일부터 규슈로 이동하기로 결정되어 우리 제3대대는 최후미에서 20일 전후에 출발하기로 했다.

8월 15일 정오, 연대 간부는 본부에 집합하여 천황의 방송을 들었다. 전날 밤부터 항복한다는 소식이 몰래 돌았지만 역시 믿고 싶지 않은 심정이 강했다. 천황의 목소리는 잡음이 섞여서 잘 들리지 않았다. 하지만 "참기 어려움을 참고" 같은 말을 드문드문 들었기 때문에 나는 포츠담 선언을 수락했음을 알았다. 모여 있던 사람들 대부분도 패전이라 예감했을 테니까 항복 방송으로 이해했을 것이다.

연대장인 가타오카 중좌는 방송이 끝나자 짤막하게 훈시했다. 별도의 명령이 있을 때까지 지금까지 해 온대로 진행하겠으니 예정대로 내일 규슈로 출발한다고 했다. 항복 사실은 시간이 지나면서 확실해졌다. 병사들도 크게 동요했겠지만 어쨌든 당분간 군대의 질서는 유지되었다.

이튿날 연대 주력은 황급히 규슈로 출발하고 우리 대대만 남았다. 신문과 라디오는 봇물 터진 듯이 패전의 실상을 보도하기 시작했다. 1,000명 이상의 부하를 지휘하는 대대장으로서 패전이라는 사태에 어떻게 대처할지 갈피를 잡지 못하고 헤맬 뿐이었다. 사단장도 연대장도 규슈에 가 버렸기 때문에 명령을 내릴 상급자와 전혀 연락이 되지 않았다. 그래서 나는 독단으로 철도 당국에 요구하여 임시열차를 편성하여 8월 18일 규슈로 출발했다. 나중에 생각해 보니 일부러 규슈에 가지 않고 히메지에서 복원(復員)[38] 수속을 마쳤으면 좋았

....

38) 전쟁이 끝나고, 소집한 인원을 돌려보내는 일.

겠지만, 그때는 그런 생각이 들지 않았다. 부하 중대장들도 모두 그런 의견을 말하지 않았다. 아직 전쟁 중인 군의 위광이 남았는지, 철도 당국도 바로 열차를 마련해 줬다.

히메지에서 구마모토까지 하루 이상 걸렸다. 간사이 출신 병사들의 입장에서 보면 전쟁이 끝났는데도 고향에서 멀어지니 불안했을 것이다. 이미 히메지에 있을 때부터 동요하기 시작하여 탈주자가 발생했다. 열차를 빠져나와 도망치는 자도 있었다. 가까스로 구마모토에 도착하니 연대본부는 구마모토 평야 북쪽의 온천마을 야마가에 있었고 우리 대대는 야마가 동쪽의 온천 동네 구타미에 머물게 되었다. 결국 이 구타미에서 반 개월 가까이를 보냈다.

9월 초에 드디어 무장해제와 귀환 명령을 받았다. 무기를 반납한 다음 부대는 히메지까지 가서 해산했다. 대대본부가 위치한 구타미 소학교 운동장에서 대대 전원을 모아 무기 반납과 대대기 소각식을 거행했다. 나는 모두 고향에 돌아가 조국의 부흥을 위해 노력하라고 훈시했고, 부관이 대대기에 석유를 끼얹고 불을 붙였다. 식을 마치고 대대장실로 쓰던 교장실에 돌아오니 교장이 들어와서 "심정을 이해합니다"라고 말하며 눈물을 뚝뚝 흘렸다. 어떠한 감상도 없었던 나는 순간 허를 찔린 느낌이었다. 천황의 조서방송부터 시작해서 규슈 이동, 무장해제, 귀환이라는 첫 경험을 대대장으로서 책임지고 대응해야 했기에 눈물을 흘린 일은 없었으므로 교장이 눈물을 흘리는 모습을 보고 놀랐던 것이다.

연대는 히메지로 이동하게 되었지만, 교통 사정이 좋지 않아 열차를 쉽게 마련하지 못했다. 기다리다 못한 병사들 가운데서 탈주자가 계속 발생했다. 이젠 군대로서의 질서를 유지할 수 없었다. 9월 17일 마침내 구마모토에서 열차편으로 출발했으나 때마침 마쿠라자키(枕崎) 태풍[39]이 서일본 일대를 휩쓸어 선로가 박살나서 복구작업이 늦어졌기 때문에, 시모노세키에서 히메지까지 가는데 사흘이나 걸렸다.

9월 23일 연대는 히메지에서 해산했다. 내지의 각 부대는 산더미 같이 쌓인 피복이나 식량을 장병에게 분배하고 해산하여 악평을 들었다. 우리 부대는 오랜 수송을 거치고 해산했기에 병사들에게 지급할 것은 아무것도 없었다. 하지만 병사들은 고향에 가깝기 때문에 금방 가족에게 돌아갔다.

병사들을 보낸 후 연대장 이하 간부에게는 복원 관계 서류를 작성하는 업무가 남았다. 연대본부의 어떤 하사관이 가코가와(加古川) 상류의 다키(滝)라는 동네에 아는 여관이 있다고 하므로 그곳에 틀어박혀 서류를 작성했다. 신설 부대라서 복원에 관계된 서류는 금방 작성했다. 이 동네를 흐르는 가코가와에서는 폭포를 거슬러 오르려고 하는 잉어를 낚는 것

----

39) 마쿠라자키 태풍은 1945년 9월 17일에서 18일 사이에 일본을 휩쓴 태풍이다. 전쟁이 끝난 직후인지라 충분한 대비를 하지 못해 막대한 피해가 발생했다.

이 유명하다고 했다. 때마침 철이라서 나도 시험 삼아 한 마리를 낚았다.

10월 초 복원업무도 마치고 연대 간부도 해산했다. 나는 나라현이 본적이었기 때문에 나라연대구 사령부에 가라는 명령을 받고 나라의 사령부에 출두했지만, 그곳에는 아무런 일도 없고 예비역에 편입되었으니 이제 집에 돌아가라는 말을 들었다. 이제 일이 끝났으니 군과의 인연도 끝났다.

나라시에서 미나미가사라기 마을의 공고산 기슭에 있는 다카가모(高鴨) 신사로 향했다. 외할아버지가 이 신사의 신주를 지내고 있어서 어머니와 동생들이 그곳으로 소개했기 때문이다. 내가 돌아오자 어머니는 우체국 예금통장을 하나 건네며 내 월급이 전부 여기에 있으니, 다시 공부하라고 말했다. 전장에 있는 동안 본봉을 전부 집에 보냈기 때문에 4년간 5,000엔 정도의 금액이 모여 있었다. 이것은 전쟁 전의 물가로 상당한 가치가 있었다. 그래서 나는 홀로 상경하여 대학 시험을 준비하려고 했다. 어머니는 소개할 때 친하게 지내던 이웃에게 집을 빌려줬기 때문에 그 집의 일부를 쓰게 하여 어쨌든 도쿄에 가기로 했다.

그런 동안에 패전의 현실은 급속히 구체화되었다. 9월의 임시의회에서 패전의 경위가 보고되고 전쟁의 실상이 계속 밝혀졌다. 특히 미군이 언론보도기관을 통해 진상 폭로를 시도

한 것도 효과가 있었다. 전범이 계속 체포되고 전쟁책임을 추궁하기 시작했다. 군인으로서 전쟁의 실상은 어느 정도 알고 있다고 생각했으나 전반 상황을 알게 되면서 얼마나 무모한 전쟁이었는지 깨달았다. 동시에 나는 천황의 전쟁책임을 강하게 느꼈다.

패전 소식을 들었을 때 나는 천황이 당연히 자살해야 한다고 생각했다. 패전의 책임을 지는 형태로 많은 군인이나 정치가가 자살했다. 천황은 많은 국민을 사지로 몰아세운 최대의 책임자였다. 천황의 이름 아래 내 친구와 부하들도 죽었다. 나 자신도 언젠가 천황을 위해 죽기를 각오했다. 그런데 한 장의 『조서』 속에서 천연덕스레 "짐은 이에 국체를 지키고 그대 신민들의 충성심을 믿고 항상 그대 신민들과 함께할 것이다"라고 말했다. 수많은 신민이 천황을 위해 죽은 사실을 어떻게 생각하는 걸까? 이러한 생각 때문에 천황 본인, 나아가 천황제를 강하게 비판하게 되었다.

마지막 장 역사가를 지망하다

1945년 11월 중순 즈음에 나라현 공고산 기슭에 있는 외할아버지의 신서를 떠나 대학입시를 위해 홀로 상경했다. 12월 1일 나라연대구 사령부에서 예비역에 편입되었다는 통보를 받자, 군과의 관계는 완전히 끝났다. 항복과 함께 육해군은 해체되었기에 이제 나도 명실공히 민간인이 되었다. 이 시기부터 신문은 육해군학교 졸업자에게 대학입시 자격을 부여한다고 보도했다. 육, 해군성은 문부성에 육군사관학교, 해군병학교[40] 졸업자를 1946년 4월부터 가능한 대학에 입학시키도록 요구했는데, 문부성이나 대학 당국이 이 건을 문제 삼았다.

1946년도 대학입학은 1946년 2월 문부성령으로 「쇼와 21년도 대학 입학자 선발요강」을 발표했다. 그해 한정으로 육군사관학교 등 군관계 학교 졸업자에게도 대학지원자격을 부여하지만, 해당 대학 모집인원의 1할 이내로 한다는 내용이었다. 덧붙이자면 이 요강을 통해 여자도 처음으로 관립대학에 입학할 수 있었다. 또한 전시 임시조치로서 원래 3년이었던 고등학교 수업연한을 2년으로 단축했는데 원상태로 되돌렸기 때문에 1946년 봄에는 고등학교 졸업생이 없었다. 그래서 각 대학교의 모집인원도 대폭 감소하여 1946년의 대학입시는 백선낭인(白線浪人, 고등학교를 졸업한 재수생)을 구제하기 위한 시험이라는 말을 들었다.

이러한 움직임에 대응하여 육군에서는 대학진학을 희망하는 젊은 장교를 위한 예비학교를 열었다. 도쿄에서는 세타

....

40) 일본 해군의 사관학교이다.

야의 미슈쿠(三宿)에 육사 출신 교관 등이 교사인 예비교가 설립되었다. 나는 여기에 들어가 시험공부를 하려는 목적으로 상경했다.

8개월 만의 상경이었다. 도쿄역에서 성선전차(省線電車)[41]를 타고 나카노역으로 향했다. 야마노테 일대의 광경은 5월에 공습을 받아 참담했다. 나카노역 남쪽 출구에서 허허벌판 너머로 신주쿠의 미쓰코시(三越)나 이세탄(伊勢丹)[42]이 보였다. 나카노에서 집까지 걸어가는데 길 양쪽이 모두 폐허가 되어 있었지만, 우리 집의 일부는 남아 있었다. 다다미 6조 크기의 서양식 방에 살게 되었다. 이튿날 미슈쿠에 있는 군인전용 예비학교에 가서 편입 수속을 밟았다. 예비학교에 가보니 주로 영어를 가르쳤다. 학생들 대부분은 군복 차림이었다. 중간에 들어온 나는 쉽게 다른 사람들과 어울리지 못하고 통학도 불편해서 바로 결석을 일삼게 되어 해가 바뀌자 그만뒀다.

1946년 1월 4일 GHQ가 군국주의자를 공직에서 추방하는 명령을 발표했다. 정규군 장교 전원이 추방당했다. 이것으로 우리의 앞길은 많이 제약을 받았지만 대학입시를 치르겠다는 마음에 변함은 없었다. 1월에 여자미술대학 학생인 둘째 동생이 복학을 위해 상경했다. 우리 집에 세 들어 살던 가토 씨는 자기 집도 남아 있어서 금방 돌아갔다. 어머니와 셋째 동생도 돌아오고 싶었지만 전입제한[43]에 걸려 6월 중순까지 상경하지 못했다.

이렇게 동생과 둘이서 도쿄에서 살기 시작했다. 오로지 식량난과의 싸움이라 나는 야호의 농가까지 고구마를 사러 나가거나, 나라의 어머니를 찾아가서 짐과 쌀을 갖고 돌아오는 일이 잦아서 시험공부를 거의 하지 않았다. 아니 그보다는 대학들이 입시요강을 쉽게 결정하지 않아서 준비를 할 수 없었기 때문이다. 대학입시를 본다고 해도 도대체 무엇을 해야 할지 몰랐는데 이때 겨우 방향이 정해지기 시작했다.

패전 직후부터 전쟁의 실상을 밝힌다는 보도가 활발해졌다. 1945년 9월 4, 5일의 제88임시의회는 히가시쿠니[44] 내각의 전쟁책임 추궁 보고를 위한 내각이라는 평가를 들었지만, 실제 내용은 전쟁책임이 아니라 패전책임 추궁이었다. 이 의회에서 시모무라 사다무(下村定)[45] 육군대신의 보고는 육군

....

43) 전후의 식량난과 구직난 등을 우려하여 1946년 3월 9일부터 1947년 12월 31일까지 도쿄시 전역에 전입을 제한하는 조치가 단행되었다.

44) 히가시쿠니노미야 나루히코(東久邇宮稔彦王)는 일본의 황족 출신 군인이자 정치가이다. 오랫동안 프랑스에 체재한 경험 때문에 자유분방하게 살았으며 전쟁에는 소극적이었다. 패전 후 내각총리대신에 취임했지만 점령군과 정책을 둘러싸고 대립한 끝에 사임했다.

45) 시모무라 사다무(1887~1968)는 일본의 군인이다. 다양한 요직을 역임했으며 패전 후 마지막 육군대신으로 취임했다. 육군이 사라진 후 정계에 입문하여 중의원 의원에 당선되어 활동 중 교통사고로 사망했다.

의 책임을 국민에게 사과하는 내용으로 매우 감동적이었지만 오로지 육군의 전횡과 국정 관여의 책임을 반성할 뿐, 전쟁책임 자체는 거론하지 않았다. GHQ가 여론을 조작한 점도 있어서 점차 전쟁의 실태가 밝혀졌다. 그것은 당사자인 나도 처음 듣는 폭로였다. 특히 1945년 12월 초부터 NHK 라디오에서 시작한 「진상은 이러하다(真相はこうだ)」라는 프로그램은 충격적이었다.

"전쟁의 진실을 밝히고 싶다"는 마음은 전쟁에 의문을 품던 전쟁 중부터 있었지만 패전과 진상의 폭로라는 전후의 움직임 속에서 더욱 강해졌다. 그리고 역사나 정치, 특히 역사를 염두에 두고 시험공부를 생각했다. 어머니는 고베에 사는 큰외삼촌이 도쿄제대의 문과를 나왔지만 출세하지 못했다며 의대에 가라고 권유했으나 나는 그럴 생각이 없었다.

2월 중순에 사립대학교들이 슬슬 입시요강을 발표하기 시작했다. 나는 도쿄대를 지망했으나 사립대학도 보기로 마음먹고, 시험과목이 겹치는 점을 생각하고 와세다 대학의 정경과에 원서를 냈다.

2월 17일 금융긴급조치령이 공포되어 그날 바로 실행되었다. 지금까지의 엔은 새로운 엔으로 바뀌고 3월 3일부로 구엔은 유통금지 처분을 받았다. 예금은 봉쇄되어 1세대당

1월 300엔만 인출이 가능한 인플레이션 억제조치였다. 하지만 이 정책은 결과적으로 서민의 예금을 빼앗는 꼴이었다. 내 경우, 4년 동안 전쟁 중 장교 봉급 전액을 우체국 예금통장 하나에 넣었는데 쓸 수 없게 된 것이다. 어떻게든 아르바이트를 찾아 먹고 살아야 했다.

2월 하순에 와세다 대학 입학시험에 합격했다. 도쿄대 입시는 아직 발표되지 않아서 상당히 비용이지만 입학금과 반년분의 수업료를 내고 입학 수속을 밟았다. 도쿄대 입시는 3월 중순에 간신히 발표되었는데, 모집인원은 예년의 3분의 1에 불과하고, 시험은 4월 15, 16일 이틀 동안이고 과목은 학부마다 다르다고 발표했다. 문학부는 외국어와 작문 시험이라서 내 실력으로 어떻게든 될 듯해서 망설임 없이 문학부 사학과를 지망했다.

4월 15일 도쿄대 입시에서 논문은 어떻게든 될 것이라고 생각했는데, 자신이 없었던 외국어는 아주 초보적인 문제였다. 수험생 대부분이 전시에 학업 대신 근로동원 등에 종사하여 수준이 낮았기 때문일 것이다. 어쨌든 도쿄대도 합격하여 5월 1일 입학하게 되었다.

그동안에도 세상은 급격히 바뀌었다. 연기된 총선거는 4월 10일에 실시되었다. 대선석구제한속기제인 이번 선거는 정계에 큰 변동을 초래하여 하토야마 이치로(鳩山一郎)[46]의 자유당이 141석으로 제1당이 되었고, 진보당 94석, 사회당 93석, 협동당 14석, 공산당 5석, 기타 정당이 나머지를 차지했다. 시데하라 수상은 소수 여당이 되었지만 물러나지 않으려고 했기에 자유, 사회, 협동, 공산 4당으로 구성된 내각 타도 공동위원회가 결성되었다. 이후 5월 22일 요시다 내각이 성립할 때까지 1개월 동안 정치적 공백기가 발생했다. 나의 대학 생활은 이러한 격동 속에서 시작되었다.

대학교에 들어갔을 즈음 나는 전쟁의 실태, 즉 개전 책임의 해명과 왜 이렇게 끔찍한 전쟁을 치렀으며 책임자는 누구냐는 문제에 관심을 가졌다. 종전 직후 베스트셀러가 된 모리 쇼조(森正藏)의 『시풍20년』을 읽은 것을 시작으로 이 시기 차례차례 발행된 폭로서를 사들였다. 육군성 병무국장이었던 다나카 류키치(田中隆吉)[47]의 『패인을 밝히다』나 『일본군벌암투사』 같은 내부고발물, 우마시마 다케시(馬島健)의 『군벌암투비사』 같은 군부비판물, 정치평론가 이와부치 다쓰오(岩淵辰雄)가 황도파를 편든 군부관료비판 논고 등을 닥치는 대로 읽었다.

....

46) 하토야마 이치로(1883~1959)는 일본의 정치가이다. 전후 자유민주당의 초대 총재와 내각총리대신을 지냈다. 하토야마 유키오 전 내각총리대신의 할아버지이기도 하다.
47) 다나카 류키치(1893~1972)는 일본의 군인이다. 만주사변 때 세계의 시선을 만주에서 다른 곳으로 돌리기 위해 상해에서 일본인 승려를 암살하여 상해사변의 단초를 제공하는 등 모략 업무에 종사했다. 전후 극동국제군사재판에서 검사 측의 협력자로 활동했다.

대학 강의는 소수였지만 듣기로 정한 과목에는 반드시 출석했다. 사카모토 다로(坂本太郎) 조교수의 「국사개설」은 내용은 고대사, 특히 일본인의 생성사를 다뤘는데, 기기신화를 부정하고 「위지왜인전」을 다루고, 나아가 인류학, 언어학 등 인접학문의 성과를 배우는 나름대로 신선한 내용이었다.

대학에 입학하자마자 나는 아르바이트를 할 필요를 느꼈다. 그때 국사 1년 선배인 오비가네 유타카(帯金豊)로부터 도쿄재판 변호단의 자료수집을 하지 않겠냐는 이야기를 들었다. 오비가네는 부립6중에서 나의 4년 후배이자 가자마 선생님의 제자였다. 가자마 씨는 전후 교사를 그만두고 5월 초에 개정한 도쿄재판의 변호단 사무국장을 맡았다. 가자마 씨로부터 이야기를 들어 오비가네는 나를 찾아왔다고 했다. 그래서 둘이서 이치가야의 변호단 사무국을 찾아갔다.

옛날엔 예과사관학교 건물이 있던 곳이다. 정문에서 위압감을 주는 헌병의 검문을 통과하여 지옥 언덕을 올랐다. 육사 생도가 붙인 별명으로, 외출을 마치고 이 언덕을 오르면 지옥의 고통이 기다린다는 의미였다. 가자마 씨는 우리에게 관청을 돌며 변호용 자료를 모으라고 했다.

자료 수집을 위해 찾아간 관청들은 매우 불친절한 반응을 보였다. 옛 동료들을 변호하기 위해서라고 말했음에도 정말로 변호단에 협력하는 것이 전범의 편을 드는 것이기라도

한 것처럼 싫어하고 있음을 똑똑히 보았다. 모두 1년 전까지 "귀축미영"이나 "성전완수" 같은 말을 한 주제에 이제는 입을 싹 닦고 큰소리로 "민주주의", "평화국가"를 외쳤다. 그리고 전범에 협력할 수 있느냐는 태도를 취했다. 친절하게 대응해 준 곳은 복원국[48]이었는데 당연했을 것이다.

변호단장은 기요세 이치로(淸瀬一郎)[49] 씨로 사무국을 실제로 통괄한 사람은 육사 36기의 오코시 겐지(大越兼二) 헌병대좌였다. 이 사람은 나카노학교[50]의 교관과 헌병사령부의 총무과장을 지냈고 전후에도 군재건파의 중심이었다. 이러한 중심인물들이 끼치는 사상적 영향도 있어서인지 사무국의 분위기는 딱 봐도 반동적이었다. 처음부터 이 재판은 승자의 보복이며 일본은 정당했다는 태도로 일관했다. 또 도쿄대 법학부의 동아리인「도쿄재판연구회」라는 집단이 사무실에 출입했는데, 그 시절 도쿄대에서 보기 드물게 우익적이라 오코시 대좌의 마음에 든 모양이었다. 사회주의 사상의 영향을 강하게 받기 시작한 오비가네와 나는 이러한 분위기에 익숙해지지 못해 점차 도쿄재판에서 멀어졌다. 게다가 우리 고

48) 전쟁이 끝나고 육, 해군성이 해체되자, 복원 업무 등을 수행하기 위해 제1(육군), 2복원성(해군)을 설치했다. 나중에 복원청으로 개편된다.

49) 기요세 이치로(1884~1967)는 일본의 법조인이자 정치가이다. 본디 자유주의자였으나 친군주의자로 전향했다. 전후 극동국제군사재판에서 전범이 된 도조 히데키 등을 변호했다.

50) 일본 육군이 첩보원을 양성하기 위해 설립한 학교. 전쟁 중 게릴라 지휘관 양성소로 바뀌었다.

용주인 가자마 씨 본인이 오코시 씨 일당에게 사무국을 빼앗기고 있는 상황이라서 그다지 열의를 보이지 않았다. 원래 과학적 역사학을 지향하는 사람인지라 이러한 반역사적 분위기를 참을 수 없었을 것이다. 지금 생각해 보면 현대사 사료를 수집할 수 있는 절호의 기회였던 이 아르바이트도 얼마 지나지 않아 그만두고 말았다.

그런 와중에 바로 여름방학이 왔다. 여름방학 중에 특별 연구생인 야마구치 게이지(山口啓二) 씨가 주선하여 학생을 위한 고문서 독서회를 계획했다. 사료편찬소 안에 있는 학생 독서실에서 중세사 전문가인 호게쓰 게이고(宝月圭吾) 선생님과 고문서 전문가인 미나리(三成) 씨, 거기에 야마구치 씨 같은 화려한 강사진이 학생들을 지도했다. 교재는 도지백합문서(東寺百合文書)[51]였다고 기억한다. 그런데 심각한 식량난과 생활난 속에서 처음엔 7, 8명 있던 수강생이 점점 줄어 결국 나만 남았다. 열심히 가르치는 세 분 선생님께 면목이 없어서 나는 빠질 수 없어서 계속 열심히 공부했다.이 강습회 덕택에 나의 중세 문서 해독 능력은 눈에 띄게 향상되었다.

이 시기, 여름방학 직전 즈음에 이시모타 쇼(石母田正)[52] 씨의 『중세세계의 형성』이라는 책이 이토쇼텐(伊藤書店)에서

---

51) 교토의 고찰인 도지가 헤이안 시대부터 에도 시대까지 절과 영지의 운영에 관해 작성했던 문서로 그 수가 상자 100개 규모라서 백합문서라고 부른다.
52) 이시모타 쇼(1912~1986)는 일본의 역사학자로 고대사 및 중세사 전문가였다.

간행되었다. 야마구치 씨의 권유로 연구실에서 이 책을 일괄 구입하여 여름방학의 공붓거리로 삼아 읽었다. 이 책은 나에게 처음으로 깊은 감명을 준 전문서였다. 이시모타 씨는 전쟁 중 이 책을 집필했기 때문에 저자 본인의 말에 따르면 좌익의 용어를 쓰지 않고 노예의 언어로 썼다. 책의 내용은 도지(東寺)의 영지인 이가(伊賀)[53]지방 구로다장(黒田莊)[54]의 형성과 붕괴의 흔적을 문서사료로 추적하면서 일본의 봉건사회 성립의 법칙성을 밝힌 것이었다. 9월에 들어 국사연구실에서 조수인 이노우에 미쓰사다(井上光貞) 씨, 특별연구생인 야마구치 씨의 지도로『중세세계의 형성』의 주1회 독서 모임을 열었다. 전시 중 언론탄압 속에도 미래를 내다보고 역사를 향한 확신을 잃지 않고 쓴 이 책에 학생들은 모두 감명을 받았다. 나도 마찬가지로 공감하고 구로다장과 같이 동대백합문서의 영인본이 있는 와카사(若狹)[55] 지방 다로장(太郎莊)[56] 문서를 읽으면서 중세사를 연구 대상으로 삼을지 고민했다.

이 독서 모임은 유물사관을 갖추기 위한 입문 모임이 되었다. 그리고 이 모임에 참석한 학생들이 모임을 더욱 발전시켜 훗날 도쿄대 역사연구회라는 이름을 썼다. 이 모임은 이

....

53) 현재 미에현의 일부이다.
54) 도지가 소유한 장원으로 현재 미에현 나바리군에 있었다.
55) 일본의 옛 지명으로 현재의 후쿠이현에 해당한다.
56) 역시 도지의 장원으로 지금의 후쿠이현 오하마시에 있었다.

듬해 1947년의 도쿄대 5월제에 전쟁과 평화의 전시회를 열었다. 이 전시를 위해 공동작업을 함으로써 회원의 친교는 더욱 깊어졌다. 그리고 아오무라 신메이(靑村真明)를 중심으로 한 학생들이 처음으로 유물사관에 따른 일본통사로서 『일본역사독본』을 집필하여 1948년 여름에 다이치쇼보에서 출간했다. 이 책은 베스트셀러가 되었지만 불법 출판사에서 출간했기에 이 출판사가 도산하자 인세를 받지 못했다. 이 책에는 사카모토 다로 선생님이 "후생가외(後生可畏, 後生畏るべし)"라는 서문을 써 주셨는데 후배가 두렵다는 의미가 아니라 "후배들은 선배를 경외해야(畏るべし)"한다고 읽을 수도 있으므로[57] 칭찬의 의미로 볼 수 없었다. 나는 중세 부분을 집필했다. 부끄럽지만 이 책이 활자로 찍은 나의 첫 역사에 관한 문장이다.

또 훗날 『일본역사학강좌』라는 제목의 논문집을 간행하기 위한 강연회를 1947년 가을에 열었다. 강연을 의뢰하기 위해 담당인 아오무라와 나는 하니 고로(羽仁五郎)[58], 핫토리 시소(服部之總)[59]를 비롯해 이시모타 쇼, 도야마 시게키(遠山茂

---

57) 두렵다는 의미의 '畏る(おそる)'와 경외함을 의미하는 '畏る(畏まる)'는 발음은 다르지만, 똑같은 한자를 쓴다.

58) 하니 고로(1901~1983)는 일본의 마르크스주의 역사학자이자 정치가로 근대사를 연구했다. 1947년부터 1956년까지 참의원 의원을 지냈다.

59) 핫토리 시소(1901~1956)는 일본의 마르크스주의 역사학자로서 근대사를 연구했다.

樹)[60] 같은 선생님을 방문했다. 모두 전쟁이 끝나고 처음으로 찾아온 학생이라며 환영하며 흔쾌히 수락했다.

이 방문에 맛 들인 나는 다나시(田無)에 사는 하니 씨와 기치조지(吉祥寺)에 사는 이시모타 씨를 여러 번 찾아갔다. 그리고 학생이라 염치불구하고 시국에 대한 감상을 듣거나, 연구대상에 대한 상담을 받기도 했다. 그중에서도 중세사의 이시모타 씨를 여러 번 찾아가서 식량난을 겪던 시절임에도 불구하고 식사 대접을 받거나 술을 마시면서 시간을 잊고 막차를 놓쳐 기치조지에서 나카노의 집까지 걸어서 돌아온 적도 있다.

그런 가운데 이시모타 씨는 나의 연구주제에 관해 이렇게 말했다.

"학생 시절, 나는 정부가 사상을 혹독하게 탄압하는 상황 속에서 나 자신을 잃지 않기 위해 역사 속으로 도망쳤다. 하지만 지금 내가 더 젊었다면 역사 속에 도망치지 않고 역사를 만드는 쪽에 설 것이다."

즉 역사를 바꾸는 쪽에 서서 현대사를 선택하겠다는 말이다. 이시모타 씨의 이 말에 깊은 감명을 받았다. 하니 씨도 똑같은 말을 하셨다. 이때 강연회에서 하니 씨는 '현대사'를 주제로 강연했는데, 하니 씨는 "여러분, 역사는 쓰는 것이 아니라 만드는 것입니다"라고 맹렬히 선동했다.

....

60) 도야마 시게키(1914~2011)는 일본의 역사학자로서 근대사를 연구했다.

두 선배의 권유도 있어서 나는 점점 현대사를 고르겠다고 굳게 마음을 먹었다. 결정적인 계기는 1947년 겨울에 도쿄대 협동조합출판부의 편집원이 되었기 때문이다. 이곳에서 처음으로 한 일은 이시모타, 도야마 씨를 비롯해, 후지마 세이타(藤間生太), 스즈키 료이치(鈴木良一), 이노우에 기요시(井上淸) 등의 신진 학자에게 원고를 의뢰한 『일본사연구입문』이었다. 모두 전시 중 축적된 듯 집필을 흔쾌히 수락하고 마감 전에 원고가 모였다. 편집자로서 이런 즐거운 일은 없었다.

　　이 출판부에서 일본 현대사의 통사를 내게 되어 1948년 초에 연구회를 조직했다. 나 이외에 문학부의 아라이 신이치(荒井信一), 경제학부의 이쿠노 시게오(生野重夫), 의학부의 나가사카 마사토(長坂昌人) 등이 모였고, 야마구치 씨의 소개로 이노우에 기요시 씨에게 튜터를 의뢰했다. 이노우에 씨는 당시에는 전쟁을 피해 숨긴 책을 둘 곳이 없다는 이유로 출판부 구석에 두고 연구회 자료로 이용했다.

　　이 현대사연구소는 그다지 효과적인 활동을 하지 못했다. 이유는 아라이와 나는 결성 전후부터 학생운동에 가담하여 바빴기 때문이었다. 1948년 전국 100개교 이상의 국립 대학, 고등전문학교가 수업료 인상에 반대하는 통일파업을 6월 26일에 결행했다. 아라이도 나도 전국 오르그로서 각지를 돌아다녔다. 이 통일파업을 계기로 전국공립학교자치회총연합(국학련)을 결성하여 가을에는 사학련과 합체하여 전학련이 결성되었다. 학생운동의 초창기여서 도쿄대의 국사연구는 국사학과의 연구실협의회(연구실의 자주운영기관)을 설치하기 위해 노력하여 문학부의 자치회 성립의 모태가 되었고, 나아가 도쿄대 자치회 중앙위원회를 결성하게 되었다. 이것이 국학련, 전학련의 중심이 되었는데 그 점에 대해서는 별도의 회고록과 연구 사료가 있으므로 생략한다.

1948년 여름방학에 아라이와 나를 포함한 현대사연구 회원은 이즈의 도다(戸田) 해안에 있는 도쿄대 기숙사에 합숙하며 출판부의 「현대사」 초고를 정리하기로 했다. 낮에는 오로지 수영 연습, 저녁에는 곶을 한 바퀴 돌고 밤에는 보트를 타고 도다 마을에 가서 술을 사 와서 마시는 생활이었다. 그런 상황에서 어쨌든 정리한 원고를 이노우에 씨에게 보여주니 퇴짜를 맞았다. 이노우에 씨는 우리가 쓴 원고는 한 줄 안에 '적(的)'이라는 글자가 두세 번이나 들어가 있어서 매우 추상적이라고 말했다. 결국 「현대사」는 이노우에 씨 혼자 다시 썼다. 그리고 『일본현대사1 메이지유신』이라는 명저가 완성되었다.

이 여름방학 전후부터 나의 졸업논문 주제를 겨우 정하기 시작했다. 일본 현대사, 특히 전쟁으로 향하는 계기라고 생각된 2.26사건에 관계된 진상물 기사를 모으거나, 국회의

사당의 헌정자료실에 가서 「육군성통계연보」를 조사하기 시작했다. 또한 역사학연구회의 현대사분과회의 회합에 참석하기도 했다.

연구를 재개한 역사학연구회(이하 역연)에는 현대사 전문가는 거의 없던 듯했다. 1938년 가을에 역연과 와세다 역연이 공동을 와세다의 캠퍼스에서 일본역사학강좌를 열었는데, 그때 현대 부분에 적임자가 없다는 이유로 나에게 「일본 파시즘의 형성」이라는 주제가 할당되었다. 아무래도 학부생이 강연하면 불손하다고 생각하여 사퇴했으나 달리 사람이 없다는 이유로 억지로 맡았다. 그날은 양복을 입고 준비 중인 논문을 갖고 두 시간 동안 연설을 했는데, 너무 부끄러웠다.

졸업논문을 작성한 1948년 12월은 역연이나 자치회 활동 등으로 매우 바빴다. 제출기한이 다가온 12월 후반은 밤을 새서 겨우 200쪽 남짓한 논문 「일본 파시즘의 형성」을 완성했다. 이 논문은 2.26사건을 일으킨 청년 장교들이 농촌 출신으로 같은 농촌 출신 병사들의 궁상을 동정하여 사회개혁을 지향했다는 당시의 통설을 반박했다. 즉 주모자인 청년 장교들 대부분은 소장 이상의 고급 군인의 아들로 천황제의 위기에 민감하게 반발하여 혁명운동의 억압을 꾀하려고 한 반혁명 쿠데타를 일으켰다고 주장했다. 이 논문을 고쳐서 잡지『역사학연구』에 연재하여 나의 첫 연구업적이 되었다.

이렇게 해서 나의 현대사연구자로서의 첫 걸음을 내디뎠다. 그 후에도 몇 번의 파란이 있었지만, 그 후의 걸음에 대해서는「전후 50년과 나의 현대사 연구」라는 제목으로『연보 일본현대사』창간호(1995년)과 2호(1996년)에 연재했기 때문에 여기서는 생략한다.

[부록]
어떤 현대사가의 회상

저자의 유품 속에 이 원고를 포함한 미완성 원고가 여럿 있었습니다. 아무래도 자서전을 쓸 생각이었던 듯합니다. 이대로 내버려두기엔 안타깝다는 생각이 들어 책으로 펴 냈습니다.[61] 완성된 내용은 아니지만 저자가 살았던 궤적 으로 여기고 읽어주셨으면 합니다.(후지와라 요코)

....

61) 원래 이 유고는 『천황의 군대와 일중전쟁(天皇の軍隊と日中戦争, 大月書店, 2006)』이라는 책에 수록되었다.

1. 사학과 학생으로서

1946년 5월 1일 나는 문학부 사학과 신입생으로서 도쿄제국 대학에 입학했다.

전쟁이 끝났기 때문에 그 해 국립대학 입시는 그 전과는 달랐다. 전시에 재학 연한이 3년에서 2년으로 임시 단축된 고등학교가 1946년 2월의 칙령 제102호로 3년제로 바뀌어서 그 해 봄에는 고등학교 졸업생이 없었다. 문부성은 2월 21일 문부성령으로 「쇼와 21년도 대학입학자선발요강」을 발령하여 대학지원자의 자격을 고등학교 졸업자로 현재 대학을 다니지 않는 자, 남녀전문학교 졸업자, 고등사범학교, 여자고등사범학교 졸업자, 육군사관학교, 해군병학교를 비롯한 군학교 졸업자 등으로 바꿨다. 즉 1946년도 대학입시는 이른바 '백선낭인(고등학교를 졸업했으면서 대학에 들어가지 못한 자)'를 구제함과 동시에 처음으로 여자에게 문호개방 및 육해군학교 졸업생에게 입학 자격을 준 데 특징이 있었다. 단 이 요강에는 비고로 "군관계 학교를 졸업한 입학자 수는 해당 대학의 학생정원의 1할 이내"로 한다는 이른바 1할 조항이 딸려 있었다. 또한 고등학교 졸업생이 없던 이 해의 특수사정 때문에 도쿄대의 채용 정원은 예년의 3분의 1에 불과했다. 그래서 문학부의 지원자 수는 입학정원의 5배였다.

1941년 7월 육군사관학교를 졸업한 나는 4년 동안 중국전선에서 소대장과 중대장으로서 전투를 체험한 후, 본토 결전을 위한 기동사단의 대대장이 되어 종전을 맞이했고, 12월 1일 예비역에 편입되었다. 그동안의 경위는 『중국전선종군기』에 쓴 그대로이다.

군을 떠난 나는 그때 아직 23세였기 때문에 대학에 들어가서 다시 출발하기로 마음먹었다. 내가 전장에 있던 4년 동안 장교로서 받은 본봉은 집에 보냈다. 어머니는 전액을 우체국에 예금하셔서 귀국한 나에게 통장을 건네며 "이걸로 다시 시작해라"라고 말씀하셨다. 대략 5천 엔 정도가 들어 있던 그 통장을 들고 나는 대학입시를 준비하기 위해 홀로 상경했다. 단 이 통장은 1946년 2월의 금융긴급조치령 때문에 봉쇄된 데다가 초인플레이션 때문에 가치를 잃고 말았다.

내가 역사를 배우려고 생각하여 도쿄대 문학부 사학과를 고른 이유는 앞서 소개한 『종군기』에 쓴 대로이다. 4년 동안의 전장 생활에서 전쟁의 모순, 특히 전쟁이 중국 인민을 고통스럽게 만들었을 뿐이라는 점을 통렬히 느꼈고, 또한 일본의 전쟁 수행이 과오로 가득 차 있었고, 국민과 병사의 무의미한 희생을 강요했다고 느꼈기 때문이다. 그리고 이러한 잘못된 전쟁은 무엇 때문에 일으켰는지 원인을 규명하고 싶어서 역사를 공부하기로 결심했다.

대학교 1학년으로서 도쿄대 혼고 캠퍼스에 다니기 시작한 1946년 5월은 전후 일본의 획기적인 변동기였다. 1946년 4월 10일 신선거법에 따른 첫 중의원 선거가 시행되어 여성에게도 선거권을 부여한 제1회 선거의 결과, 자유당 141, 진보당 94석, 사회당 93석, 협동당 14석, 공산당 5석, 그 외 파벌 38석, 무소속 81석이었다. 과반수를 얻은 당은 없었으며 진보당만이 여당인 시데하라 기주로 내각이 반대하는 자유당, 사회당, 협동당, 공산당이 구성한 시데하라 내각 타도 공동위원회 때문에 4월 22일 총사직했고, 이후 1개월 동안 '정치적 공백기'가 이어졌다. 그러한 정치적 혼란기에 나의 대학생활이 시작되었다.

새로운 학문을 익히려는 의욕에 불타던 나는 가능한 많은 강의에 출석하려고 노력했다. 그 중에서 특히 사카모토 다로 조교수의 「국사개설」에 신선함을 느꼈다. 국사개설이라고 하지만 사카모토 선생님의 강의는 1년 내내 고대를 벗어나지 못했다. 하지만 육사에서 히라이즈미 기요시(平泉澄)[62] 직계 제자인 정신주의자가 가르친 국사 과목에서 충신의사 열전 같은 내용만 배운 사실과 비교하면 「위지왜인전(魏志倭人傳)」[63]으로 시작되는 일본인의 형성사에 놀랐다.

....

62) 히라이즈미 기요시(1895~1984)는 일본의 역사학자로 중세사가 전공이다. 황국사관을 대표하는 인물이다.

63) 중국 사서 『삼국지』 속의 일본에 관한 기사를 위지왜인전이라고 한다.

강의가 시작된 지 얼마 지나지 않아 오비가네 유타카가 가자마 야스오 선생님의 부탁이라며 나를 찾아왔다. 이 가자마 씨는 내가 부립6중에 입학했을 때 도쿄대 국사학과를 막 졸업한 신임 교사로서 나의 1, 2, 3학년 담임이셨으며 『역사학연구회』의 창립 멤버이셨는데 전후 도쿄재판 변호단의 사무국장이 되어 자료 수집 아르바이트를 해 달라는 것이었다. 그 말을 전하러 온 오비가네는 6중 시절 나의 4년 후배로 역시 가자마 선생님의 가르침을 받았고 도쿄대 국사학과에서는 내 1년 선배였다.

변호단 사무국은 이치가야의 도쿄재판 법정의 구석에 있었다. 이곳은 옛날에 내가 1년 동안 공부한 육군예과사관학교 건물로 당시의 대강당을 법정으로 썼다. 극동국제군사재판은 이 해 5월 3일에 막 개정하여 변호단도 아직 제대로 구성되지 않았다. 변호단장은 기요세 이치로 씨, 변호단의 실무는 오코시 겐지 헌병대좌가 맡았다. 오코시 대좌는 헌병사령부의 총무과장이나 나카노 학교의 교관을 지낸 사람으로 엄청난 실력자였다.

오비가네와 나는 가자마 씨가 6중에서 일하던 시절의 제자이자 국사학과 학생이라는 이유로 일본 정부의 관청들을 돌아다니며 변호용 자료를 모았는데 당시 둘 다 일본 현대사에 아무런 지식도 없었고, 또한 애초에 전시 일본에 대해 배

울만한 업적이 발표되지 않은 상황이었다. 그러니까 변호단의 자료수집이라고 해도 무엇을 모아야 하는지 전혀 짐작할 수 없었다. 게다가 방문하는 관청들도 매우 불친절하게 응대했다. 변호단에 협력하니 전범의 편에 섰다는 식의 태도라서 불쾌했다. 지금 생각해 보면 현대사 연구를 위한 절호의 기회였음에도 안타깝게도 둘 다 그다지 열의가 없었다.

게다가 변호단의 실권을 점차 단장인 기요세 이치로 변호사나 오코시 대좌가 장악하게 되었다. 특히 오코시 대좌는 일본의 전쟁은 정당했으며 이번 재판은 승자의 보복이라는 태도로 일관했다. 그리고 오코시의 비호를 받는 「도쿄재판연구회」라는 이름의 도쿄대 법학부에 소속된 우익학생 무리가 출입하게 되었다. 이러한 이유로 가자마 씨, 오비가네, 그리고 나도 점점 열의를 잃었고 이 아르바이트도 안타깝게도 몇 개월 만에 그만두고 말았다.

이제 막 도쿄대에 입학한 나에게 육사 졸업자 이외의 친구는 없었다. 육사 졸업자는 일반 학생으로부터 이유 없이 소외받았기 때문에 자기들끼리 모이는 경우가 많았다. 그런 친구들끼리 『교류』라는 이름의 잡지를 만들어 3호까지 발행했다. 1호에 나는 부끄럽게도 연애소설을 써서 모두에게 비웃음을 샀다. 또 그중에서 사가라(相良), 시모야마다(下山田) 등과 마르크스주의 공부 모임을 열고 아주 초보적인 『공산당선언』이나 『공상에서 과학으로』를 읽었으나 몇 회가 지나고 나 말고 전부 그만두고 말았다. 국사학과 학생들과 어울리게 된 것은 1946년 여름방학 전부터였다. 역시 독서 모임이 계기였다.

1946년 6월에 이토쇼텐에서 이시모타 쇼가 쓴 『중세세계의 형성』이라는 책이 출간되어 국사학과 연구실에서 특별 연구생인 야마구치 게이지 선생님의 도움으로 이 책을 대량 구입해서 야마구치 씨와 이노우에 미쓰사다 씨의 도움을 받으며 가을부터 독서모임을 가졌다.

그보다 앞서서 이 여름방학에 사료편찬소의 학생독서실에서 고문서 강습회가 열렸다. 학생에게 중세문서 해독력을 갖게 하려는 취지로 시작한 모임으로 중세사의 호즈키 게이고 선생님, 고문서 전문인 미나리 씨, 그리고 야마구치 씨 같은 호화로운 강사들이 학생들을 가르쳤다. 하지만 식량난과 생활난 때문에 처음에 7, 8명이었던 수강생들은 하나둘씩 줄어 결국 나만 남았다. 세 분 선생님이 열심히 지도해 주신 덕분에 나는 빠질 수 없어서 혼자 열심히 강습을 받았다. 이렇게 해서 국사학과 학생들 가운데서 고문서를 제일 잘 읽는다는 평가를 받았다.

여름방학이 시작되자 국사연구실에서는 『중세세계의 형성』의 독서모임을 시작했다. 전쟁 중 가혹한 언론통제를 받으면서 역사에 대한 확신을 잃지 않고 법칙성을 밝히려고 한 이 책에 모든 참가자가 깊은 감명을 받았다. 그리고 모임이 끝난 후에도 국사학과 학생들은 계속 모여서 나중에 「도쿄대 역사학 연구회」로 발전하게 되었다.

1947년 도쿄대의 5월제에 이 그룹에서 전쟁과 평화에 관한 전시회를 열었다. 이 전시회는 내가 현대사에 관계하게 된 계기였는데, 함께 준비를 하면서 그룹의 결속은 더욱 굳건해졌다. 그리고 공동으로 유물사관에 근거한 일본통사를 쓰자는 이야기로 발전하여 리더 격인 아오무라 신메이를 중심으로 일본사를 분담해서 집필했다. 나는 중세 분야를 담당하여 오로지 이시모타 씨의 책을 의지하여 헤이안 말기부터 가마쿠라 시대까지의 통사를 집필했다. 이 책은 사카모토 다로 선생님께 서문을 부탁드려서 암시장 출신의 다이치쇼보(大地書房)라는 출판사에서 간행하여 베스트셀러가 되었다. 단 이 출판사는 바로 망했기 때문에 인세를 받지 못했다.

지금 이 책을 읽으면 내 문장은 "궁벽한 동쪽 지방"이니 "역사를 개척"한다는 식의 이시모타 씨의 책으로부터 빌린 어설픈 문장을 늘어놨기에 매우 부끄럽지만, 어쨌든 간행되어 잘 팔렸다.

여기에 맛을 들인 학생 연구회에서 1947년 10월부터 11월까지 대학 강의실을 빌려 일본역사 연속강연회를 열었다.

전쟁 중에 핍박을 받은 좌익 역사가들을 초빙하여 전체 10회의 강연회를 열었고 나는 아오무라와 함께 강연 의뢰를 담당했다. 하니 고로 씨나 핫토리 시소 씨를 비롯하여 이시모타 쇼, 후지마 세이타, 스즈키 료이치, 도야마 시게키 등의 중견, 신진 역사가들에게 의뢰한 것이다. 모두 전쟁이 끝나고 찾아온 첫 학생이라는 이유로 환영하면서 흔쾌히 의뢰를 받아들였다.

하니 씨는 그 해 4월의 제1회 참의원 선거에 당선된 직후라서 의기양양하여 "내가 참의원에 있는 한, 일본의 장래는 안심해도 좋다"고 말하기에 놀랐다.

핫토리 씨는 전쟁 중 가오(花王)비누에서 일하다가 우에노역 앞에 있던 불법 비누회사의 사장을 지내고 있었는데, 우리가 방문했을 때는 부재중이라서 사원이 "왜 우리 사장님께 강연을 의뢰하는 거요?"라면서 수상쩍어하는 모습이 의외였다. 그 후 회사가 망하자 핫토리 씨는 다시 역사가가 되었다.

이 강연회는 성공했고 강연 내용은 이듬해 1948년 각세쇼보(学生書房)에서 도쿄대역사학연구회가 편찬한 『일본역사학강좌』라는 제목의 책으로 간행되었다.

나는 중세사에 매료된 점도 있어서 기치조지에 있는 이시모타 시의 집에 여러 번 찾아갔다. 전후의 식량난 시대였음에도 부담 없이 대접을 받았으며 막차를 타지 못해 나카노까지 걸어서 돌아간 적도 있었다. 이시모타 씨는 몇 번이나 전공에 대한 나의 질문에 "그 시절은 자유롭게 말할 수 없었기 때문에 옛날로 도망쳤지만, 지금은 망설임 없이 현대사를 했겠지"라고 대답하셨다. 하니 씨가 「현대사」라는 제목의 강연에서 "여러분, 역사는 쓰는 것이 아니라 만드는 것입니다"라고 말한 사실에도 자극을 받아 나는 점점 중세보다도 현대를 연구 대상으로 삼자는 생각을 하게 되었다.

현대사에 몰두한 직접적 계기는 1947년 말에 도쿄대 협동조합출판부의 편집원이 되었기 때문이다. 이 출판부는 훗날 도쿄대 출판회가 되었는데, 이 시기에는 전사한 학생들의 수기인 『머나먼 산하에』, 나아가 『들어라, 해신의 소리』를 출간하여 좋은 성과를 거두었다. 이 출판부에서 일본 현대사 연구회를 조직하여 성과를 간행하려는 계획이 나왔고 내가 담당자가 되었다. 그래서 현대사연구회를 조직하기 시작하여 문학부의 아라이 신이치, 경제학부의 이쿠노 시게오, 의학부의 나가사카 마사토 등이 참가했다. 연구회의 튜터는 야마구치 게이지 선생님의 소개로 이노우에 기요시 씨에게 부탁했다. 이노우에 씨는 조후(調布)에 있는 마쓰오카 요코(松岡洋子) 시의 집에 세 들어 살고 있었는데 피난 올 때 들고 온 책을 둘 곳이 없다는 이유로 출판부 한쪽 구석에 책들을 두고 연구회에서 이용하게 되었다.

이 연구회는 그다지 성과를 거두지 못했다. 왜냐하면 아라이와 내가 학생운동을 하느라 바빴기 때문이다. 1948년 봄부터 국사학과 학생들이 중심이 되어 국사학과 운영협의회를 만들었고 이어서 문학부 학우회를 자치회로 개조했는데, 이 자치회가 선두에 서서 도쿄대 학생자치회 중앙위원회를 결성했다. 1948년 6월 26일 수업료 인상에 반대하는 국립대학교, 고등전문학교 120개 교의 통일파업을 조직했는데, 아라이와 나도 전국을 돌며 거들었다.

그럼에도 불구하고 연구회에서 현대사의 초고를 정리했다. 1948년의 여름방학 때 이즈의 도다에 있는 도쿄대의 기숙사에 합숙하며 낮에는 수영 연습, 밤에는 만을 한 바퀴 돌고 동네에서 사 온 술을 마시면서 겨우 완성한 원고는 도저히 책으로 낼만한 수준이 아니었다. 이노우에 씨는 우리 문장은 한 줄 안에 '적(的)'이라는 글자가 두 번, 세 번이나 이어져 구체성이 부족하다는 혹독한 평가를 내렸다. 결국 이 초고는 파기되었다. 그리고 이노우에 씨 혼자 전부 고쳐 썼다. 그러한 첫 성과가 『일본현대사I 메이지유신』이라는 명저였다.

이 책의 출간을 전후해서 나는 졸업논문을 준비해야 했다. 하니 씨나 이시모타 씨의 격려를 받으며 나는 중세사가 아니라 현대사를 선택하기로 결심했는데, 약간의 용기가 필요했다. 이타사와 다케오(板沢武雄) 씨가 추방된 후 국사학과의 유일한 전임교수가 된 사카모토 씨는 국사개설 시간에 "50년 이상 지난 시대가 아니라면 이해관계가 엮이기에 객관적인 판단을 할 수 없으니까 역사연구의 대상이 될 수 없다"고 가르쳤다. 1948년 3월에 졸업한 나가이 히데오(永井秀夫)가 졸업논문 주제로 자유민권운동을 골랐을 때 『도쿄대신문』이 "메이지유신 이후의 사건이 처음으로 도쿄대 졸업논문의 주제가 되었다"고 보도했을 정도였다. 그런 상황에서 아직 10년 정도밖에 지나지 않은 2.26사건을 대상으로 하려니 결단이 필요했다.

나는 1947년 말부터 「역사학연구회(약칭 역연)」의 아르바이트를 시작했다. 재건된 역연의 활동은 세간의 주목을 받았는데 그 중에서도 현대사를 중시하여 현대사분과회를 발족시켰다. 나도 여기에 참가했으나 전문 연구자가 거의 없고 패기만 있었기 때문에 그다지 활동하지 못했다. 그러한 상황에서 1948년 11월 역연은 와세다대 역연과 공동으로 『근대일본의 형성과정』이라는 열흘 동안 연속강좌를 열었다. 나는 그 중 1회분으로 「일본 파시즘의 형성」이라는 제목의 강연을 받게 되었다. 핫토리 시소, 이노우에 기요시, 도야마 시게키 같이 쟁쟁한 구성원 사이에 섞여 학부생 주제에 강연을 하는 무모한 행동을 한 것이다. 물론 처음에 나는 맡을 수 없다고 거절했지만 담당할 사람이 없다는 이유로 억지로 맡게 되었다. 그만큼 현대사 전공자가 부족했다. 그날은 학생으로 보이지 않게 어색하지만 양복을 입고 나갔다. 강연 내용은 준비 중인 논문을 토대로 「일본 파시즘의 형성」이라는 제목에 어떻게든 맞춰서 말했지만 지금도 매우 부끄럽다.

결국 졸업논문은 1948년 12월 25일의 기한에 아슬아슬하게 맞춰서 2, 3일 밤을 새서 겨우 냈다. 제목은 「일본 파시즘의 형성」이라는 100여 쪽의 논문을 거의 사료를 찾을 수 없는 시절이므로 진상물의 기사를 긁어모으거나 「육군성통계연보」 등 겨우 찾을 수 있는 자료를 이용했다. 이 논문을 고쳐 쓴 것이 나의 첫 학술논문인 「2.26사건(1), (2)(『歷史學研究』, 1964년 3, 7월호)」이다. 이 논문에서 나는 2.26사건을 일으킨 청년장교는 몰락하고 있던 농촌 중간층(중소지주) 출신으로 농촌공황에 허덕이는 빈농 출신 병사들을 동정하여 사회를 변혁하려고 했다는 당시의 통설을 반박했다. 나는 천황제의 특권층인 소장 계급 이상의 고급 군인의 자제들인 청년장교들이 혁명이 발생할 수도 있는 위기 상황에 반발하여 반혁명 쿠데타를 일으켰다고 주장했다.

국사학과 졸업시험은 구두시험을 중시했다. 시험관인 사카모토 다로 선생님이 "육국사(六國史)[64]의 이름을 말하시

....

64) 고대 일본에서 편찬한 6개의 정사. 일본서기, 속일본기, 일본후기, 속일본후기, 몬토쿠천황실록, 일본삼대실록을 가리킨다.

오", "5기 7도[65]의 이름을 말하시오", 호즈키 게이고 선생님
이 "교마스(京枡)[66]란 무엇입니까?", 이와오 세이이치(岩生成
一) 선생님이 "백사무역(白絲貿易)을 설명하시오"라는 모두 초
보적인 문제를 내셨다. 나에겐 쉬운 문제라서 술술 대답하
자 "자네, 의외로 잘 알고 있었군"라는 평가를 받았다. 학생
운동만 하느라 기초 지식이 없을 것이라고 생각하셨던 모양
이다. 결국 졸업논문의 내용에 관해서 아무것도 묻지 않으셨
다. 아마 읽지도 않으셨으리라 생각한다.

2. 현대사에 몰두하다

딱 그 시절의 역연은 이와나미쇼텐에 위탁한 편집사무를 스
스로 하게 되어 1949년 1월 이와나미의 소매부 건물 2층의
한쪽 구석에 서기국을 개설했다. 졸업을 눈앞에 둔 나는 이
서기국의 초대 책임자가 되었다. 말하자면 역연에 취직한 셈
이었다.

　이때 역연은 활동의 전성기를 맞이했다. 1949년 2월에는
역사교육에 관한 공개토론회를 열었고, 이를 계기로 「역사
교육자협의회(통칭, 역교협)」을 설립(1949년 7월)했다. 1950년

....

65) 옛 일본의 행정구역.
66) 도요토미 히데요시(豊臣秀吉)가 곡물의 양을 재기 위해 도입한 도구를 말한다.

7월에는 지방사 연구에 대한 연락회를 열어 이를 계기로 「지방사연구협의회」가 발족(1950년)했다. 모임 자체에선 1949년 5월 대회에서 「각 사회구성의 기본 모순에 대해서」의 공개토론회를 열어 발표문을 『세계사의 기본법칙(이와나미쇼텐, 1949년 간행)』이라는 제목으로 간행했다. 이듬해 1950년의 대회에서는 「국가권력의 여러 단계」를 통일 주제로 하여 발표문을 『국가권력의 여러 단계(이와나미쇼텐, 1950년)』라는 제목으로 간행했다. 둘 다 베스트셀러가 되었고 이러한 역연의 활동은 학계에 큰 파문을 일으켰다.

모임의 활동이 활발해지면서 사무국도 바빠졌다. 사무국에는 나 말고 학부 1학년인 사이토 다카시(斎藤孝)가 있었지만 회지를 발송하는 등 둘만으로 부족할 때는 아르바이트생을 고용했다. 1950년 10월부터는 회원 연락용으로 『역사학월보』를 창간했다. 이 잡지는 진보정(神保町) 교차점 근처의 동네 인쇄소에 의뢰했는데, 갑자기 '역(歷)'이나 '적(的)'의 활자가 부족해졌다. 인쇄소 주인이 "앞으로 매달 부탁하신다면 눈 딱 감고 활자 주조판을 사겠다"며 우리의 특별주문에 맞춰 주셨다. 월보를 창간함으로써 안 그래도 바빴던 사무국의 업무가 더 늘었다. 게다가 월간이었던 월보의 기사가 모이지 않아 나와 사이토는 때때로 보충 원고를 써야 했다.

1950년에는 역연이 이와나미쇼텐에 진 채무가 누적되어

출판사 건물에서 쫓겨났다. 진보정 주변을 뒤지다가 간다닛
카쓰(神田日活)의 뒤에 있는 목조 쿠지라이빌딩(鯨井ビル)의 2
층으로 이전하여 처음으로 단독 사무실을 차렸다.

1949년부터 1950년까지 현대사 분야에서 역연 자체의
활동은 거의 없었고, 그 동안 나는 요요기의 ML연구소(마르
크스 레닌주의 연구소)에서 연 제국주의연구회에서 열심히 활동
했다. 이 모임은 1년도 안 되어 중단되었지만 이노우에 기요
시, 스즈키 마사시(鈴木正四), 우사미 세이지로(宇佐美誠次郎) 씨
등이 중심이 되어 일본 제국주의를 해석하려고 한 모임으로
아라이와 나, 나아가 법학부의 이시다 유(石田雄), 이마이 세
이이치 등이 부탁을 받아 참가했다. 아라이의 기록에 따르면
나는 거의 매번 전쟁이나 군사에 관한 발표를 했는데, 나 외
에는 달리 전문가가 없었기 때문일 것이다. 덕분에 엄청나게
공부를 했다.

이 모임에서도 실증적인 역사연구보다도 그 시절 주목
받던 정치논쟁이 화제인 경우가 많았다. 이른바 '시가-가미
야마논쟁'으로 가미야마 시게오(神山茂夫)가 전시에 집필하고
1947년 민주평론사에서 출간한 『천황제에 관한 이론적 문
제들』을 시가 요시오(志賀義雄)가 「아카하타」에서 비판하면
서 시작된 전시 일본의 국가권력의 형태에 대한 논쟁이었다.
가미야마는 1932년 테제에 의거하여 일본은 천황제 절대주

의 국가였다고 보고, 이를 파시즘이라고 말하는 것은 천황제에 대한 투쟁을 포기하는 위험이 있다고 주장했다. 반대로 시가는 독점자본의 발전과 함께 천황제가 제국주의 권력으로서 파시즘의 역할을 맡았다고 보고 가미야마의 절대주의 반동적 강화라는 설을 비판했다. 이 시가–가미야마 논쟁은 양쪽에 많은 응원단이 가담했다. 전쟁 전부터 이미 일본을 부르주아 국가라고 본 노농파(勞農派) 사람들은 당연히 독점자본금융의 폭력적 독재인 파시즘이라고 주장했다. ML연구소의 멤버 대부분은 천황제가 파시즘의 역할을 맡았다는 이유로 천황제 파시즘론을 지지했다.

나는 이 논쟁을 정리하여 『역사평론(歷史評論)』 1950년 5월호에 「일본현대사 연구의 걸음(日本現代史研究の步み)」를 썼다. 현대사연구의 걸음이라고 제목을 붙였지만 내 능력이 부족해서 이 논쟁을 정리한 데 그쳤지만, 그 외에 현대사에 대한 연구 성과가 거의 없었기 때문이기도 하다.

전후 얼마 지나지 않은 시기는 지식인 사이에서 전쟁에 저항한 일본 공산당의 권위와 영향력이 매우 컸다. 역사학 분야에서도 그런 영향은 심각했다. 1950년의 코민포름(국제공산당정보국)의 일본 공산당 비판을 계기로 일본의 공산당은 국제파와 민족파로 분열되었고 역연은 민족파의 영향을 강하게 받아 1951년 대회의 주제는 「역사 속의 민족문제」,

1952년은 「민족문화에 대해서」였다. 역연의 이러한 경향을 비판하여 이노우에 씨를 중심으로 하는 현대사 전문가들은 내셔널리즘일 뿐이라며 정면으로 반대했다.

1951년 5월 대회에서 양 파는 충돌했다. 우선 5월 19일 총회에서 오대국평화협정을 호소하기로 결의하는지에 대해 격론이 오가서 결의에 이르지 못했다. 이튿날의 대회에서는 민족문제를 둘러싸고 대립하여 젊은 현대사 연구자인 이누마루 기이치(犬丸義一)와 후지타 쇼조(藤田省三) 등이 역연 주류파를 민족주의라고 공격했다.

나는 1950년 대회부터 위원에 선출되었고, 1951년에도 재선되어 위원 겸 서기를 맡았는데 1951년 대회를 마치고 얼마 지나지 않아 공산당 본부 문화부 임원이던 마쓰모토 신파치로(松本新八郎) 씨의 갑작스런 연락을 받았다. 마쓰모토 씨는 이시모타 쇼 씨나 후지마 세이타 씨와 마찬가지로 와타나베 요시미치(渡部善通) 씨 문하의 중세사가로, 아마 공산당이 역연을 감시하러 보낸 사람이었을 것이다. 그는 나에게 역연을 그만두라고 요구했다. 국제파 쪽에 서서 역연 주류에 반대했기 때문이라고 했다. 이상한 이야기였다. 분명한 학술단체인 역연의 총회에서 결정한 인사를 정당인 공산당이 이러쿵저러쿵 말하니 매우 도리에 어긋나는 일이다. 하지만 이 시기는 역연에 대한 공산당의 영향력은 결정적이었다. 나는 불문곡직 해임되었다. 이것은 바로 역연 서기에서 해고되었음을 의미하기도 했다. 나는 어쩔 수 없이 서기국 업무를 같은 현대사 전고인 이마이 세이이치에게 넘겼다. 이마이는 정치적으로 중립이라 생각했기 때문이다.

대학교를 졸업하고 역연 서기라는 일자리를 이제 막 얻었던 나는 실업자가 되고 말았다. 그 시절 나는 대학교에서 1년 연하인 사토 요코(佐藤葉子)와 만나 곧 결혼하려고 했지만 일자리가 없는데 결혼할 수 없었다. 그래서 어머니의 친구의 도움으로 신문계의 거물인 미타라이 다쓰오(御手洗辰雄) 씨를 찾아가서 아사히신문과 도쿄신문(東京新聞)에 줄 소개장을 받았다. 때마침 1952년 봄이었는데 미타라이 씨의 소개장은 큰 효과를 발휘하여 나는 양쪽 다 합격했다. 하지만 그 후 두 신문의 인사부장이 정중하게 편지를 보내 "당신은 공직추방령에 해당되기에 사법 당국에 조회했더니 신문사에 입사시키기에는 아직 의심스럽다고 하므로 안타깝지만 채용할 수 없다"고 말했다. 즉 공직추방령은 교직과 신문출판계에 모두 확실히 적용되었으므로 나의 앞날은 크게 제한되었다. 그래서 어머니의 지인이 또 도와줘서 1952년 초부터 신설된 아사히화재라는 보험회사에서 일하게 되었다. 이 회사는 손해보험 부문이 없었던 노무라(野村) 재벌이 만든 후발 화재와 해상보험 회사였다.

1951년 9월 샌프란시스코 강화조약이 체결되었다. 역연 현대사부회에서는 강화발효를 앞두고 『태평양전쟁사』를 간행하게 되어 도요게이자이신보사(東洋経済新報社)에서 출판하기로 결정하고 준비를 시작했다. 나는 필진에 합류하여 주간에는 보험회사 사원, 야간에는 현대사를 집필하는 생활을 시작했다. 군인 출신이라는 이유로 나는 태평양전쟁사 중에서도 군사 분야를 담당했다.

태평양전쟁사 연구회에는 미카사노미야(三笠宮)[67]의 소개를 받아 핫토리 다쿠시로 씨와 만났다. 나는 핫토리 씨에게 "어째서 대미영전쟁을 단행했습니까? 승산은 있었나요?"라고 예전부터 품었던 의문을 털어놓았다. 핫토리 씨는 "독일이 승리할 것이라는 잘못된 믿음 때문이었다"고 솔직히 고백했다.

원고를 집필하느라 고생은 했지만 엄청나게 공부가 되었다. 하지만 그럼에도 시간이 부족했다. 내가 담당한 부분의 원고는 늦어지기 일쑤였다. 도요게이자이의 담당자는 에구치 하쿠로(江口朴郎) 선생님의 제자인 오다니(小谷)으로, "절대로 회사에 오면 안 된다"고 말했지만 결국 회사까지 재촉하

....

67) 미카사노미야 다카히토(三笠宮崇仁親王, 1915~2016)는 일본의 군인이자 역사학자이다. 히로히토 천황의 동생으로서 전쟁 중에는 군인으로 활동했고, 전후 역사학을 공부하여 고대 오리엔트사를 전공했다. 전후 일본 사회의 우경화를 우려하는 발언을 하기도 했다.

러 왔다. 접수대에서 "후지와라 씨한테 도요게이자이 사람이 만나러 왔어요"라는 전화를 받은 과장이 "신참 주제에 부업을 해?"라고 말하기에 곤란했다. 도요게이자이에 주식에 관해서 글을 쓰고 있다고 오해했을 것이다.

『태평양전쟁사』 1권은 1953년 10월에 간행되어 이듬해 전체 5권이 완결되었다. 1권부터 3권까지 도야마 씨, 후지이 쇼이치(藤井松一)가 원고를 정리하느라 무척 고생했다. 4권과 5권은 회사를 그만두고 시간적 여유가 생긴 내가 맡았다. 어쨌든 전쟁의 시기를 전체적으로 기술한 첫 통사가 완성되었다.

『태평양전쟁사』 집필에 참가하여 회사일과 집필이 양립하기 어렵다는 사실을 통감했으므로 1954년 4월부터 도쿄도립대학 인문학부와 지바대학 문리학부에서 시간강사를 하게된 기회에 과감하게 1954년 3월 말에 아사히화재에 사표를 냈다. 이렇게 나의 오랜 시간강사 시대가 시작되었다.

1952년부터 1953년까지 역사학계는 이른바 민족파의 전성시대였다. 이시모타 씨를 이론적 지도자로 하여 마쓰모토, 후지마 등 와타나베 문하생들이나 신참에서는 역연위원인 아미노 요시히코(網野善彦)[68] 등이 중심이 되어 『국민의 역사학 운동』을 전개했다. 『역사평론』이 「마을의 역사·공장의

....

68) 아미노 요시히코(1928~2004)는 일본의 역사학자. 일본 중세사 전문가이다.

역사」를 제창하는 등 이 운동은 젊은 역사가에게 큰 영향을 끼쳤다. 하지만 현대사 분야는 국민의 역사학운동에 휩쓸리지 않고『태평양전쟁사』의 연구와 집필에 전념했다. 그리고 이것이 나의 군대사와 전쟁사 연구의 출발점이 되었다. 선학자가 전혀 없는 이 분야를 어쩔 수 없이 맡게 되어 선두 주자가 되야 해서 사료수집을 비롯해서 모든 분야에서 개척자로서 고생을 해야 했다.

회사를 그만두고 글 쓰는 일을 하게 된 1954년은 매우 바빴다.『태평양전쟁사』제4, 5권의 편집을 담당하여 단순한 가필, 개정뿐 아니라 담당한 부분을 새로 고쳐 써야 했다. 또한 이와나미쇼텐의『시소思想』편집부가 주최한 일본 군국주의 연구회에도 참가했다. 이 연구회는 사상사를 연구하는 사람이 많은데, 나는 군사사 전문가라는 이유로 계속 논문을 할당받았다.「일본군국주의의 전략사상–1886~1889년의 군제개혁을 중심으로」(『思想』1954년 11월호),「확립기의 일본 군대의 모럴–러일전쟁 후의 전범령 개정에 대해」(『思想』1955년 5월호)는 그 성과였다.

1954년 5월의 역연 대회에서 나는「파시즘의 문제들」이라는 제목의 발표를 했다. 이 발표는 회사를 그만두고 나서 했기에 충분히 준비할 시간이 없었지만 이마이 세이이치, 후지타 쇼조와 공동발표를 해서 원고도 각각 분담하고, 내가 대표로 낭독했다. 전후 일본을 새로운 파시즘이라고 규정한 후지타의 부분은 큰 주목을 받았다.

이 1954년은 세계사든 일본의 정세든 큰 전환기로, 이 해 5월의 베트남전쟁에서 베트남 인민해방군(베트민)이 디엔비엔푸의 프랑스군을 항복시킴으로써 프랑스의 베트남 지배에 최후의 타격을 가했다. 프랑스 대신 미국이 베트남 지배에 전면적으로 나서 한국에 이어 베트남이 전장이 되었다.

이러한 전쟁 상태를 배경으로 평화를 지향하는 운동도 세계적으로 전개되었다. 베트남에 관해 18개국이 참가한 제네바회의에서 베트남에서 프랑스군의 철수, 캄보디아와 라오스의 독립, 베트남 통일을 위해 2년 이내 선거 실시 등을 요구하기로 결정했고, 미국은 제네바회의에서 탈퇴했다. 한편 인도, 중국이 중심이 된 평화오원칙 제창 등 평화를 향한 움직임도 강화되었다.

일본에서도 1954년은 평화운동의 큰 전기였다. 3월에 미국이 비키니 환초에서 수소폭탄을 실험했을 때 일본 어선이 피폭되었다. 이 사건을 계기로 원수폭 금지 운동의 열기가 고조되어 「원수폭 금지 서명운동 전국협의회」가 결성되었고 1955년 8월에는 제1회 원수폭금지 세계대회가 열렸다. 전국 각지의 미군기지 반대운동도 크게 확산되어 평화와 호헌을 외치는 민중대회가 발전하여 1953년 4월, 1955년 2월의 선거에서 사회당, 특히 좌파가 진출했고, 1955년 선거에서는 마침내 호헌파가 헌법 개정 저지에 필요한 의석의 3분의 1을 확보했다.

이러한 내외 정세는 당연히 역사학계에도 반영되었다. 1951년, 1952년 대회에서 「역사 속 민중문제」, 「민중문화에 대해서」라는 주제로 민중 문제를 다뤘고, 실천면에서도 국민의 역사학을 지향하는 운동을 활발히 전개하자, 1953년 역연대회는 「세계사 속의 아시아」라는 제목으로 근대 부분에서 이노우에 기요시, 노자와 유타카(野沢豊)가 발표를 했고, 1954년 대회에서는 「역사와 현대」라는 제목으로 내가 근대 분야에서 「파시즘의 문제들」을 발표하는 등 말하자면 반주류였던 국제파에도 기회가 왔다.

1955년 7월 일본 공산당 제6회 전국협의회(육전협)은 무장투쟁의 자기비판과 재출발을 표명하고 평화와 통일의 방침을 내세웠다. 역사학계도 그런 영향을 받아 역연 서기에서 해임된 이래 인연을 끊을 생각이었던 나도 1958년에는 이노우에 씨와 함께 역연위원이 되어 연구회가 기획한 현대사 공개강좌의 강사가 되는 등 연구회의 활동에 복귀했다.

3.『쇼와사』를 집필하다

1955년이 되자마자 이와나미 신서 편집부에 있던 나카지마 요시카쓰(中島義勝)이 나와 이마이 세이이치, 후지타 쇼조 세 사람에게 전쟁 시기의 일본통사를 쓰자고 제안했다. 우리 셋 뿐이라면 지명도가 없으니까 도야마 시게키 씨를 중심으로 작업하기로 하여 네 명의 연구회가 시작되었다. 도중에 후지타가 빠지고 나머지 셋이 집필을 시작하게 되었고, 1955년 여름휴가 때 작업에 집중하기로 했다.

나는 1952년 2월에 결혼하여 전후 건축업체의 중역이 된 아버지가 세워 준 집에서 살고 있었는데, 이 집을 집필을 위한 합숙소로 삼았다. 한창 더운 여름에 이마이와 둘이서 쇼와기의 통사를 분담해서 집필하고, 서로가 집필한 부분을 교환해서 고쳐 쓰는 작업을 되풀이했다. 밤이 되면 사료편찬소에서 일하던 도야마 씨가 들러서 우리가 쓴 원고에 손을 대어 보강했다. 여름휴가 동안 통사를 완성하여 어떤 제목을 붙일지 몇 가지 안을 집안의 인방에 걸고 검토했는데, 연호를 쓰는데 불만은 있었지만 결국『쇼와사』가 깔끔하다는 결론에 이르렀다.

이『쇼와사』는 19595년 11월 16일 발매된 이후 폭발적으로 팔렸다. 증쇄를 거듭하여 순식간에 100만부를 돌파했다. 사실을 실증적으로 기술할 뿐 아니라 전쟁은 어떠한 이유로 발생했고, 어째서 막지 못했냐는 이 시기 일본의 최대의 과제를 정면으로 마주한 책이었기 때문일 것이다. 이 책이 팔렸기 때문에 비판도 많이 받았다. 『문예춘추(文芸春秋)』가 1956년 3월호에 실린 가메이 쇼이치로(亀井勝一郎) 씨를 비롯한 비난과 비판도 많아서 이른바 '쇼와사 논쟁'으로 발전했다. 나는 이 시기 일본에 결정적인 문제는 전쟁이었기에 그러한 문제를 중심으로 삼은 이 책의 관점은 정당하다고 생각한다. 나는 비판자들이 생떼를 쓴다고 비판하기도 했다. 『쇼와사』는 4년 뒤 전면개정해서 신판을 냈지만 나에겐 정열을 실은 구판 쪽이 그립다.

『쇼와사』를 교정하던 1955년 9월 갑자기 합동출판사(合同出版社)로부터 『일본근대사(日本近代史)』의 집필을 의뢰받았다. 출판사는 스탈린의 『경제학교과서』를 출판하여 크게 이익을 보자 일본 근대사 교과서를 출간하여 두 번째 성공을 노린 것이다. 이노우에 기요시, 스즈키 마사시의 이름하에 후지이 쇼이치, 후지타 쇼조, 나 세 사람이 도와서 간다의 여관 순다이소(駿台荘)에 합숙하여 집필했다. 메이지를 후지이, 다이쇼를 후지타, 쇼와를 내가 집필하고 이노우에 씨가 전체를 수정하여 마무리 짓고 국제관계는 스즈키 씨가 쓰기로 분담했다. 단기간에 워고를 마무리 짓고 『쇼와사』를 발행한 지 2

주일 후인 1955년 11월 30일에는 『일본근대사』 상권, 1956년 5월 30일에는 하권을 발행하였는데 이 책도 베스트셀러가 되었다. 그 시절, 전쟁을 부정하느냐 긍정하느냐는 일본의 큰 과제였다. 평화 문제, 기지 문제, 원수폭 금지 문제를 둘러싸고 국내의 대립이 격화되던 때인지라 지난 전쟁을 어떻게 보는지에 많은 관심이 집중되었다.

『쇼와사』와 『일본근대사』를 씀으로써 나는 일본 현대사의 신진 집필자로서 널리 이름을 알렸다. 특히 『쇼와사』가 큰 영향을 끼쳐서 실력이 없는데도 나의 지명도만 높아지는 결과를 초래했기에 그다지 좋은 일이 아니었다.

다만 나에게는 고정 수입이 없었기 때문에 인세가 상당히 들어와서 다행이었다. 『쇼와사』로 받은 인세로 아버지의 집에 서고를 세우고, 부부가 부모님을 모시고 살기로 했다. 부모님이 슬슬 연세를 드시기도 해서 장남인 내가 같이 살기로 했다.

이때 세운 서고는 당시 내가 갖고 있던 책의 2배인 1만 권을 예상하고 만들었으나 5년 만에 가득 차서 그 후에도 책이 계속 늘었기 때문에 결국 바닥까지 책이 쌓인 '책의 묘지'가 되고 말았다.

4. 군사사를 전문으로

1954년 회사를 그만둔 나는 그 후 13년 동안 정규직에 취직할 수 없었다. 대학교 강좌에 '현대사' 부문은 없었고 시장은 좁았다. 그동안 나는 1954년부터 1967년까지 지바대학(千葉大学)의 문리학부(文理學部)[69]에서 '정치사', 또 1955년부터 1958년, 그리고 1964년부터 1968년까지 두 차례 도쿄도립대학(東京都立大学)의 인문학부에서 '시민사회성립사', 1965년부터 1967년까지 도쿄대 교양학부에서 '일본현대사', 1966년부터 1967년까지 도쿄교육대학 문학부에서 '일본근대사'를 각각 시간강사 자격으로 가르쳤다. 급료는 시급으로 거의 문제가 되지 않는 수준이므로 그동안의 수입은 오로지 원고료와 인세였다. 『쇼와사』와 『일본근대사』가 베스트셀러가 된 것 외에 이노우에 씨의 부탁을 받아 참가한 요미우리신문의 『일본의 역사(日本の歴史)』 시리즈가 잘 팔렸기 때문에 그 책들의 인세가 월급을 대신했다.

이 시기 나는 이러한 공동저작의 집필에 이어서 도요게이자이신보사가 발행한 『일본현대사 대계』의 『군사사』 집필을 의뢰받아 준비에 착수했다.

'군사사'를 한 권으로 정리할 때 제일 힘들었던 것은 자

....

69) 당시 지바대학에는 인문대, 사회대, 자연과학대 과정이 한 학부로 통합되어 있었다.

료 부족이었다. 나는 이 분야의 선구자로서 나카노에 사는 마쓰시타 요시오(松下芳男)[70] 씨를 찾아갔다. 마쓰시타 씨는 전쟁 전에 많은 책을 썼으며 1956년에는 대작 『메이지군제사론(明治軍制史論)』 상하권을 간행했다. 나는 군인으로서 선배이기도 한 마쓰시타 씨의 가르침을 받으려고 했다. 그런데 방문해 보니 마쓰시타 씨는 "나는 모든 자료를 전쟁 때 잃었다. 이번에 나온 책에 내 모든 힘을 쏟았기 때문에 이 책에 적힌 내용 이상의 자료는 아무것도 없다"며 질문을 못 하게 막았다. 그 후 나는 마쓰시타 씨를 찾아가지 않았다.

뭔가 계기를 찾아서 국회도서관에도 다녔다. 그런데 도서관 목록에 있는 군사사 관계 서적의 대부분은 대출 중이라서 빌릴 수 없었다. 자료조사 담당자인 구와바라(桑原) 씨한테 물어보니 군사 관계 서적은 방위청이 덜컥 빌려가 놓고는 반납하지 않기 때문에 본인도 곤란하다고 말했다. 즉 목록에는 있어도 실물을 볼 수 없었다. 미군이 압수한 문서가 아직 반환되지 않았을 때라서 1차 사료가 매우 부족했다.

결국 군사사를 정리하기 위해 『시소』에 쓴 몇 편의 논문을 중심으로 전후를 잇는 형태로 어떻게든 메이지 이래의 일본의 군사사를 정리한 책이 1961년 도요게이자이신보사에서

....

70) 마쓰시타 요시오(1892~1983)는 일본의 군인이자 역사학자이다. 원래 육군사관학교를 졸업한 장교였지만, 사회주의에 공감했기 때문에 군대에서 쫓겨났다. 이후 역사학자가 되어 군사사에 관한 책을 썼다.

간행한『군사사』였다.

　『군사사』를 간행함으로써 나는 군사문제 전문가로 인정받았다. 그리고 군사에 관한 시사문제에 대한 기고를 요청받게 되었다. 1961년부터 1962년까지 그러한 논문을 여럿 썼다. 「자위대의 변모-현대사 연구의 시각」(『歷史評論』1961년 10월호), 「쿠데타와 군대-요인암살계획의 발각」(『朝日ジャーナル』1961년 12월 24일호), 「일한회담의 군사적 의미」(『現代の眼』1962년 1월호), 「자위대의 성장과 변모」(『世界』1963년 1월호) 등이었다.

　이를 전후해서 나는 아오키쇼텐(靑木書店)이 간행한『전후일본사(戰後日本史)』전 5권(1961~1962년)의 집필에 관계했다.

　역연은 전후 계속 이와나미를 통해 회지를 간행하여 이와나미로부터 회지를 사서 회원에게 나누는 형식이었지만, 채무가 누적되었다. 수익을 생각하지 않고 모임 활동에 경비를 썼기에 이와나미에 지불이 점점 늦어졌기 때문이었다. 게다가 그동안 역연 위원의 언동이 이와나미 쪽을 자극하여 감정적 대립이 되어 1959년 3월 이와나미는 회지 간행을 거절했다. 회지 간행에 대해 원래 위원 겸 서기였던 나도 책임을 느꼈다. 이와나미에 지불금 체납의 책임자였던 서기인 후루야 데쓰오(古屋哲夫)와 친했기 때문에 다음 발행처를 찾는 데 협력했다. 그리고 아오키쇼텐에게 제안을 하여 그해 6월부터 발행하기로 했다. 이 때 아오키쇼텐에 회지를 의뢰했을 뿐 아니라, 뭔가 팔릴 만한 기획을 역연에서 기획한다는 약속을 했다. 그래서 회지를 발행하는 대가로 역연은 현대사 분야에서 인수한 『전후일본사』 간행을 기획했다.

『전후일본사』는 나와 후루야가 중심이 되어 『전후정치사』 저자였던 정치학자 소마 마사오(杣正夫) 씨를 편집위원에 의뢰하여 시작했다. 그런데 남을 깔보는 후루야의 태도가 선배인 소마 씨를 화나게 만들어서 중재하느라 고생했다. 『전후일본사』 전 5권은 1961년부터 1962년까지 간행되어 상당히 좋은 성적을 거둬 중판을 했기에 아오키쇼텐에 대한 역연의 체면을 세울 수 있었다.

1950년대 후반부터 1960년대까지의 기간에 나는 생활 수단으로서 『지요다구사(千代田區史)』의 편집과 집필에 종사했다. 이 책은 1957년 초부터 편찬을 시작하여 1960년 3월까지 완성한 특급 업무였다. 편집위원은 구장과 친한 지리학자 이이즈카 고지(飯塚浩二) 씨로, 이이즈카 씨가 일본 근대사의 도야마 시게키 씨에게 도움을 청하는 형식으로 시작하여 지리 관계의 세키네 시즈히코(関根鎭彦) 씨와 내가 위원으로 끼어 실질적인 업무를 보게 되었다.

구사를 집필하기 위해 구단시타의 지요다 구청 1층에 구사편찬실을 마련했다. 나와 세키네, 거기에 구청 쪽 담당자인 스즈키 마사오(鈴木昌雄) 씨, 히무로 아야코(氷室綾子) 씨, 가토 사와코(加藤サワ子) 씨 등이 이 방에 출근하여 일하기 시작했다. 역사 관계 편찬위원으로 와지마 세이이치(和島誠一), 마쓰시마 에이이치(松島栄一), 스기야마 히로시(杉山博), 무라이 마스오(村井益男) 씨 등이 활동했고, 지리 관계에서는 이리에 도시오(入江敏夫), 에바토 아키라(江波戸昭) 등이 이름을 올렸는데 정규직이 아닌 세키네와 내가 전속의 형식으로 이 방에 출근했다.

구사는 전체 3권으로 나뉘었으며 상권은 원시, 고대부터 중세, 근세까지로 범위를 정하고, 중권은 막부 말기부터 현대까지, 하권은 현상 파악으로 정했다. 상권에 와지마, 스기야마, 무라이 씨 등이 참여했고, 중권에 도야마, 마쓰시마 씨와 나, 하권은 세키네, 이리에 씨 등 지리 관계자가 맡았다. 그런데 구의 계획으로는 1960년 3월 전권을 간행할 예정인데도 원고가 모이지 않아 계획은 자꾸 지연되었다. 특히 중권은 마쓰시마 씨가 아예 원고를 쓰지 않아서 내가 그의 몫까지 썼다. 1960년 3월을 넘기자 예산이 사라져서 편집위원의 수당도 줄 수 없게 되어 단지 일만 하는 파국에 빠졌다.

이때는 1960년 안보문제가 한창이라 낮에는 집회나 데모에 참가하고, 밤에는 니시간다(西神田)에 있는 오쿠무라인쇄(奥村印刷)의 출장교정실에 가서 집필하는 나날을 보냈다.

그곳에서 저녁을 먹고 잠시 눈을 붙이는 생활이 반복되었다. 『지요다구사』는 나에게 정규 일자리가 없었던 1950년대 후반의 몇 년 동안을 지탱해 준 아르바이트였다. 특히 중권은 1,000장 가까운 원고를 단기간에 쓴 추억이 있다.

1960년 6월 15일에 대한 기억도 쓰고 싶다. 이날은 지바대에서 강의를 했다. 오후 1시부터 1시간 정도 강의한 후 "오늘은 여기서 마무리하고 지금부터 국민회의의 통일행동에 참가하겠다"고 말하고 강의를 중단했다. 역에 도착해 보니 학생들이 "선생님, 우리들도 갈래요"라고 말하며 따라왔다. 마치 학생을 선동한 꼴이 되고 말았다. 나중에 6.15사건으로 기소된 학생들 가운데 지바대생들이 상당수를 차지했다.

6월 15일의 국회 앞 집회에서 「민주주의를 지키는 전국 학자, 연구자 모임」의 대열에 끼었다. 밤이 되어 전학련 주류파의 국회 돌입과 경찰의 습격이 시작되었을 즈음에 나는 지하철 국회의사당앞역 안에 있었기 때문에 위기를 모면했다. 경찰은 학자연구자모임을 습격하여 야마구치 게이지 선생님을 위시하여 많은 부상자가 발생했다.

6.15사건을 정점으로 안보투쟁의 기세는 점차 하강했다. 6월 16일 정부는 마닐라에 온 아이젠하워 미국 대통령의 일본 방문을 치안상의 이유로 거절한다는 외교상의 실책을 저질렀다. 18일 밤 12시, 33만 명의 군중이 국회를 포위하여 중

의원과 참의원이 모두 개회하지 못한 가운데 신안보조약은 자동으로 승인되었다. 그 후 6월 23일 비준서를 교환하여 신안보조약이 발효되었고 기시 수상은 퇴진을 표명했으며 7월 19일 이케다 하야토(池田隼人) 내각이 성립되어 소득배증, 고도성장정책을 개시했다.

그동안 1960년대 내내 나는 『지요다구사』의 뒷처리를 하느라 바빴다고 기억한다.

그 후 1960년대 전반은 『전후일본사』에 시간을 빼앗긴 것 말고는 역연의 활동과 상관없는 일을 하며 보냈다. 또한 1963년 간행한 『이와나미 강좌 일본역사』에 「태평양전쟁」이라는 제목의 논문을 발표한 것 이외에 『문예춘추』, 『인물왕래(人物往来)』, 『시오(潮)』, 『중앙공론(中央公論)』, 『마루(丸)』 같은 잡지에 잡다한 글을 기고했다.

1960년대 전반에는 개인적으로 많은 일이 있었다. 1963년 아버지가 이즈의 하타케(畑毛) 온천에서 심근경색으로 쓰러져 1개월 동안 위독한 상태로 지내다가 사망했다. 나는 소식을 듣고 도쿄에서 주치의와 간호사를 데리고 여관에 달려가서 간병을 했다. 아버지의 장례식을 마친 후 어머니의 건강이 좋지 않아 진단을 받은 결과 위암이었다. 하지만 나는 어머니께 이 사실을 알리지 않았다. 그리고 어머니는 2년 동안 입, 퇴원 생활을 보낸 후 1965년 2월에 돌아가셨다. 그리고 돌아가신 아버지를 대신하듯 첫 아이인 큰딸 모토노(素乃)가 1964년 1월에 태어났고, 이어서 큰아들 료타(藤原良太)가 1966년 9월에 태어났다. 이러한 가정사들이 내 일에도 영향을 끼쳤을지도 모른다.

5. 히토쓰바시대학에

1966년 가을, 시즈오카대학 인문학부의 오코노기 진자부로(小此木眞三郎), 고이 나오히로(五井直弘) 두 분 선생님께서 나를 교수로 초빙하고 싶다는 말씀을 하셨다. 나는 1963년부터 부모님을 여읜 후, 두 아이가 태어났고 때마침 장인이 요미우리신문에서 정년퇴직을 한 것을 계기로 우리 집에 처부모를 모셔서 애를 돌보게 하기로 한 참이었다. 그래서 홀로 부임한다면 갈 수 있다는 생각에 승낙했다. 그런데 바로 후에 히토쓰바시대학의 사사키 준노스케(佐々木潤之介)가 갑자기 찾아와서 사회학부 교수로 오지 않겠냐는 말을 했다. 시즈오카보다 히토쓰바시 쪽이 조건이 좋았기 때문에 히토쓰바시 쪽을 기꺼이 받아들이기로 하고 바로 시즈오카에 가서 사퇴 및 사과의 인사를 했다. 오코노기 씨와 고이 씨도 "히토쓰바시라면 어쩔 수 없지. 아직 교수회에 정식으로 제출하기 전이었다"라고 말씀하시며 양해해 주셨다.

하지만 히토쓰바시대학에 쉽게 들어가지 못했다. 1966년 말부터 1967년 봄까지 나 때문에 학내가 시끄러웠기 때문이다. 사회학부 교수회를 순조롭게 통과한 나의 교수인사가 대학교 평의회에서 이례적인 반대를 받았다. 내 자리는 사회학부의 정치학 강좌였는데, 정치학에 발언권을 가지려는 법학부 교수회가 크게 반대했다. 특히 바로 전에 있었던 학장선거에서 패배한 오히라 젠고(大平善梧) 교수나 평의원인 호소야 지히로(細谷千博) 교수가 맹렬히 반대했다고 한다.

결국 나의 인사는 보류되어 4월부터 시간강사로서 국립교사의 학부수업과 오히라(小平) 교사의 교양과정 수업을 담당하게 되었다. 평의회에서 발생한 '후지와라 문제'는 한 해를 넘겨서도 계속 되어 한때는 사회학부 교수회가 총사직하자는 이야기도 나왔다고 하지만, 결국 타협하여 나는 교수에서 조교수가 되어 1967년 11월 겨우 임명장을 받았다. 결국 1967년도 전반부는 시간강사, 후반부는 전임 조교수로서 강의했다. 그리고 이 시기의 수강생 중에서 1968년도 연습(세미나) 희망자가 많았는데 후지와라 세미나의 1기생이 되었다.

그 해는 사토 장기정권의 집권 3년차로 고도경제성장이 이어졌지만 경제발전에 뒤쳐진 민주진영의 불만도 커져서 오키나와의 본토복귀운동, 베트남 반전운동이 크게 발전했고, 대학교에서도 학생운동이 활발해지고 있는 시기였다. 그러한 때에 나는 처음으로 대학교 전임교원이 되었다. 내가 사회학부장 니시 준조(西順藏) 교수와 만났을 때 니시 씨는 "당신은 1970년대 대책위원이라고 하죠?"라는 말을 들었다. 안보조약 체결 10주년이 되는 1970년에 학생운동이 고조될 것이라 예상하는데 내가 그 대책위원이라는 것이다. 이 말은 훗날 현실이 되었다.

1968년 4월 히토쓰바시대에서 나의 첫 세미나는 18명의 희망자가 있었지만 거절도 하지 못해 전원을 받아들이기로 했다.

이렇게 해서 1968년 4월부터 히토쓰바시대학의 전임 조교수로서 강의와 연습을 맡아 평범한 교수 생활을 시작했다. 연습(세미나)의 교재로 마루야마 마사오(丸山眞男)의 『현대정치의 사상과 행동(現代政治の思想と行動)』을 골라서 이 책에 실린 논문들을 한 사람당 한 편씩 할당하여 1회에 1편씩 발표와 토론을 벌이는 형식이었다. 마루야마 씨의 이 책은 다방면에 걸친 문제를 다루어 일본 근대정치사의 중요한 논점을 많이 함유하고 있었기 때문에 교재로 잘 선택했다고 생각한다. 나중에도 이 책을 교재로 썼다.

이 1968년은 학생투쟁이 격렬해지기 시작한 해였다. 1월에 도쿄대 의학부에서 발생한 분쟁은 학교 전체로 확산되어 이듬해 1월 야스다강당사건으로 발전했다. 그 외에도 주오대학, 니혼대학, 와세다대학 등 전국 115개 대학교에서 분쟁이 발생했다. 히토쓰바시도 늦었지만 분쟁이 발생하여 이듬해 1969년에는 전공투(全共鬪) 학생들이 학교 본관을 봉쇄했다.

1968년도에 들어 나의 첫 세미나에서는 마루야마의 책을 열심히 읽고, 여름방학 합숙이나 방과 후 음주모임 등을 통해 학생들과 친해졌으나 이듬해 1969년도에 들어온 학생 15명이 대학분쟁, 봉쇄, 수업정지 사태에 연관되었기 때문에 거의 공부할 틈이 없어서 세미나생의 교류도 충분히 할 수 없었다고 기억한다.

니시 학부장의 예언이 적중하여 1969년 4월부터 나는 교수회에서 학무위원에 뽑혔다. 즉시 대학분쟁에 직면하게 된 것이다. 게다가 학생부장이 봉쇄가 시작되자마자 병으로 휴직해서 위원 중 가장 나이가 많은 내가 위원장으로서 학생부장을 대리하여 봉쇄파 학생과의 교섭과 나머지 업무를 맡았다. 전공투파가 본관을 계속 봉쇄하는 한편, 민청(民靑) 학생은 자치회를 굳게 지켰다. 때마침 정부가 학생운동으로서 1969년 5월에 「대학운영에 관한 임시조치법안」을 국회에 제출했다. 이 법안은 분쟁대학의 폐쇄를 포함하는 권한을 정부에 부여했다. 전국의 대학교에서 반대운동이 활발히 일어났고 히토쓰바시에서도 자치회나 교수회가 반대하기로 결의하여 전학공동 반대데모를 벌였고, 나는 무라마쓰(村松) 학장대리와 함께 국회를 방문하여 각 당에 반대 의사를 전했다. 이 상황은 전국에 방영되어 유명해졌다.

대학교에서 분쟁 대책을 마련하느라 바빴던 이 시기에 학회활동에서도 나는 중책을 맡았다. 1968년 5월 대회에서 나는 역사학연구회의 위원으로 편집장에 선출되었다. 오타 히데미치(太田秀通) 위원장 밑에서 편집장이 된 나는 대학분쟁의 여파로 역연 내의 문제에 시달렸다. 하나는 그 해 여름 학술회의 회원 선거에 이노우에 기요시 씨를 추천할지에 대한 문제였다. 이노우에 씨는 큰아들이 야스다강당에 농성했기에 도쿄대 정문 앞에 봉쇄학생에 대한 연대의 인사를 입간판으로 만들어 문제가 되었다. 대부분의 위원은 민청계로 봉쇄에 동조하는 사람을 추천할 수 없다며 역연의 추천에 크게 반대했다. 나는 학문적 입장에서 지금까지 해 온 대로 추천해야 한다고 주장했다. 또 다른 문제는 도쿄대 서양사 대학원생으로 '게발트 로자(Gewalt Rosa)'[71]라는 별명을 가진 가시와자키 지에코(柏崎千枝子) 씨의 논문의 게재 여부였다. 위원 중에는 가시와자키 씨에게 맞은 대학원생도 있어서 폭력파의 논문을 싣는 데 강경히 반대했다. 나는 객관적으로 논문을 평가해서 게재가 가능하면 실어야 한다고 주장했다. 이노우에 씨나 가시와자키 씨의 건이나 나는 소수파였지만 정론

....

71) 독일어로 폭력을 의미하는 게발트와 혁명가인 로자 룩셈부르크(Rosa Luxemburg)의 이름을 합친 별명이다.

을 주장했기에 최종적으로는 내 의견대로 되었다. 나는 지금도 역연 편집장으로서 정치에 좌우되지 않고 집단적 입장을 우선한 올바른 행동이었다고 믿는다.

역연의 편집장은 1년만 하고 이듬해 1969년 5월 대회에서 나는 위원장에 뽑혔는데 오타 씨의 후임으로 예정된 나가하라 게이지(永原慶二) 씨가 히토쓰바시대학 경제학부장에 취임하게 되어 학부장과 역연 위원장을 겸임하기 무리라고 하므로 갑자기 내가 지목되었기 때문이었다. 그런데 실제로는 나가하라 씨는 학부장이 되지 못했고 반대로 내가 사회학부장이 되어 더 바빠지게 되었다.

교수에서 조교수로 자격을 낮춰 히토쓰바시대학에 취직한 나는 2년째인 1969년 12월에 교수로 승진했다. 때마침 히토쓰바시대학교도 분쟁이 한참이었다. 교수가 되자 바로 1970년 4월에 학부교수회 선거에서 히토쓰바시대학 평의원에 선출되었다. 이때 사회학부에서 1969년 3월의 교수회에서 학부장으로 뽑힌 스즈키 히데오(鈴木秀勇) 교수가 전공투 학생에게 동조하여 "평의회는 범죄기관이다"고 말하며 학부장 취임을 거절한 사건인 '스즈키문제'가 발생했다. 학부장 이외의 평의원인 미나미 히로시(南博) 교수도 마스부치 다쓰오(增淵龍夫) 교수도 분쟁이 시작된 뒤부터 병에 걸려 휴직했기 때문에 사회학부 평의원은 한 사람도 없었다. 대학 전체의 운영에도 지장이 있었다. 조교수 이하만이 출석하는 사회학부 교수회는 어쩔 수 없이 쓰즈키 주시치(都築忠七), 다케우치 게이이치(竹內啓一)와 나를 학부운영위원으로 선출위원이 학부의 대표로서 평의회에 출석하는 이례의 조치를 취했다. 운영위원 대표인 나는 평의회에 출석할 뿐 아니라 전투위(全鬪委, 전학투쟁위원회의 약칭) 소속 학생과 단체교섭에 출석하여 괴롭힘을 당하는 등 끔찍한 경험을 하게 되었다.

스즈키 교수는 그해 말에 자기비판서를 내고 학부장에 취임했으나 내가 평의원에 선출되어 평의회에 출석하자 일하기 힘들었던지, 병을 이유로 사표를 제출했다. 그래서 나는 갑자기 학부장에 선출되었다.

대학교에서는 학무위원장, 평의원, 학부장, 학회에서는 역연 편집장과 위원장으로서 매우 바빴던 시기였지만 학문적 성과도 상당히 거뒀다. 1969년부터 1970년까지 대학교의 기요(紀要) 『사회학연구(社會學研究)』에 「일본군대의 혁명과 반혁명(日本軍隊における革命と反革命)」, 유히카쿠(有斐閣)가 간행한 『근대일본사상사대계(近代日本思想史大系)』에 「궁중그룹의 정치적 태도」, 「전쟁지도자의 정신구조」 같은 논문을 썼다. "바쁠수록 일이 잘된다"는 말은 사실일지도 모른다.

6. 현대사 그룹을 조직하다

1960년대는 현대사의 퇴조기였다. 일본경제의 고도성장과 함께 근대 일본의 경제발전을 찬미하는 '근대화론'이 퍼졌다. 그리고 전쟁비판을 전면적으로 전개한 1950년대 우리의 활동에 대한 반발 때문에 전쟁을 합리화, 미화하는 움직임이 발생했다. 특히 육해군에 관계된 막대한 사료가 미국에서 반환되자, 이 자료들을 독점이용한 아사히신문사에서 일본국제정치학회 태평양전쟁원인연구소가 편찬한 『태평양전쟁으로 향하는 길: 太平洋戦争への道』전 7권과 별권이 1962년부터 1963년까지 간행했고, 또 방위청방위연구소 전사실이 편찬한 『전사총서』 102권이 간행되기 시작하여 이데올로기를 배제한 실증적 연구의 성과라는 칭찬을 받았다.

이러한 전쟁을 긍정하는 역사를 상대로 우리의 현대사 연구를 활성화시키는 것이 과제였다. 나는 히토쓰바시대학교에 취직하여 넓은 연구실을 갖게 되었고, 대학교 도서관이 일본의 「육해군관계 문서」의 엄선된 마이크로필름을 구입한 것을 계기로 후루야 데쓰오, 유이 마사오미(由井正臣), 아와야 겐타로(粟屋憲太郎) 등과 1968년 여름방학에 이 문서의 체크리스트를 일본어로 번역하여 『구육해군관계문서목록: 旧陸海軍関係文書目録』이라는 제목으로 200부를 등사인쇄했다. 이 책을 나눌 때 우리의 모임에 「군사사연구회」라는 이름을 붙였는데, 현재 「일본현대사연구회」로 발전했다. 우리의 작업은 이 리스트에서 미군이 압수한 사료를 추적했다.

우선 예전에 역연이 편집하여 도요게이자이신보에서 간행한 『태평양전쟁사』의 개정 작업부터 시작했다. 구판은 사료든 논증이 조잡한 점에서든 아사히의 『태평양전쟁으로 향하는 길』의 비판대상이 되었다. 나는 1968년 5월에 역연 편집장이 된 것을 계기로 구판을 전면개정하여 신판 『태평양전쟁사』를 간행하기 위해 연구회를 발족시켰다. 이 연구회에는 유이, 아와야나 우노 준이치(宇野俊一)에 교토의 기사카 준이치로(木坂順一郎), 나고야의 에구치 게이이치(江口圭一), 도쿠시마(德島)의 스즈키 다카시(鈴木隆史) 등에게도 참가를 의뢰했다. 그리고 이듬해 문부성 과학연구비의 종합연구에 「태평양전쟁의 연구」라는 제목으로 응모하여 채용되었다. 『태평양전쟁사』 전6권은 아오키쇼텐에서 1973년까지 간행했는데, 전체를 통사로서 정리하기 위해 나는 분담집필한 각자의 원고에 과감하게 손을 대는 등 편집에 상당한 수고와 시간을 쪼개서 노력했다고 생각한다. 그리고 간행 후에도 연구회는 「일본현대사연구회」로서 계속 정례적으로 모인다.

현대사 연구의 조직화를 위해 매년 여름마다 세미나를 열기 시작했다. 1969년 정월에 항례로서 우리 집에 모두 모인

자리에서 유이와 아와야가 세미나를 열자는 말을 꺼냈다. 곧바로 우리 집에서 각지의 연구자에게 전화를 걸어 여름방학에 유가와라(湯河原) 온천에서 현대사 세미나를 열게 되었다. 이때의 발표는 에구치 게이이치, 사사키 다카시와 내가 했다. 출석을 의뢰한 것은 논문을 통해서 이름만 알았던 기사카 준이치로, 스즈키 다카시 씨 등이었다. 세미나 도중 스즈키 씨는 이번엔 후지와라 세미나에 초대받았다는 살짝 웃기는 인사를 했는데 출석자 15명의 절반이 내 세미나 출신이었다.

이 1969년의 세미나는 이른바 준비모임이었고 이듬해 1970년 여름방학에는 중국사, 서양사에 관계된 젊은 연구자에게도 권유하여 제1회 현대사 여름 세미나를 개최했다. 이 세미나는 다카오산(高尾山)의 야쿠오인(薬王院)에서 2박 3일 합숙으로 개최하여 60명이 넘는 사람들이 참가했다. 회합에서 나카니시 고(中西功), 에구치 하쿠로 두 선배의 기념강연 후 「파시즘론」, 「통일전선론」, 「제2차 세계대전론」의 세 가지 부문으로 나누어 발표와 토론을 했다.

이번 세미나의 성공은 현대사 연구에 하나의 전환점을 가져오게 되었다. 1960년대 후반부터 고도경제성장과 함께 확산되는 반동적 분위기는 역사학 분야, 특히 현대사의 반동 공세를 강화시켰다. 한편 1968년 이래 대학분쟁은 대학의 학문연구 정체를 초래했다. 대학원생급의 젊은 연구자들

은 연구의 방향성에 몹시 괴로워했는데 현대사 여름 세미나는 이러한 문제의식에 응답했다. 참가자는 열의에 넘쳤고 발표집 『세계사 속의 1930년대(世界史における1930年代, 靑木書店, 1971년 4월)』는 단기간에 5쇄를 찍어 전국 현대사 연구자에게 큰 반향을 불렀다.

이렇게 해서 현대사 연구의 조직에 노력하는 한편 나는 1968년부터 나카노구로부터 『나카노구사 쇼와편(中野區史昭和編)』의 편찬을 위촉받았다. 도정사료관(都政史料部館)의 다구치(田口) 씨의 추천을 받아서 한 일로, 다구치 씨는 『지요다구사』를 편찬할 때 내가 일하는 모습을 주의 깊게 보고 책임감에 넘치니까 일을 맡겨도 좋다고 생각했다고 한다. 나카노구의 총무부장이 집에 와서 돈을 주지만 참견하지 않는 조건으로 편찬자 선발부터 책 내용까지 모두 맡기겠다고 말하기에 승낙했다. 이 일을 위해 구청 7층의 방 하나를 얻어 두 명의 구청 직원이 상주하며 도와줬다.

구사를 편찬하기 위해 나카무라 마사노리(中村政則), 구리모토 야스노부(栗本保延), 아와야 겐타로, 이치가와 료이치(市川亮一), 요시이 겐이치(吉井硏一), 야마베 마사히코(山辺昌彦) 등에게 도움을 청하여 1969년부터 일을 시작했다. 구사 편집실은 입지조건이 좋았기 때문에 그 후 몇 년 동안 현대사 연구 사무실의 느낌이었다.

이렇게 일을 계속하면서 결국 본편 3권, 자료편 3권 합계 6권의 대작을 완성했다.

히토쓰바시대학의 대학원 세미나는 1968년에 세미나에 들어온 학생이 졸업하는 1970년도부터 시작했다. 그 해 제1회 세미나에는 학부 1기생인 요시이 겐이치만이 들어왔다. 거기에 마스부치 다쓰오 세미나의 이치카와 료이치가 참가했고, 그 외에 도쿄대 대학원의 아와야 겐타로가 참가했다. 또한 국립 주재 와세다의 조교수 유이 마사오미도 출석하여 겨우 세미나의 형태를 띠게 되었다. 이번 세미나에서『사이온지 공과 정국(西園寺公と政局)』이나『레닌전집』의 윤독부터 시작했지만, 그 후 오로지 각자의 개별 발표를 하는 방식으로 바꿨다.

그 시절 안보재개정 문제가 사토 내각의 기간 무기한 연장 조치 때문에 깔끔히 넘어갔기 때문에 목표를 잃은 전공투파는 더욱 과격해져서 요도호사건(1970년 3월)이나 아사마산장사건(1972년 2월)을 일으켰다. 이러한 상황 속에서 대학교에 남아 학문의 길을 걸은 대학원생들은 문제의식도 높아서 그 후의 일본 학계를 지탱하는 세력으로 성장했다. 나의 세미나도 내가 히토쓰바시에 근무하기 시작한 초기 세대에 해당하는데 그 후 학계에서 중심적 역할을 맡았다.

7. 『천황제와 군대』에 대해서

히토쓰바시대학에 취직한 당초 나는 느닷없이 학무위원으로서 대학분쟁을 대처했고, 또 1970년부터 1973년까지 2기 동안 학부장을 맡는 등 분쟁 시기의 학교행정에 관여하느라 매우 바빴다. 하지만 그 틈에 쓴 논문은 나름대로 문제를 선명히 다뤘다고 생각한다. 1969년 학술지에 쓴 『일본군대의 혁명과 반혁명』이나 1970년에 『근대일본사상사대계』에 쓴 「궁중그룹의 정치적 태도」나 「전쟁지도자의 정신구조」등이 그러했다. 나중에 이 시기에 쓴 논문을 모은 『천황제와 군대(天皇制と軍隊, 靑木書房, 1978년)』가 나의 대표작이 된 것도 이러한 문제의식 때문일 것이다.

1973년 사회학부장을 사임한 후 1975년 8월 샌프란스코에서 열린 제2차 세계대전사 연구국제위원회에서 「일본의 정치와 전략」을 발표했다. 영문으로 발표했지만 발표문을 준비해서 했다. 일본의 정치와 전략, 즉 국무와 통수의 분열이 치명적이었다는 취지였다. 그런데 일본은 나치스에 필적하는 전체주의에 의해 정치와 전략이 일체화되었다고 생각한 서구의 연구자로부터 질문이 쏟아졌다. 질문을 이해할 수 없었기 때문에 오로지 에구치 씨의 제자로 캐나다에 사는 가게 다쓰오(鹿毛達雄)의 도움을 받아 상황을 넘겼다.

샌프란스시코 회의 종료 후 같이 온 아와야와 함께 1개월 동안 워싱턴에 머무르며 공문서관이나 의회도서관에 소장된 전시기 일본 관계사료를 열람했다. 역연에서 미군 압수 문서 반환운동을 하던 나는 전시기의 일본의 연구는 워싱턴에 가야 할 수 있음을 통감했다.

이 제2차 세계대전사 연구국제위원회는 5년에 한 번 국제역사학회 분과회의 하나로 개최되었기 때문에 그 후 부쿠레슈티, 마드리드에서 열렸을 때도 출석한 후 유럽 관광여행을 했다.

미국에서 돌아오니 이번에는 가을에 모스크바에서 소일역사학 심포지엄에서 발표하게 되어 소련에 갔다. 이 날 소련 심포지엄은 2년에 한 번, 일본과 소련에서 교대로 개최하였고 나는 일본 조직위원으로서 이후 4년에 한 번 소련을 방문했다. 소일 심포지엄의 회합은 사흘 동안이었는데 우리는 소련을 방문할 때마다 2주일 동안 사비로 소련 각지를 여행하기로 했다. 이렇게 해서 레닌그라드, 키이우, 오데사, 크림, 스탈린그라드 등 소련의 주요 장소를 관광할 수 있었다.

또한 이 때 소일 심포지엄을 마친 후 나는 혼자 유럽에 가서 영국, 프랑스, 이탈리아를 여행했다. 이것은 분쟁기의 학부장의 포상으로서 죠스이카이(如水숲)[72]로부터 해외연수

....

72) 히토쓰바시 대학 동문회.

여행 비용을 받아 이용했기 때문이다. 성탄절 직전인 11, 12월에 갔으므로 여행자는 적었으나 어디든 비어있었기 때문에 여행 환경은 쾌적했다.

제1회 소일 역사학 심포지엄의 기록은 내가 편집자가 된 『혁명러시아와 일본-제1회 소일역사학심포지엄 기록(革命ロシアと日本一第一回日ソシンポジウム記録, 弘文堂, 1975년)』이라는 제목으로 간행했다.

이 1970년대 전반에 나의 개인적 관심은 천황제였기에 몇 편의 논문을 썼다. 「군대와 천황제이데올로기(軍隊と天皇制イデオロギー『科學と思想』第七号, 1973년)」, 「전전천황제 속 천황의 지위(戰前天皇制における天皇の地位, 『現代と思想』第一五号, 1974년)」, 「근대 천황제의 변질-군부를 중심으로(近代天皇制の変質一軍部を中心として, 『日本史研究』1975년 3월호)」, 「천황의 전쟁책임(『歷史地理敎育』1977년 1월호)」 등이었다.(원고 미완)

저자인 후지와라 아키라의 사망으로 인해 여기서 끝났지만 이후의 활동을 「전후 50년과 나의 현대사 연구(속)」(『年報日本現代史』第二号, 1996년)에서 인용해서 덧붙인다.

1970년대 전반에 현대사 연구 분야에서 또 다른 문제는 미국이 압수한 자료의 반환과 공개를 요구하는 운동이었다.

전쟁사의 기본 사료인 육해군의 문서가 미국에서 방위청 전사실에 들어간 채로 일부 인간 이외에 비공개이며 특히 나를 포함한 4명의 특정 인물에게는 절대 보여주지 않는 사실을 에구치 씨가 썼다. 그건 둘째치고 신헌법하에서 군과 관계가 없어야 할 방위청이 군의 문서를 독점하는 사실은 도리에 어긋난 것이다. 또한 미국에는 아직도 많은 양의 압수 문서가 존재하는 사실도 1970년대 초에 밝혀졌다. 그래서 현대사 연구자 중에서 미국에 압수문서의 반환, 그리고 방위청에는 사료 공개를 요구하는 운동을 하자는 기운이 1972년 즈음부터 고조되었다.

역연은 1972년 9월호에 이 문제에 대한 좌담회와 소개를 실었다. 그리고 1973년에는 이 좌담회 참가자를 중심으로 해서 마쓰모토 세이초(松本清張)와 마루야마 마사오 씨 등도 발기인으로 받아들인 「미국 압수문서의 반환과 공개를 요구하는 모임」을 만들어 요청서를 외무성이나 학술회의에 제출했다. 또한 역연이 중심이 되어 일본역사학협회를 움직여서 이 문제에 대한 28개의 학회로 구성된 학회연합을 만들어 국립공문서관, 여러 정당과도 교섭했다. 이 운동의 성과로 미국 의회도서관으로부터 압수문서의 반환을 실현했고, 방위청 관방장이 국회의 내각위원회에서 사료 공개를 약속한 사실을 들 수 있을 것이다(중략).

1970년대 후반에 들어 대학교도 거의 안정을 되찾았고 나 자신도 겨우 안정된 상황에서 논문을 쓰거나 외국에서 열린 학회에 발표를 할 수 있었다. 난세의 학부장을 지낸 보답인지, 1975년에 히토쓰바시의 후원회로부터 단기 해외출장 여비를 받아 다행이었다. 1975년 8월의 샌프란시스코 국제역사학회에 참석했을 때 제2차 세계대전사 연구 국제위원회의 공동 주제인 「제2차 세계대전 속의 정치와 전략」에서 일본에 대한 발표를 한 것이 첫 국제학회 참가 경험이었다. 그후 워싱턴을 돌며 의회도서관을 방문하니 동양부장인 구로다 씨가 내가 사료반환운동을 하는 사실을 알고 "여기에 있으니까 선생님께 보여드릴 수 있지만 일본에 반환하면 도리어 보지 못하실지도 몰라요"라고 웃으면서 말했다. 사실 그대로라서 문서가 반환되어 국립공문서관에 들어가니 '개인정보'라는 이유로 상당수가 비공개되고 말았다.

그 해는 11월에 모스크바에서 열린 소일 역사학심포지엄에서도 제2차 세계대전에 관한 발표를 했는데, 그것이 계기가 되어 그 후 소일 심포지엄에 모두 개근하여 4년에 한 번씩 소련을 방문했다. 모스크바에서 심포지엄을 마친 후 혼자서 서유럽을 돌았는데, 밀라노에서는 내 밑에서 공부하던 발로타가 가이드를 맡았다. 보코니 대학교에서 열린 파시즘 연구회에서 발표도 했다.

첫 논문집인 『천황제와 군대』는 1978년에 발간했다. 또한 젊은 연구자를 모아 사회운동이나 민중생활의 통사로서 『일본민중의 역사: 日本民衆の歷史』를 출간하고, 마찬가지로 논집으로서 『체계일본현대사: 大系日本現代史』 전6권을 간행하기도 했다. 이러한 현대사 관계 논문집이나 총서, 자료집 등의 편찬자로서의 일은 이후 점차 많아졌지만, 동시에 이 시기부터 사회적 발언을 요구받는 경우도 많아져서 기고문도 많이 집필했다.

1975년은 전후 일본사에서 큰 전환기였을 것이다. 1971년 달러쇼크, 1973년의 석유파동으로 일본의 고도성장이 멈췄고, 세계는 동시불황에 빠졌다. 이런 상황 속에서 미키 내각은 합리화, 감량화 정책을 추진했고 대기업은 이에 편승하여 철저한 비용 절감을 추진했다. 정부가 선두에 서서 국민적 위기감을 부추김으로써 노동조합의 전투력을 빼앗았다. 1975년 11월의 파업권 파업의 패배 이래, 노동운동의 우경화는 단번에 진행되었다. 합리화에 성공하여 국제경쟁력을 키운 일본 기업은 자동차를 선두로 하는 제품으로 세계시장을 제압하여 1970년대 후반의 일본은 세계동시불황을 빠져나와 혼자 안정성장을 계속했다.

한편 1975년 4월의 사이공 함락은 미국의 군사력이 저하되었음을 보여줬다. 이 후 미국은 혼자 경제발전을 계속하는 일본에 그에 걸맞는 군사적 부담을 강하게 요구하게 되었고, 매년 방위절충에서 항상 방위비 증액이 과제가 되었다. 1978년의 미일방위협력을 위한 가이드라인은 일본의 역할 강화의 상징이었다. 요컨대 70년대 후반은 우경화, 군사화가 진행되었다.

이러한 상황에서 전쟁사, 군사사에 대해서만 아니라, 유사입법제정문제나 가이드라인과 미일방위협력체제에 대한 시사 문제에 관한 평론을 집필할 기회가 많아졌다. 군사사가 전문인 만큼 군국주의 부활을 떠올릴만한 사태의 전개를 묵묵히 보고 있을 수는 없다는 절박감을 느꼈기 때문이다. 이러한 몇 편의 논문을 1982년에 『전후사와 일본 군국주의(戰後史と日本軍国主義)』라는 책에 실었다.

1980년대 들어 현대사 연구가 현실 정치과제와 관계를 갖는 경우가 더욱 많아져서 나도 그러한 활동에 관여하는 경우가 늘었다. 지면 제한 때문에 그 중 남경사건과 오키나와 문제에 관해서만 서술하기로 한다.

1982년 7월 일본의 교과서 검정이 중국, 한국의 항의를 받아 국제 문제가 된 사실을 계기로 남경대학살 논쟁이 다시 시작되었다. 스즈키 젠코(鈴木善幸) 내각의 미야자와 기이치(宮澤喜一) 관방장관의 담화가 "정부의 책임으로 시정하겠다"고 약속한 것을 외국의 내정간섭에 굴복한 연약외교라고 비

난하는 우익이나 보수파가 스즈키 내각의 뒤를 이어 군사대
국화를 지향하는 나카소네 야스히로(中曾根康弘) 내각에서 세
력을 키웠다. 그리고 남경대학살을 허구라고 주장하는 주장
이『문예춘추』나『정론』에 떠들썩하게 실렸다. 이런 상황에
학살을 논증하는 쪽에는 예전부터 와세다 대학의 호라 도미
오(洞富雄) 씨나 아사히의 혼다 가쓰이치(本多勝一) 씨가 분투
하고 있을 뿐이었다. 교과서재판의 중요한 쟁점이기도 한 이
문제에 현대사 연구자로서 노력해야겠다고 생각했기 때문에
1984년 3월에 발족된 남경사건조사연구회에 나도 참가했다.

이 모임에는 호라, 혼다 씨를 비롯하여 일본 현대사, 중
국 현대사 연구자에 추가로 이에나가교과서재판[73]의 변호
사들도 참가했고 히토쓰바시대학의 조교였던 요시다 유타카
(吉田裕)가 간사를 맡았다. 그리고 발족 이래 월에 한번 연구
회를 계속하여 1984년 12월에는 내가 단장이 되어 조사단을
조직하여 남경에 갔다. 아직 남경에는 학살기념비가 없어서
강동문(江東門)에 있는 기념관의 유골 발굴 현장에는 자석이
하나 놓여 있을 뿐이었다. 남경 역사학회와 우리의 교류회에
서 일본에는 학살부정론의 큰 흐름이 있는 사실을 알고 중
국 쪽은 놀란 듯했다. 중국 쪽에서 연구가 진행되거나 장대
한 기념관을 세우는 데에 우리 모임의 결성과 조사단의 방문

---

73) 일본의 역사학자인 이에나가 사부로(家永三郎)가 교과서 검정이 헌법 위반이라는
　　이유로 국가를 대상으로 소송한 사건.

이 큰 자극이 되었다고 생각한다.

남경사건조사연구회의 활동은 모임으로서의 간행물 외에도 호라, 혼다 씨나 가사하라 도쿠시(笠原十九司), 요시다 유타카, 그리고 나도 개인으로 저작을 간행하여 학문적으로 허구설, 환상설을 완전히 깨부쉈다고 생각한다. 단 남경사건은 독일의 아우슈비츠의 경우와 마찬가지로 부정파도 집요하게 거듭 반격하여 환상설이 파탄난 후에는 불법 살해한 숫자가 그렇게 많지 않으니까 대학살은 거짓이라고 말하는 소수론을 의지하여 논란을 멈추지 않았기 때문에 연구회의 역할도 아직 끝나지 않고 현재에도 이어지고 있다.

월에 한 번 다른 전공의 사람들이 하나의 목적을 위해 모인 이 연구회는 화기애애한 분위기였다. 나고야에서 에구치 게이이치, 미토에서 이시지마 노리유키(石島紀之), 니이가타에서 후루마야 다다오(古厩忠夫) 씨 등이 먼길을 마다 않고 매번 출석하신 것도 이 모임의 분위기와 회합 후의 간담회가 즐거웠기 때문일지도 모른다.

같은 시기에 「오키나와전을 생각하는 모임: 沖縄戦を考える会」라는 연구그룹을 만들었다. 1982년의 역사교과서 검정에서 오키나와에서 일본군이 저지른 주민학살에 관한 기술이 삭제된 사실이 문제의 발단이었다. 이 사건으로 오키나와의 여론은 들끓었는데 본토에서는 거의 반응이 없었다. 그것

은 오키나와전이 다른 지역에서는 거의 남의 일로 받아들여지는 상황이었기 때문이기도 했다. 그리고 1987년 10월의 오키나와 국민체조대회에 쇼와 천황이 출석하기로 예정되어 오키나와의 전후를 끝내려는 움직임이 탄생했다.

이것으로 좋은 것일까? 오키나와에 사는 역사가의 연구나 오키나와 현민의 체험기뿐 아니라 본토에 사는 역사 연구자도 자신의 과제로서 오키나와전에 몰두해야 하지 않을까, 이렇게 생각한 나의 호소로 1986년 6월에「오키나와전을 생각하는 모임(도쿄)」을 발족시켰다. 오키나와에 이미 같은 이름의 모임이 있어서 우리 모임은 괄호를 달아 '도쿄'라는 식으로 했다. 이 모임에는 다카시마 노부요시(高嶋伸欣), 에구치 게이이치, 야마다 아키라(山田朗), 고게쓰 아쓰시(纐纈厚), 하야시 히로후미(林博史) 씨와 나를 포함한 여섯 명이 참가하여 하야시가 간사를 맡았다. 몇 년 후에 오키나와를 생각하는 모임의 회원으로부터 이쪽은 이제 활동하지 않으니까 '도쿄'는 지워 달라는 말을 듣고 그 후 그냥 오키나와연(沖縄研)라는 이름을 쓴다.

1987년 가을에 천황이 오키나와를 방문하기 전에 어느 정도 성과를 내자는 이유로 이 모임도 단기간에 정력적인 연구 활동을 하여 1987년에 두 권의 공동저서를 출간했다. 나는 1986년 히토쓰바시대학을 정년퇴직했기 때문에 이 시기에 비교적 연구회나 집필에도 시간을 쓸 수 있어서 초특급으로 책을 완성했는데, 공동연구자 여러분께 꽤 무리한 요구를 한 셈이었다.

이 오키나와연도 매월 한 번씩 만남을 갖고 있다. 그리고 다카시마, 하야시 씨의 활약도 있어서 연구대상은 오키나와뿐 아니라 말레이시아, 싱가포르로 점점 동남아시아 전체로 확대되었고, 점차 아시아에서 일본군이 저지른 학살연구회 같은 모습을 보이게 되었다. 그리고 회원도 필리핀이나 인도네시아의 전문가, 포로나 전범 문제의 연구자 등으로 확산되었다.

1990년대 들어 전쟁책임이나 전후 보상이 큰 문제가 되었는데 오키나와연 회원 중 많은 사람이 이러한 과제에 관계하여 시민운동 중에서도 활동적인 역할을 맡고 있다.

나의 현대사 연구에 전후 50년은 많은 뛰어난 동료들을 만난 복된 시간이었다고 할 수 있다. 나는 대단한 일을 하지 못했지만 친구, 동료들을 잘 만난 덕분에 현대사 자체는 초창기부터 현재까지 발전할 수 있었다. 그리고 현재 일본에 없어선 안 될 연구 분야의 지위를 겨우 얻을 수 있게 되었다고 할 수 있다.

요시다 유타카

이 책은 일본 근현대사 연구의 개척자인 후지와라 아키라 씨 (이하 저자)의 종군회고록이다. 저자는 1922년 7월 2일 육군 주계소장인 후지와라 도지로의 큰아들로서 도쿄에서 태어났다. 부립 6중을 거쳐 1938년 12월 육군사관학교(예과)에 입학하여 1941년 7월에 본과를 졸업했다(제55기생). 아버지 도지로는 관한 상세한 기록을 찾을 수 없었지만 제10기 주계후보생으로서 1914년 9월에 육군경리학교에 입교하여 1916년 5월 졸업한 사실을 확인할 수 있다(柴田隆一・中村堅治 『陸軍経理部』 芙蓉書房, 1981년). 저자의 말에 따르면 "군인치고는 상식이 풍부하고 유연한 사고의 소유자"였다. 1945년 4월 저자가 아버지와 중국전선에서 만났을 때도 전쟁의 앞날에 대해 확실하게 "이젠 끝장이다"고 말했다.

사관학교 졸업 후 저자의 간략한 군경력을 보자. 이 책, 저자가 근무했던 히토쓰바시대학의 「인사기록」, 하타 이쿠히코(秦郁彦)가 편찬한 『일본육해군종합사전(제2판, 東京大学出版会, 2005년)』을 참조했다. 이 책에서는 중위 진급은 1942년 10월 1일로 되어 있으나 「인사기록」, 『일본육해군종합사전』에 기재된 날짜에 따랐다. 「인사기록」은 명예교수가 되었을 때의 참고자료로 내가 갖고 있다. 국립 대학교에서 교수의 인사기록 중에 군경력이 포함된 경우는 처음이라 깜짝 놀란 기억이 있다. 경력은 다음과 같다.

1941년 10월 1일 소위 임관(만19세), 제27사단 지나주둔보
병제3연대 소속

1943년 3월 1일 중위 진급

그해 4월 27일, 지나주둔보병제3연대 제3중대장

1944년 12월 1일 대위 진급

1945년 4월 27일 제216사단 보병제524연대 제3대대장

그해 12월 1일 예비역 편입

그동안 저자는 화북에서 치안숙정전, 만주에서 대소 경계, 1944년 4월에 개시된 대륙타통작전에 참가한 후, 본토결전을 위한 대대장 요원으로서 복귀하여 제524연대의 대대장이 되었다. 경력을 보고 느낄 수 있는 것은 만 19세하고 3개월 이라는 젊은 나이로 소위에 임관한 사실이다. 정세가 긴박해 지는 가운데 사관학교 교육이 단축된 결과였는데, 대부분의 병사보다 어린 장교가 탄생한 셈이다. 또한 진급속도가 빠른 점도 놀랍다. 소위 임관 후 1년 5개월 만에 중위 진급, 중위 진급 후 1년 9개월 만에 대위로 진급했다. 아시아태평양전쟁 당시의 수상인 도조 히데키 육군 대장과 비교하자. 1884년 12월 30일생인 도조는 1905년 3월 육군사관학교를 졸업하고(제17기생), 그해 4월 소위, 1907년 12월에 중위, 1915년 6월에 대위로 진급했다. 소위 임관 후 약 2년 8개월 만에 중

위, 중위 진급 후 약 7년 6개월 후에 대위로 진급한 셈이다. 도조처럼 엘리트 코스를 걸은 군인과 비교해서 이 시기의 하급 장교의 빠른 진급이 눈에 띈다. 덧붙이자면 1939년의 장교 정원과 현역 인원을 비교해 보면 장교 전체에서는 예비역 장교를 소집하는 식으로 정원을 가까스로 채웠다. 그런데 대위, 소좌급에서는 정원 2만 5961명에 현역은 1만 1422명으로 정원 충족률은 44%에 불과했다(大江志乃夫編著·解説『支那事変大東亜戦争間 動員概史(不二出版, 1988년)』). 그 후 정원과 현역 비율은 불명이지만 소좌와 대위는 일선에서 심하게 소모되는 대대장과 중대장 요원이다. 거기에 큰 결원이 발생했기 때문에 대위 진급이 빨랐다고 생각된다.

그렇다면 저자는 어떠한 장교였을까? 도쿄에서 태어난 저자는 아버지가 소장한 문학전집을 탐독하고 독서를 위해 도서관에 자주 다니던 문학소년이었기 때문에 사관학교에서도 유년학교 출신자나, 억세고 군국주의로 응고된 유형의 동급생과 체질 차이를 느꼈다. '제국육군'의 주류와 미묘한 거리감을 유지한 존재였다. 소위 임관 후에도 그 거리감에 변함이 없었다. 이 책을 통해 우리는 열심히 일하는 진지하고 용감했던 한 장교가 일본이 내세운 전쟁목적이나 전쟁의 대의에 조금씩 회의감을 품는 모습을 읽을 수 있다. 그 회의감은 마을의 '진멸'을 명령하는 연대장이나 고문을 명령하는 대대장 등의 언동에 대한 의문에서 시작되어 동료 초급 장교나 군의관과의 은밀한 대화를 통해 깊어졌다. 저자의 말에 따르면 중국과의 전쟁에 결정적인 의문을 갖게 된 것은 화북에 주둔 중인 1943년 3월 진해도 영청현에 출동했을 때 겪은 체험 때문이었다. 이때 저자는 굶주려서 거의 뼈만 남은 중국인 모자의 모습을 보고 "일본군은 아시아를 해방하기 위해, 중국 민중을 지키기 위해 싸운다고 배웠는데 가난한 농민들은 굶주리고 있지 않은가? 그것을 토벌하는 것이 황군의 모습이냐는 의문을 가졌다"고 한다. 동시에 저자는 저돌맹진형 장교가 결코 아니었다. 이 책을 읽으면 가혹한 행군 때문에 낙오하지 않도록 병사의 체력을 어떻게 온존할지, 또 필요한 식량을 어떻게 확보할지 중대장으로서 항상 신경 썼음을 잘 알 수 있다.

또한 이 책에서도 언급하듯 저자는 1944년 9월의 전투에서 부상을 입었다. "우측 흉부 관통성 맹관총상"이다. 관통성이란 총탄이 가슴, 배 등을 관통했고, 맹관은 총탄이 체내에 남아 있있다는 의미이다. 다만 내가 대학원에 다니던 시절에 지도 교수였던 저자가 말한 바에 따르면 부상을 입은 시기는 확실치 않지만 전투 후 두 군데를 다쳤다. 한 곳은 좌우어느 쪽인지는 잘 기억나지 않지만 발뒤꿈치를 맞았다. 그리고 팔로군의 수제 수류탄이 폭발하여 이빨을 다쳤다. 또 폐

안에는 총탄이 그대로 남아 있었다.

　이어서 전장의 기록으로서의 이 책 갖는 의의를 간단히 다루겠다. 저자가 배속된 지나주둔보병 제3연대는 지나주둔 보병 제1연대, 제2연대와 함께 제27사단에 속했다. 제27사단은 1938년 6월에 창설된 사단이며(外山操·森松俊夫編 『帝国陸軍編成総覧』 芙蓉書房出版, 1987) 3개의 보병연대를 기간으로 한 이른바 3단위 사단이다. 더 거슬러 올라가면 1901년 창설된 지나주둔군이 원형이다. 또 중국 이외의 지역에 파견된 일은 한 번도 없었다. "그 정도로 역사적으로, 지리적으로도" 중국과 관계가 깊은 사단은 "찾아볼 수 없다"고 한다(第二七師団のあゆみ編纂委員会編 『第二七師団のあゆみ』, 1969년). 중국 전선의 상황을 알기에는 딱 좋은 사단이라 할 수 있다.

　또한 이 책에 따르면 저자는 중국전선에서 종군하는 기간에 자신의 행동에 대한 '간단한 메모'를 남겼다. 부대사를 편찬할 때 그 메모를 사료로 제공했는데 편찬작업 과정에서 행방불명되고 말았다. 그 부대사는 지주보삼회가 편찬한『지나주둔보병 제3연대전지, 1975년』인데 이 책에 실린「지나주둔보병 제3연대 전지 편찬위원 및 상담역 명부」에 '상담역'으로서 저자의 이름이 기재되어 있다. 또한 편집위원인 오카노 아쓰오(岡野篤夫)도 "몇 번이나 의견을 준" 인물로 저자의 이름을 거론하여 저자가 부대사 편찬에 관여한 사실을 알 수 있다. 또한 부대사 편찬작업 중 귀중한 기록을 잃은 것은 안 타깝지만, 이 책 안에 "나의 메모로는 7일"이라는 기술이 있어서 '간단한 메모'와 별도로 매일의 행동 기록을 가진 듯하다. 이 책에서 전투가 있던 날짜를 세세히 기록한 것은 가지고 있는 메모와 부대사의 서술을 참고했기 때문일 것이다.

서론이 조금 길어졌는데 이 책이 묘사하는 전장의 실상 중 세 가지가 중요하다고 본다.

첫 번째는 가혹한 행군이다. 기계화가 늦은 일본군은 특히 보병부대의 이동을 도보 행군에 크게 의존한 사실을 잘 알려져 있다. 병사들은 소총과 철모(헬멧), 배낭, 탄약통 등 무기나 장구류의 무게를 견디면서 도보로 행군했다. 작전상의 요청을 우선했기 때문에 병사의 체력을 무시한 강행군이 되는 경우가 많았다. 더욱이 저자가 참가한 아시아태평양전쟁 말기의 대륙타통작전 시기에는 제공권은 중국에 전개한 미군 항공부대가 장악했기 때문에 야간행군이 중심이 되었고, 행군 때문에 발생하는 체력 소모가 심각한 문제였다.

그 점을 상징하는 사건이 이 책에서 다루는 장대관의 비극이었다. 1944년 5월 제27사단의 각 부대가 회하를 도하하려고 일제히 밤중에 무질서한 상태로 도하점인 장대관을 향해 이동했다. 그 결과 행군은 심하게 정체되었고 때마침 내리기 시작한 우박은 호우가 되어 병사의 체력을 소모시켰고 길은 진창이 되어 행군을 더욱 곤란하게 했다. 그렇기 때문에 낮에는 일사병 환자가 나올 정도 더웠음에도 불구하고, 사단 전체에서 166명이나 동사자를 내는 비극이 발생했다. 이때 제3중대장이었던 저자는 병사의 체력을 보존하기 위해 바로 앞의 마을에서 하룻밤 휴식시키고 이튿날 아침 장대관으로 향했기 때문에 희생자를 내지 않을 수 있었다. 중대장의 냉정하고 적절한 판단이 병사들을 구한 셈이었다. 이 장대관의 비극에 대해 지나주둔보병 제1연대 제3대대의 주계장교였던 오카노 아쓰오는 이렇게 회고한다(岡野『大陸塵譜』, 1962년). 또한 오카노는 훗날 지나주둔보병 제3연대 제1대대에 전속되었다. 제1대대는 저자가 속한 대대였으며 오카노는 부대사를 편찬할 때에도 앞서 말했듯 편찬위원을 지냈다.

비가 주룩주룩 내리는 암흑 속에서 부대를 전혀 통제할 수 없었다. 비좁은 도로에 두 세 개의 부대가 나란히 이동한다. 그런 와중에 점점 길이 막혀 이동할 수 없게 되었다. 계속 서 있으니 추위와 피로가 계속 밀려왔다. (중략) 길 양쪽은 논인 듯했다. 주변에는 먹으로 칠한 듯 어두컴컴했다. 비는 여전히 그치지 않았다. 5월인데도 배 속까지 추워서 모두 덜덜 떨었다. 때때로 졸음이 몰려와서 정신이 멍해질 것만 같았다.

"모두 계속 발을 굴려라. 군가를 불러"라고 서로 격려했다. (중략) 뒤에서, 뒤에서 군가가 들렸지만 모두 너무 피곤해서 때때로 웅덩이에 주저앉기도 했다. 옆에 있는 병사가 호되게 때리며 일으켰지만 그렇게 말하는 본인도 살 의지가 없는 듯했다.

이 대대의 경우, 시간이 꽤 지나고 대대장이 "논밭에 빠지지 않도록 마을을 찾아 대피했다가 날이 밝으면 도로에 집결하라"고 명령했다.

행군에 따른 병사의 체력 소모는 한 사람, 한 사람의 병사가 짊어진 무기, 탄약, 장구 등의 총중량, 즉 부담량과 직접 관계되어 있다. 대륙타통작전에 참가하여 전쟁영양실조증을 조사한 군의관 나가오 고이치는 이 점에 대해 "작전행동 중 장병들은 적과의 직접적인 교전보다 연속 행군 때문에 오히려 과로에 빠졌""이었으며 "과로했을 때 가장 큰 문제는 병사의 부담량"이라고 지적했다(長尾 『戰爭と 栄養』 西田書店, 1994년). 그리고 육군군의단의 연구에 따르면 중일전쟁 전 단계에서는 부담량의 '능률적 한계'는 체중의 35~40%로 여겼다(吉田裕 『日本軍兵士』 中公新書, 2017년). 제27사단의 경우를 보자. 패전 직후 육군 군의소좌 스즈키 다케노리(鈴木武德)가 작성한 제27사단의 「1944년 4월 15일부터 1945년 8월 14일까지의 위생업무요보(自昭和十九年四月十五日 至昭和二十年八月十四日 衛生業務要報, 방위연구소 전사연구센터 소장)」는 대륙타통작전 개시 직전인 1944년 4월 14일의 상황을 이렇게 지적한다.

병사들은 매우 무거운 장비를 갖추고 있다. 내 기억이 잘못되지 않았다면 당시 병사들의 평균 체중은 52kg 정도였는데 개인 부담량은 총 45kg에 달했다.

즉 부담량은 체중의 약 87%인 셈이다. 대륙타통작전에 참가한 제64사단의 보병(소총병)의 부담량은 수류탄 1발을 휴대한 병사의 경우, 평균 부담량 30kg, 체중 54kg, 부담량은 체중의 약 56%인 점을 생각하면(앞서 언급한 『戰爭と榮養』), 45kg은 과대한 느낌도 든다. 하지만 임팔작전의 경우에는 부담량이 50kg를 넘는 병사가 있었다는 증언도 있기 때문에(앞의 『日本軍兵士』) 그렇게 간단하게 말할 수 없을지도 모른다. 어쨌든 제27사단의 병사가 "매우 무거운 장비를 갖춘" 상황이었음은 분명하다.

두 번째로 미군기의 공격을 받아 보급선이 끊어졌기 때문에 보급이 거의 없는 상황에서 병사들이 전투를 계속한 현실이다. 1944년 7월 상남성 차릉성 안에 야전병원을 설치한 군의관 히라이 고(平井莉)는 당시의 보급 상황을 이렇게 말했다(藤井成之編『傷痕』, 1976년). 히라이는 자기 부대명을 말하지 않았지만 제27사단 제1야전병원의 서무주임(부원장에 해당)이었으며 당시 계급은 육군 군의대위였다(町田正司『中国縦貫戦記』図書出版社, 1984년). 또한 이 야전병원은 저자가 부상을 입고 입원한 야전병원이다.

전투를 가까스로 할 수 있는 약간의 탄약만을 보급받았다. 식량, 피복, 위생자재 따위는 전혀 없다. 모두 현지에서 어떻게든 조달할 수밖에 없다. (중략) '쑥'을 쪄서 해열제, 대나무 조각을 굽고 빻은 가루를 지사제로 삼고, 석류나무 껍질이나 뿌리를 쪄서 구충제로 만들고, 암염을 녹여 끓여서 생리적 식용수로 하고, 알록달록한 천 조각을 꿰어맞춰 붕대로 쓰는 등, 현대 의학에서는 거의 상상도 못할 만큼 물자가 부족한 상황이었다. (중략) 식량확보도 매우 힘들었다. 전투력이 약한 위생부대니까 고생했다. 게다가 한곳에 오래 주둔할수록 식량을 조달하기 위해 이 산 저 산을 넘어 한 번도 보지 못한 마을로 가야 했다.

이 책에서도 거듭 서술하듯 보급이 두절된 결과 병사들은 살기 위해 약탈을 할 수밖에 없었지만 그래도 충분한 식량을 확보하지 못해서 영양실조가 심각한 문제가 되었다.

　세 번째로는 전사, 전병사, 부상 등의 원인으로 발생한 결원을 보충하기 위해 일본 본토에서 보낸 보충원의 체격, 체력, 건강 상태가 매우 좋지 않았고 연령도 많은 병사가 늘어난 사실이다. 이것은 격전이 이어졌기 때문에 큰 소모가 발생하는 가운데 군비 대확장을 추진한 직후에 발생한 결과였다. 즉 지금까지의 기준으로 생각하면 군대에 징집 혹은 소집되지 않은 사람들이 병사가 되어 군대에 들어온 것이다. 일선 중대장이었던 저자가 봤을 때 보충원의 질 저하는 중대의 전력을 유지하는 데 심각한 문제였다. 그만큼 보충원 문제에 대해서는 이 책에서 꽤 상세히 언급한다.

　다른 사료를 통해 조금 보충하자. 이 보충원의 질 저하라는 문제는 대륙타통작전 개시 전부터 나타났다. 앞서 소개한 제27사단의 「1944년 4월 15일부터 1945년 8월 14일까지의 위생업무요보」에는 1943년 10월의 사항으로서 "보충병(재징집된 국민병) 약 2천 명이 도착했는데 과반수가 결핵성 질환에 걸렸고 연령이 높고 체력이 열약한 데 놀랐다"라고 썼다. 또한 1944년 10월의 보충원(약 2000명)은 지나주둔 보병제3연대 제2대대의 군의관인 오자키 다스쿠(尾崎將)가 다음과 같이 회상한다(앞의 『支那駐屯步兵第三聯隊戰誌』). 이 인물은 저자가 "전쟁의 장래에 대해" 대화한 장교인 "오자키 군의

관"이라 생각된다.

> 모두 고령자라는 사실이 우리를 놀라게 했다. 장교든 병사
> 든 우리와 비교하면 '노인'이라 할 수 있었다. 장교 중 연장
> 자는 40세를 훌쩍 넘겼다. 정렬한 병사 중에는 다부진 체
> 격을 갖춘 이도 있었지만 체력이 없어 보이는 꽤 나이 든
> 병사도 많았다. 내지에는 이제 튼튼한 이가 얼마 안 남았
> 을 것이라고 누구나 직감을 느꼈다.

대륙타통작전에 종군한 후 1945년 3월 저자는 보병학교 교
도대에 전출된다. 본토 결전을 위한 대대장 요원으로서였다.
그리고 4월에는 보병 제524연대의 대대장이 되어 8월 15일의
패전을 맞이한다. 패전에 관련해서 주목하고 싶은 것은 마지
막 육군대신이 된 시모무라 사다무가 제국의회에서 한 연설
에 저자가 감동한 사실이다. 저자는 이 연설을 9월 4일에 개
회한 제88임시의회에서 있던 일로 서술하지만, 기억착오이
다. 정확히는 11월 27일에 개회한 제89임시의회에서의 답변
이다. 구체적으로 보면 12월 28일 중의원 본회의에서 사이토
다카오(齋藤隆夫) 의원은 군부의 정치개입 문제를 추궁했는
데, 시모무라 육군대신은 이렇게 대답했다(社会問題資料研究会
編『帝国議会誌 第一期第四八券』東洋文化社, 1979년).

특히 군의 부당한 정치 관여는 용서해선 안 됩니다(박수). 이러한 일이 중대한 원인이 되어 지금과 같은 비통한 상황을 국가에 초래한 사실에 대해 뭐라 변명할 수 없습니다(박수). 저는 육군의 최후를 맞이하여 의회를 통해 국민 여러분께 진심으로 사죄의 말씀을 드립니다(박수).

이 책에서 저자는 보급의 두절 같은 현지의 비참한 상황을 모르고, 또 알려는 노력을 하지 않고 비현실적인 작전계획을 수립, 실행하는 군 간부나 참모에 대한 분노를 거듭해서 쓰고 있다. 또한 저자는 쇼와 천황의 책임도 "패전의 현실을 들었을 때 나는 천황은 당연히 자살해야 한다고 생각했다. 패전의 책임을 지는 형식으로 많은 군인이나 정치가가 자살했다. 최대의 책임자이자 많은 국민을 사지로 몰아넣은 것은 천황이다. 천황의 이름 아래 나의 친구와 부하들도 죽었다"고 썼다. 그 문장에는 말하자면 일선 중대장이 처한 위치에서 국가지도자나 군사 지도자의 책임을 추궁하는 입장이 나타나 있다. 그렇기 때문에 패전의 책임에 한정했지만 국민에게 사죄한 시모무라 육군대신의 발언에 느끼는 바가 있었을 것이다. 저자의 이러한 원점을 역사연구로서 집대성한 책이 『아사한 영령들』이다. 아시아태평양전쟁에서 전병사(아사)의 실태를 밝힌 선구적인 연구인데, 이 책 속에서 저자는 이렇게 썼다. 저자의 역사학의 원점을 가장 간결한 형태로 보여준 인상적인 문장이다.

> 전사보다도 전병사가 많았다. 그것이 한 국면의 특수한 상황이 아니라 전체 전장에서 발생한 사실에서 이 전쟁의 특징을, 무엇보다도 일본군의 특징을 볼 수 있다. 비참한 죽음을 강요당한 젊은이들의 억울함을 생각하며 대량아사를 초래한 일본군의 책임과 특징을 밝히고 역사에 남기고 싶다. 대량아사는 인위적인 상황이므로 책임은 명확하다. 죽은 이를 대신해서 이러한 사실을 고발하고 싶다. 그것이 이 책을 집필한 목적이다.

이 책은 현재 지쿠마학예문고(筑摩学芸文庫) 시리즈에 수록되었다(2018년 간행). 귀환 후 저자는 도쿄대학에 입학하여 일본 근현대사 연구자로서 경력을 시작한다(회고에서는 언급하지 않지만, '인사기록'에 따르면 1949년 4월부터 1951년 3월까지 도쿄대학 문학부 대학원에 다녔다). 또한 저자는 전후 연구자 시절의 회고록으로서 「어떤 현대사가의 회상」과 다소 내용이 겹치지만 「전후 50년과 나의 현대사 연구」(『年譜 日本現代史』 創刊号, 1995년), 「전후 50년과 나의 현대사 연구」(속편, 앞의 책 제2호, 1996년)이라는 두 편의 글을 남겼다.

저자는 2003년 2월 26일 사망했다. 저자가 졸업논문에서 분석한 2.26사건이 발생한 바로 그 날이다. 매년 2월 26일이 돌아오면 따뜻했던 저자의 모습이 그리워진다.

요시다 유타카(일본근현대사, 군사사 연구자)

역자 후기

또 한 권의 책을 옮겼다. 오랫동안 존경해 온 학자의 자서전이나 다름없는 이 책의 번역을 마쳤으니 그 감회를 글로 표현해야 할 것이다.

이 책의 저자 고(故) 후지와라 아키라 교수는 1922년생으로 아시아태평양전쟁 당시 일본 육군의 장교로서 중국 전선에서 활동했다. 여기서 그는 육군사관학교에서 배운 것과 전혀 다른 경험을 했다. 그가 본문에서 말하듯 중일전쟁이 발발하기 전, 일본 육군은 소련과의 전쟁을 상정하고 훈련해 왔기 때문에(저자가 이 책에서 언급하지 않았지만, 중일전쟁이 발발한 계기인 노구교사건 때 현지 일본군은 소련과의 전쟁을 대비하여 개정된 교범대로 훈련 중이었다) 게릴라전을 전개하는 팔로군을 상대로 고전을 치러야 했다. 그래서 보통 정규군을 대상으로 한 전투에서는 생각할 수 없는 방식을 일본군은 채택한다. 저자가 표현하기를 '고도분산배치'라고 하는 방식을 말이다. 혹시 2000년에 개봉한 중국 영화『귀신이 온다(鬼子來了, Devils On The Doorstep, 강문 감독)』라는 영화를 보신 분이 계실까? 그 영화를 보면 조그만 마을을 내려다보는 언덕 위에 조그만 고성(古城)이 하나 있고, 소수의 일본군이 있다. 그리고 읍내에 나가면 역시 소수지만 그나마 마을에 있는 일본군보다 많은 수의 일본군이 주둔 중이다. 영화에서 묘사하는 일본군의 모습이 바로 저자가 말하는 '고도분산배치'였다. 팔로군이 어디로 치고 들어왔다가 빠질 줄 모르니까 정규군을 상대로 하는 뭉쳐서 싸우는 방식을 취하지 않은 것이다. 그러니 지도상에 표현된 면과 점, 그리고 선으로 점령지라고 표시를 했지만, 실질적으로 일본군이 그 지역을 장악했다고 볼 수는 없는 상태였다.

전투 방식뿐 아니라, 현지에서 일본군이 게릴라를 토벌하며 벌인 대민 범죄도 그에게 큰 충격을 줬다. 그는 사관학교에서 이 전쟁의 목적은 바로 포악한 중국을 응징하기 위함이라 배웠다. 하지만 전장에서 그는 '천황의 인자로움'을 실천해야 할 일본군이 그와 정반대로 매우 포악한 행위를 저지르는 모습을 목격했다. 팔로군의 요구로 호를 팠을 뿐인 농민을 처형하겠다고 하거나 팔로군과 내통했다는 이유로 마을을 모조리 불태우거나 그들에게 협조하겠다는 이유로 주민을 잡아 고문을 하거나 음식과 물건을 약탈하는 일본군 장병의 모습을 보며 그는 전쟁에 대한 회의를 느끼기 시작한다.

일본이 미국을 상대로 전쟁을 시작한 뒤, 그는 더 큰 고생을 했다. 각지에서 일본군이 미군에 패배하고 물자도 부족한 상황에서 대본영은 중국 전선에서 대공세를 계획한다. 이른바 1호 작전, 다른 표현으로는 대륙타통작전이다. 이 작전

중 많은 일본군 장병이 물자 부족, 극심한 추위, 그리고 좋지 않은 도로 상태 때문에 전투도 하지 못하고 굶주림, 혹은 동상으로 인해 사망한다. 후지와라는 그의 저서인 『아사한 영령들(餓死した英霊たち)』에서도 그 체험을 말했다.

전쟁 말기, 그는 중국 전선을 떠나 일본 본토로 이동했다. 미군이 일본 본토의 바로 코앞에 해당하는 오키나와까지 점령했기 때문에 본토 결전을 대비한 부대 편성 때문이었다. 그런데 그 '결전' 부대들의 상태는 매우 심각했다. 그 부대들이 갖춰야 할 장비는 종이에만 적혀 있을 뿐 실제로 존재하지 않았다. 그리고 병사들의 상태도 좋지 않았다. 식량도 매우 부족한 상황이었다.

미군이 히로시마와 나가사키에 원자폭탄을 투하하고 소련군이 침공을 개시하자, 그는 이제 전쟁에 패배했음을 깨닫는다. 그리고 1945년 8월 15일 마침내 전쟁은 끝난다. 그리고 일본의 군대는 해체되고 그는 민간인으로 돌아간다. 그때 그는 생각했다. 천황의 이름으로 이 전쟁에서 많은 친구와 부하들이 죽었다. 그런데 그 천황은 죽지 않았다. 아니, 그는 패전 직후에 자결하기는커녕 1989년 1월 7일에 87세를 일기로 세상을 떠날 때까지 멀쩡하게 잘 살았다. 그때부터 그는 천황 본인은 물론이고 천황제도 강력하게 비판하게 되었다.

그러고 보면 이 시기에 하급 군인 – 물론 여기서 말하는

'하급'이란 병사가 아닌 장교나 부사관을 말한다 - 으로서 전쟁을 체험한 지식인 중에는 후지와라 아키라와 사상으로는 달랐지만, 비슷한 입장을 가진 사람이 여럿 보인다. 예를 들어 70년대 유명한 야쿠자 영화 시리즈인 『인의 없는 전쟁(仁義なき戦い)』와 80년대 초 우익 영화라는 비판을 들은 『203고지(二百三高地)』, 『대일본제국(大日本帝国)』의 각본을 쓴 가사하라 가즈오(笠原和夫)는 당시 해군의 간부후보생이었는데, 이때 느꼈던 천황제에 대한 비판을 작품 속에 투영했다. 가미카제 특공대의 창시자에 관한 영화인 『아! 결전항공대(あゝ決戦航空隊, 1974)』에서 그는 항복을 거부하다가 병원에 감금당한 한 장교에게 이렇게 말하도록 한다. "천황 폐하! 제 말을 들어보십시오. 당신은 전쟁을 하라고 명령해 놓고는 어찌하여 항복하셨단 말씀이십니까? 당신은 정말 불쌍하신 분이십니다. 자신이 무슨 잘못을 저질렀는지 깨닫지 못하시는 가없은 분이십니다." 그리고 1982년 영화 『대일본제국』의 후반부에 전범으로 처형당하는 주인공으로 하여금 "천황 폐하! 해군 중위 아무개는 먼저 가 있겠습니다."라는 대사를 하게 했다. 1989년까지 살았던 천황 본인은 그 영화들을 봤는지 모르겠다. 어떤 대담집에서 "그 사람이야말로 교수형감이었다(昭和の劇—映画脚本家·笠原和夫, 太田出版, 2002)"라고 말했던 가사하라는 2002년에 세상을 떠났다. 이 책의 저자 후지와라

아키라는 그로부터 1년이 지난 2003년에 세상을 떠났다.

엉뚱한 길로 샜다. 다시 원래 위치로 돌아가자.

전쟁이 끝난 이후 그는 도쿄대학에 입학하여 역사학을 전공했다. 그리고 일본의 현대사, 그것도 군사사 분야를 사실상 '개척'했다. 물론 후지와라 아키라 이전에도 여러 학자와 군인들이 군사사 분야에 관한 책을 썼다. 하지만 그들의 저서는 대부분 군부를 비판하는 책이 아니었다. 후지와라 아키라는 그들과 달랐다. 그는 군부뿐 아니라 천황제까지 비판했다. 그리고 남경대학살 같은 일본의 치부를 파헤치기도 했다. 그의 이러한 기풍을 물려받은 제자인 요시다 유타카(吉田裕), 하야시 히로후미(林博史) 등은 여전히 활발히 활동 중이다(물론 요시다 유타카는 후지와라 아키라처럼 히토쓰바시 대학에서 교편을 잡았다가 정년퇴직했으나 도쿄대공습과 전재자료센터東京大空襲·戰災資料センター의 관장으로 재직 중이며, 다수의 저서를 남겼다).

이 책의 후반부는 바로 그러한 시기의 그가 어떻게 살았는지를 다룬다. 일본 현대 역사학계의 거물들의 모습들을 살펴보는 것도 재미있고, 안보투쟁 당시의 회고도 재미있다. 전쟁 회고록인 전반부뿐 아니라 이 후반부도 느낄 거리를 많이 줄 것이다.

이 책은 원래 오쓰키쇼텐(大月書店)에서 나온 두 권의 책을 2019년 이와나미쇼텐(岩波書店)에서 합쳐서 간행했다. 정

확하게 설명하자면 2002년 간행된 『중국전선종군기』와 2006년 간행된 『천황의 군대와 일중전쟁(天皇の軍隊と日中戰爭)』에 수록된 저자의 전후 회고를 합쳤다.

나는 예전에 저자의 저서인 『일본군사사』를 읽고 느낀 게 많아서 이와나미에서 이 책을 출간하자 바로 구입하여 재미있게 읽었다. 그리고 이 책을 한국에도 출간하면 좋겠다고 생각한 참에 마르코폴로 출판사가 이 책의 출간을 생각하고 있음을 알게 되어 매우 기뻤다. 정말 다행이었다. 제2차 세계대전뿐 아니라 한국전쟁, 나아가 베트남전쟁 등의 현대 전쟁의 실상을 생각하는 데에 이 책이 많은 도움이 되었으면 좋겠다.

그리고 후지와라 아키라 교수님의 명복을 빈다.

이재우

중국전선종군기

1판 1쇄   2023년 3월 20일
ISBN   979-11-92667-13-3

저자   후지와라 아키라
옮긴이   이재우
편집   김효진
교정   황진규
디자인   우주상자
펴낸곳   마르코폴로
등록   제2021-000005호
주소   세종시 다솜1로9
이메일   laissez@gmail.com
페이스북   www.facebook.com/marco.polo.livre